总主编◎刘德海

人文社会科学通识文丛

关于**文 学**
的100个故事

100 Stories of
Literature

欧阳文达 ◎ 著

南京大学出版社

图书在版编目(CIP)数据

关于文学的100个故事 / 欧阳文达著. — 南京：南京大学出版社，2017.3（2019.11重印）
（人文社会科学通识文丛 / 刘德海总主编）
ISBN 978-7-305-18129-0

Ⅰ.①关… Ⅱ.①欧… Ⅲ.①作家－生平事迹－世界－青少年读物②世界文学－文学欣赏－青少年读物 Ⅳ.①K815.6-49②I106-49

中国版本图书馆CIP数据核字(2016)第315761号

出版发行	南京大学出版社
社　　址	南京市汉口路22号　　邮　编　210093
出 版 人	金鑫荣
丛 书 名	人文社会科学通识文丛
总 主 编	刘德海
副总主编	汪兴国　徐之顺
执行主编	吴颖文　王月清
书　　名	关于文学的100个故事
著　　者	欧阳文达
责任编辑	黄隽翀　　　　　　编辑热线　025-83685720
照　　排	南京南琳图文制作有限公司
印　　刷	江苏凤凰通达印刷有限公司
开　　本	787×960　1/16　印张 14　字数 270千
版　　次	2017年3月第1版　2019年11月第2次印刷
ISBN 978-7-305-18129-0	
定　　价	35.00元

网址：http://www.njupco.com
官方微博：http://weibo.com/njupco
官方微信号：njupress
销售咨询热线：(025) 83594756

＊ 版权所有，侵权必究
＊ 凡购买南大版图书，如有印装质量问题，请与所购
　图书销售部门联系调换

江苏省哲学社会科学界联合会
《人文社会科学通识文丛》

总 主 编 刘德海
副总主编 汪兴国　徐之顺
执行主编 吴颖文　王月清
编 委 会（以姓氏笔画为序）

　　　　　　王月清　叶南客　刘伯高　刘宗尧
　　　　　　刘德海　杨东升　杨金荣　李祖坤
　　　　　　吴颖文　汪兴国　陈玉林　陈法玉
　　　　　　陈满林　金鑫荣　赵志鹏　倪郭明
　　　　　　徐之顺　徐向明　徐爱民　潘法强
选题策划　吴颖文　王月清　杨金荣　陈仲丹
　　　　　　倪同林　王　军　刘　洁　葛　蓝

目 录

第一卷 诗情画意的中国文学

第一章 古诗三百首的情愫——《诗经》 2
1. 庶民对女神的渴望——中国第一封情书 3
2. 晨霜因谁而冷——中华诗祖尹吉甫 6
3. 传承与破坏在一念之间——孔子的功与过 8
4. 逃离那场文化灾难——大小毛公的诗书情怀 10
5. 蹉跎半生只为金榜题名——五经之首 12

第二章 百家争鸣的辉煌时代——春秋战国的瑰丽文化 15
6. 汨罗江畔一缕忠魂——屈原与《楚辞》 16
7. 孔子的开悟之师——老庄哲学 18
8. 一代大师的"逆党"之祸——儒学的前世今生 20
9. 烽火硝烟中的游侠——墨家学说 22
10. 多情自古空余恨——法家韩非子 24
11. 训诫难平美人怨——兵家的练兵之道 26

第三章 众人皆醉我独醒——两汉和魏晋南北朝的风韵和风骨 28
12. 孔子神往的巨著——中国首部玄幻小说《山海经》 29
13. 随着耻辱——司马迁与《史记》 31
14. 乱世之中有奇葩——建安风骨 33
15. 大宴长江横槊赋诗——"三曹"引领新文学 35
16. 倾世一曲人终散——竹林七贤 37
17. 两袖清风寻桃源——田园诗鼻祖陶渊明 39
18. 才高遭人嫉——山水派诗人谢灵运 41

第四章 中国文学的两颗明珠——唐诗宋词 43
19. 自古风流出少年——《滕王阁序》 44

20. 时乖命蹇的四大才子——"初唐四杰"的凄惨遭遇　　46
21. 唐朝第一位炒作大师——积极进取的陈子昂　　48
22. 等待千年的绝美孤篇——《春江花月夜》　　50
23. 糊涂一时挽回一命——山水田园诗人王维　　52
24. 命运和他开了个玩笑——失意才子孟浩然　　54
25. 从天上掉落凡间的仙人——"诗仙"李白　　56
26. 三吏三别悯民情——穷不移志的杜甫　　58
27. 一首诗葬送一缕香魂——白居易之悔　　60
28. 当苦吟派遇上文学巨匠——贾岛的"推敲"　　62
29. 都是佛骨惹的祸——古文运动倡导者韩愈　　64
30. 平民百姓的代言人——晚唐诗人柳宗元　　66
31. 一曲新词引发的灾难——柳永的绝妙文笔　　68
32. 乌台诗案泣断肠——宋词的集大成者苏轼　　70
33. 钱塘夜梦话风月——宋词新词牌的诞生　　72
34. 笔与剑之歌——豪放派词人辛弃疾　　74
35. 一个女人的史诗——婉约派词人李清照　　76
36. 痴缠半个世纪的爱恨情仇——陆游与《钗头凤》　　78
37. 风雨飘零下的后宫哀怨——王昭仪的红颜泪　　80

第五章　文学史上的里程碑——元曲、明清小说和近代文学　　82

38. 六月飞雪《窦娥冤》——从滑稽戏到元杂剧　　83
39. 极致秋思《天净沙》——元散曲的几种形式　　85
40. 谁说浪子不专情——"曲家圣人"关汉卿　　87
41. 死后救苍生——元曲大师马致远　　89
42. 倩女离魂的追爱神话——言情作家郑光祖　　91
43. 《梧桐雨》下忆当年——寄情于曲的白朴　　93
44. 一段情事牵动三朝文人的心——《西厢记》　　95
45. 心中的帝王梦——历史演义小说《三国演义》　　97
46. 农民起义与师徒情缘——英雄传奇小说《水浒传》　　99
47. 不能说的秘密——吴承恩与神魔小说《西游记》　　101
48. 能杀人于无形的奇书——世情小说《金瓶梅》　　103

49. 屡禁不止的警世之作——短篇小说集《三言二拍》　　105
50. 聪明反被聪明误——蒲松龄与短篇文言小说《聊斋志异》　　107
51. 狂放不羁的反八股斗士——吴敬梓与讽刺小说《儒林外史》　　109
52. 从贵公子到穷书生——四大名著之首《红楼梦》　　111
53. 开一代侠气之先河——武侠小说鼻祖《三侠五义》　　113
54. 喜欢在墙上凿洞的才子——"扬州八怪"之一郑板桥　　115
55. 慈禧太后的反腐法宝——谴责小说《官场现形记》　　117
56. 离别或许是个意外——胡适与中国第一首白话诗《蝴蝶》　　119
57. 惜书如金的先生——文坛巨匠鲁迅　　121
58. 剑桥边的淡淡情愫——新月派诗人徐志摩　　123
59. 两大才女的惺惺相惜——南张北梅　　125

第二卷　波澜壮阔的外国文学

第一章　英雄颂歌宛如阳光——史诗与神话　　128
60. 诗歌是他的明亮眼睛——古希腊最伟大的作品《荷马史诗》　　129
61. 君王的命令——罗马文学的最高成就《埃涅阿斯纪》　　131
62. 生命是一场悲剧——"悲剧之父"埃斯库罗斯　　133
63. 悲伤并快乐着——幸运的悲剧大师索福克勒斯　　135
64. 智者无惧流言蜚语——批判大师欧里庇得斯　　137
65. 修道院里的平凡与伟大——史学家比德与《圣经》　　139
66. 藏于军队中的英雄史诗——德国《尼伯龙根之歌》　　141
67. 金翅鸟的传说——印度最初的史诗《罗摩衍那》　　143

第二章　理性光辉终将闪耀西方——中世纪到文艺复兴时期的文化之旅　　145
68. 学院派的眼中钉——古典主义戏剧雏形《熙德》　　146
69. 被逼无奈的辩护——西方第一部自传《忏悔录》　　148
70. 落魄之际的打油诗——英国最伟大的诗人乔叟　　150
71. 强摘的瓜也甜——薄伽丘与《十日谈》　　152
72. 一次美丽而又令人心痛的邂逅——铭记初恋的但丁　　154

73. 暗恋让他成为诗圣——人文主义之父彼得拉克　156
74. 浪漫的灵魂现实的身——莎士比亚的爱情悲剧　158
75. 数度入狱的倒霉作家——"现代小说之父"塞万提斯　160
76. 当荣耀成为噩梦——"波斯的荷马"菲尔多西　162

第三章　百家争鸣 —— 近现代西方文学的巨匠　164

77. 难以遏止的文学梦想——英国诗人米尔顿　165
78. 来自天国的心灵洗涤——约翰·班扬与《天路历程》　167
79. 生于舞台死于舞台——喜剧大师莫里哀　169
80. 让拿破仑为之倾倒的日记——《少年维特之烦恼》　171
81. 从文学新手到创作大师——莫泊桑拜师记　173
82. 诗人的浪漫调情——善于抒情的海涅　175
83. 两大文豪的兄弟情——席勒的头骨之谜　177
84. 他活着却已死亡——幽默讽刺大师马克·吐温　179
85. 人生最得意的"作品"——大仲马和小仲马　181
86. 丑小鸭的成名之路——童话大师安徒生　183
87. 一个可怜女孩留下的阴影——富有正义感的雨果　185
88. 无法自拔的艺术人生——法国大文豪巴尔扎克　187
89. 戏剧双雄的伦敦之争——萧伯纳和王尔德　189
90. 未完成的绝笔——尾崎红叶和《金色夜叉》　191
91. 是逃犯也是天才——"欧·亨利"的由来　193
92. 爱情总在轻易说再见——印度诗人泰戈尔　195
93. 赚小费的大文豪——《战争与和平》作者托尔斯泰　197
94. 决裂十七年后的重逢——屠格涅夫的阴差阳错　199
95. 当精神病患者在清醒时——普鲁斯特和《追忆似水年华》　201
96. 差点消失的传世之作——表现主义作家卡夫卡　203
97. 拒绝诺贝尔文学奖的大师——存在主义作家萨特　205
98. 存在绝非只为了叛逆——新小说作家罗伯-格里耶　207
99. 战争就是一个黑色幽默——约瑟夫·海勒的《第二十二条军规》　209
100. 临终前的忏悔——魔幻主义文豪马奎斯　211

编辑序
文学发展的简单脉络

如果说文字是人类文明的起源,那么文学就是记录人类文明的画卷。在西方,综观古今可考的文献记录,最早的文学读物,应该算是公元前15世纪成书的《圣经》,这本写满了宗教故事的书籍已经成为当今基督徒的灵魂寄托,并一直处于销量第一的地位。

公元7世纪,英国的比德神父透过研究古籍来对《圣经》进行通本诠释,他在修道院里生活了近七十年,花了半世纪的时间进行《圣经》的研究,从而推动了这本圣书的进一步流行。

17世纪,有一位英国布道家约翰·班扬根据《圣经》里的故事写成寓言集《天路历程》,让无数人痛苦的心灵得到慰藉,该书也因此成为世界第二大畅销书。

其实,每一个国家都有自己的"圣经",那就是史诗。

公元前8世纪,古希腊出现了《荷马史诗》,歌颂特洛伊战争前后英雄们的丰功伟绩;古罗马则有《埃涅阿斯纪》;印度有《罗摩衍那》和《摩诃婆罗多》;波斯人有他们的《王书》;日耳曼人则有充满讽刺意味的《尼伯龙根宝藏》。

那么,在遥远的东方,中国人又有什么史诗呢?

中国的"圣经"叫《诗经》,它起源于公元前11世纪的西周王朝,大多属于民间流传的歌谣,后经孔子编纂成书,共有古诗三百首,因而也叫"诗三百"。

人类最早的文学体裁是诗歌,因为其短小精练,适合吟唱,因而无论是游走乡间的行吟诗人,还是继承了祭祀歌舞的戏剧大师,甚至是勤恳的劳苦大众,诗歌都成为他们表达内心情感的载体。

中国的诗歌发展到唐朝,进入鼎盛时期,不仅七绝开始盛行,而且涌现出无数前无古人,后无来者的绝代才子,如李白、杜甫、白居易、孟浩然等,均有上乘佳作流芳百世。

至宋朝,诗句的字数打破了统一的限制,发展出词曲这一类新型体裁。豪放派代表苏轼、辛弃疾,作品豪情万丈,婉约派代表李清照、柳永,作品柔婉含蓄。

唐诗宋词是中国古代文学的高峰之一,被誉为"文学史上的两颗明珠"。

到了元朝,社会动荡,汉族文人的地位大不如前,儒生们不满统治阶级的腐朽和暴政,纷纷以笔为武器,创作出揭露现实黑暗的戏剧。元曲四大家之一的关汉卿就创作出不朽名篇《窦娥冤》,控诉官僚与恶霸勾结、民不聊生的悲惨局面。

时间在一点一滴地向前迈进,当进入14世纪后,无论是东方还是西方,都感受到了文学强大的召唤力。

中国进入了明王朝时代,小说这一新颖的形式开始流行,且出现了各种分类,如神魔小说、世情小说、英雄传奇小说、历史演义小说等。在西方,但丁用一首《神曲》吹响了文艺复兴的赞歌,莎士比亚随后接过前辈们手中的笔,写下无数令后人称道的优秀剧作。

15世纪以后,各国优秀的作家辈出。歌德、雨果、巴尔扎克等人,是伟大的小说家;海涅、席勒等人成为著名的诗人;莫里哀、王尔德、萧伯纳则是显赫一时的戏剧家。

时间再次推进到19世纪,俄国小说进入了高峰时期,高尔基、托尔斯泰、陀思妥耶夫斯基等人,为世界无产阶级文学贡献出了宝贵的实践和思想,被后人奉为经典。

进入20世纪后,社会对文学的包容性大大增强,一系列崭新的文学类型喷涌而出:存在主义、表现主义、黑色幽默、荒诞小说、魔幻现实主义……这是文学发展的必然结果,展现了人性的独特,同时这也是社会进步的结晶。

未来的文学会发展成什么模样,我们都不得而知,但希望关注文学的人越来越多,因为它是我们心灵的镜子,可以让我们在冷静下来的时候自省其身,领悟到更多的人生真谛。

自序
一个求上进写手的吐槽

我时常会思考这样一个问题：我们这个时代还有文学吗？

答案貌似是有的。君不见如今网络上林林总总的小说，几乎每天都有新作品出现，资格较老的写手动辄数百上千万字，一本书完结需历时数年，大有曹雪芹十年呕心沥血之势；新手们则跃跃欲试、摩拳擦掌，发誓要在文坛中闯出一片天地。

一切似乎欣欣向荣的样子，可是朋友们却经常向我抱怨："现在都没有好书看。"

怎么会这样呢？

我也在网络上写书，并由此加入数个文学网站。文学网站里最年轻的孩子才上初中三年级，每天没有时间写作，只能在下课时用手机敲打文字。

孩子的想象力是毋庸置疑的，这也符合网络文学的特性。可是，与网络写手的风起云涌相比，网络读者的欣赏水平也是突飞猛进的。

无法回避的是，缺乏阅历成了写手们最大的弱点，常见文学网站中有人问："你的书写的是什么？我去参考一下。"频繁的模仿与跟风，再加上片面追求文字堆砌，造成小说内容的空洞与情节的雷同，仿佛宋朝"西昆体"的重现。甚至还有小说培训师，从开篇设置到言词使用，再到整体架构的编排，对写手传授一整套固定的写作技巧，历经如此打造，仿佛全民皆大师的时代俨然来临。

结果读者们异常愤慨："你们就不能为我们写一本好书吗？"

有朋友说，根据自己长年的阅读经验，发现男女写手的风格迥然相异：男性写作，往往单刀直入、就事论事，而女性写作就偏好情绪展现。他曾见过一女写手开篇三千字讲女主角进屋，文末却仍停滞在跨门槛的阶段。

不排除有很多人喜欢这样的叙事手法,因为需求决定市场,这都是小事,当代文学最大的问题是没有思想,或者说,走偏了。

莫言为何能获得诺贝尔文学奖?仅仅因为他写了一个乡村故事,而这故事与当今的小说相比,反而冒着浓厚的乡土味吗?

综观古今中外的大作家,他们的作品无不印上了时代的辙迹,且在他们之前,并无任何文学形式可借鉴,但他们却没有随波逐流,而是创造出一个又一个新的文学体裁,这让今人情何以堪。

人,做任何事都会带上自己的主观想法。也就是说,当你写一本书时,书中必定会反映你的思想。如今这个时代似乎太过宽容,一些缺乏常识的想法居然也会在某些畅销书里呈现,实在令读者感到汗颜。

不过话又说回来,谁在年轻时没有幼稚过?每个人生阶段都需要相应的书籍,成熟之后,一笑而过就好。

真的希望自己写的这本书,能让读者朋友在一个宁静的空间里,坐下来品味,宛若品味自己的前半生,在青涩之后越发香醇。

第一卷

诗情画意的
中国文学

第一章

古诗三百首的情愫——《诗经》

1 庶民对女神的渴望
中国第一封情书

在古老的西周,有一个贫穷的青年,他是一个渔夫,每天当东方的曙光开始点亮灰暗的天际时,他都会带着鱼叉和渔网,来到汉江河畔捕鱼。尽管设备简陋,可是青年的技术好,几乎每次都能满载而归。不过,随着秋意的加深,天气开始坏起来。

某天早上,当青年起床时,他发现屋外布满浓雾,很难看清楚四周的环境。

他有些沮丧,但迫于生计,仍抱着试一试的想法来到河边。结果不出所料,他一条鱼也没捕到。

在经过多次徒劳的尝试后,他决定转身回家。

就在这个时候,忽然之间,对岸的雎鸠敞开美妙的歌喉,在白色的雾气中鸣叫起来。

青年一愣,停下脚步。

他重新来到河边,在一片白茫茫中看到河对岸有个模糊的身影。很明显,那里有一个少女,从她的姿势来看,很可能正在捞河边的荇菜。

青年的心不由为之一动,他也一边捞荇菜,一边等待大雾散去。

然而,少女却不知对岸有一位痴痴望着她的男子,不久之后,她便带着一篮子荇菜离开了。

青年懊恼地看着少女渐行渐远,开始期待起明天的相遇。

当天晚上,他辗转反侧,脑海里不停想象那少女的模样,情到深处,情话不由得脱口而出:"关关雎鸠,在河之洲。窈窕淑女,君子好逑。参差荇菜,左右流之。窈窕淑女,寤寐求之。"

青年一夜无眠。第二天,他比平常更早出门,看到没有大雾后,就兴冲冲地往老地方奔跑过去。

他默默祈祷,希望昨日的少女来到自己面前。也许是上天为满足他的愿望,在焦灼地等待之后,一位明丽如晨露的女子果真挎着一个篮子,娉婷来到河边。

她低垂蛾首专注于水面上的荇菜,偶尔,她会因疲惫而小憩一下,伸出纤纤玉指抹掉额头晶莹的汗珠。

青年为少女惊人的美貌而震惊,他瞬间觉得胸中有什么东西在敲荡,一时间忘了捕鱼,竟呆呆地看着少女,活似一尊木头人。

河对岸的少女不傻,她很快就发现青年的异常,于是更加害羞,采集完荇菜后,就匆匆离去。

青年不死心,从此每日在河边寻觅少女的踪迹,当对方出现时,他欣喜若狂;而当对方不在时,他又怅然若失。

为了讨得对方欢心,他努力克服内心的自卑和怯懦,主动对着少女唱歌,可惜对方往往不领情,从未用正眼看过青年一下。

青年很失望,在极度痛苦中,他又感慨道:"求之不得,寤寐思服。悠哉悠哉,辗转反侧。参差荇菜,左右采之。窈窕淑女,琴瑟友之。参差荇菜,左右芼之。窈窕淑女,钟鼓乐之。"

逐渐地,河岸两边的人都认识了青年,而青年也打探到了少女的一些消息。他得知,这位美丽的少女叫萍姑,年方二八,家境不是很宽裕,所以萍姑早上才会来河边采集荇菜。

青年以为他和萍姑门当户对,可以喜结良缘,于是他更加努力地捕鱼赚钱,想多赚点钱来娶萍姑为妻。

然而,某一天,萍姑突然消失了,从此再未出现过。青年伤心极了,他四处寻找萍姑的下落,最终得知,萍姑嫁给了镇上一户富裕人家,有了钱之后自然不用采荇菜了。

青年大病一场,躺在病榻上的他再度回味写给萍姑的情诗,不由得心中充满苦涩,没过多久,就忧郁而死。

然而,青年的痴情和他的诗歌一样,在人群中流传开来,并在春秋时期,被儒学祖师孔子取名为《关雎》,收录进先秦三百首诗歌集——《诗经》中,成为开篇第一首诗。

除此之外,《关雎》也是中国历史上的第一首告白情诗。

【说文解惑】

《诗经》是中国第一部诗歌总汇,收录了自西周至春秋中期的三百零五首诗歌,遂又被称为"诗三百"。西汉时,该书被统治阶级尊为儒学圣典,于是改名为《诗经》。

其之所以能整理成书,当归功于儒学大师孔子。

《诗经》中的诗歌大多来自于民间,描述了很多古人质朴的情感。比如《桃夭》,唱出了待嫁女子的喜悦和期盼;《氓》则是中国首部女权觉醒的诗歌,充斥着女子被丈夫背叛后的控诉。

本故事所讲的《关雎》,史学家给予了极高评价。司马迁认为,《诗经》始于《关

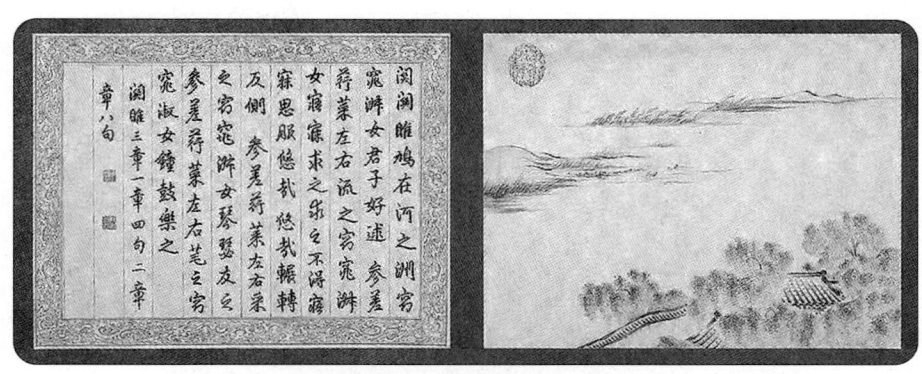

《御笔诗经图》,乾隆皇帝御笔写本

雎》。《汉书·匡衡传》也说:"孔子论《诗》,一般都是以《关雎》为始……此纲纪之首,王教之端也。"

【朝花夕拾】

《关雎》的毛氏说法

西汉初年,学者毛苌认为,《关雎》实际上是周文王的妻子太姒的一首颂德之歌,讲述太姒如何没有私心,帮文王在汉江一带寻觅美妾的事迹。然而,此种说法有些牵强,充斥着对封建社会女子三从四德的训诫,不能为后人所信服。

2 晨霜因谁而冷
中华诗祖尹吉甫

"尹大人,你有什么遗言吗?"宦官冷眼斜睨跪在地上的一个沧桑老人,迸出这么一句。

老人仰天长叹,两行浑浊的老泪滚出眼眶,他紧闭双目,牙缝中咬出重重的两个字:"没有!"

"那就好!"宦官指着托盘里的一杯毒酒,皮笑肉不笑地说,"请大人上路吧!"

老人没有动弹,此刻,他的脑海中又浮现出一个离去多年的身影,那是他的大儿子伯奇,是他心中永远的痛。

这位老人就是有"中华诗祖"之称的名臣尹吉甫。他辅佐周朝三代帝王,立下赫赫战功,其品德为众人称颂。他对所有人都好,却唯独辜负了自己的儿子伯奇,并犯下了不可弥补的错误。

伯奇是尹吉甫和前妻之子,后来前妻不幸病死,年过六十的尹吉甫娶了一位年轻漂亮的女子,随后有了第二个儿子伯卦。

尽管是同父异母,但天性善良的伯奇并未排斥伯卦,相反,他还很照顾年幼的弟弟。然而,继母却将伯奇视为眼中钉,处心积虑要除去他,想让自己的亲生骨肉伯卦独占家产。

于是,继母哭哭啼啼对尹吉甫告状,说伯奇见自己长得漂亮,三番两次图谋不轨。一开始,尹吉甫不太相信,可是后来禁不住枕边风的连番吹送,他的内心产生了动摇,竟然真的怀疑起孝子伯奇来。

某天清晨,尹吉甫藏在妻子屋内,观察前来请安的伯奇。继母偷偷取出事先准备好去掉毒刺的蜜蜂,将其藏在自己的衣服里,当伯奇靠近时,她故意慌乱地说:"哎呀!有蜂螫我!"

伯奇赶紧帮继母捉蜂。

然而,这一幕在尹吉甫眼里,却成了长子与后妻乱伦,一大早就行苟且之事的龌龊情境。

尹吉甫气得跳出来,对着儿子就是一顿耳光,可怜那伯奇莫名其妙,就被父亲轰了出去。

伯奇想和父亲解释,可是暴怒的尹吉甫不仅避而不见,还命仆人把伯奇赶出家门。

伯奇见父亲始终不肯回心转意,只得含泪离开了家。他从小精通音律,临走时仅带了一把父亲送给他的古琴,在一个寒冷的冬日清晨,黯然离去。

当时,地面上结了一层厚厚的白霜,伯奇穿着单衣,赤着双脚在地上踩出一个又一个悲伤的脚印。想到自己的遭遇,他悲从中来,把古琴放在石凳上,开始哀戚地吟唱出一首《履霜操》:"履朝霜兮采晨寒,考不明其心兮听谗言。孤恩别离兮摧肺肝。何辜皇天兮遭斯愆,痛殁不同兮恩有偏,谁说顾兮知我冤。"

正巧周宣王的马车经过,宣王被歌声打动,叹息道:"这肯定是一个孝子在哭诉。"陪同在侧的尹吉甫苦笑,他隐约感到自己做了错事。

后来,尹吉甫终于查明真相,他气得手脚发抖,派人赶紧去找伯奇。可惜的是,仆人带回来一个噩耗:伯奇心灰意冷,已经投水身亡。

尹吉甫陷入深深的悲痛中,他处死了貌若天仙的后妻,却依旧不能平息心中的伤痛。他开始去民间收集诗歌,并将《履霜操》收入其中。此后,他变得多愁善感,在戎马边疆之时写下了《崧高》、《烝民》等著名篇章,这些诗句,都收录进一本诗歌集中,这就是《诗经》的前身。

周宣王死后,即位的周幽王听信谗言,毒杀了尹吉甫,这就出现了故事开篇的那一幕。

【说文解惑】

也许有人会疑惑,尹吉甫的儿子为何会叫伯奇,其实,"尹"是官名,尹吉甫姓兮,字伯吉甫,河北沧州人。他是有名的政治家、军事家和文学家,为西周三代帝王效命,因其采集《诗经》中的大部分诗歌,所以被后人尊称为"中华诗祖"。

《小雅》中的《六月》对尹吉甫进行了极高的评价,称"文武吉甫,万邦为宪"。

在《诗经》中,尹吉甫作了《大雅》中的《崧高》、《烝民》、《韩奕》、《江汉》诸篇,导致有后人断言他是《诗经》的唯一作者,当然,这种说法是极其片面的。

兮甲盘上的文字拓本

3 传承与破坏在一念之间
孔子的功与过

冷清的青石砖上,忽然传出一阵凌乱的脚步声。

一个神色焦虑的中年男子急匆匆地奔向书房,他眉头紧锁,发髻因为走得太快而略有松散。

"老师,你为何要拒绝季康子的召见?"刚一进屋,这个男子就迫不及待地发问。

书房中央那张巨大的漆木书桌旁,一个眼神灰暗却精神矍铄的老人缓缓摇了摇头,苦笑道:"不必去了!"

"为何?师父你不是一向希望参与国事吗?"这个名叫子路的中年男子大感不解。

老人微微一笑,对自己的弟子说:"子路啊,你忘了我们为什么会周游列国吗?"
男子黯然,知道辛酸往事又勾起了师父孔子的无限愁绪。

十四年前,五十四岁的孔子开始代理相国之职,当时他踌躇满志,觉得自己追求了半生,终于可以一展治国平天下的宏愿,于是他加倍用心去参与政事。

果不其然,他仅仅花了三个月,就让鲁国面貌一新,百姓们交口称赞朝廷的作为,人人安居乐业,整个国家呈现出一派欣欣向荣的景象。然而,此情此景却让齐景公甚是担心。他怕鲁国因孔子而强大,便想方设法要让鲁定公冷落孔子。于是,他专门挑选了八十位能歌善舞的美姬,让她们穿上花团锦簇的华服,再配以一百二十匹骏马,送给鲁国作为礼物。

鲁定公贪图享乐,竟然不问缘由地将礼物收下。从此,他天天沉溺于声色犬马之中,早忘了治国二字怎么写。孔子屡次劝说,不仅毫无效果,反而让鲁定公怀恨在心。

子路气愤不过,对老师说:"我们还是走吧!"孔子却犹犹豫豫,对鲁定公依旧心存幻想。过了几天,朝廷在郊外举行祭祀活动,轮到分肉环节时,鲁定公却没有按照礼法将烤肉分给士大夫们。

孔子这才明白,国君是无法改变了。哀莫之心大过死,他只得带着徒弟们离开鲁国,开始了十四年的流亡生涯。

在这些年中,孔子周游列国,希望各诸侯国能接纳他的政治思想。可是,各诸侯虽然对孔子赞不绝口,却始终对其敬而远之。

孔子蹉跎十四载,终于在六十八岁时重新回到鲁国。此时鲁国由鲁哀公统治,季康子辅政。然而,季康子对孔子心存猜忌,只给他高官厚禄,却不让他参与国事。

年近七旬的孔子在经历多年的漂泊后,一腔热血早已平静,他用整理史书和文献来慰藉自己的失落之心。他收集了先秦时期流传下来的大量诗歌,编撰成一本诗集,即为《诗经》。

不过,孔子是儒家鼻祖,自然在挑选诗歌时会选取与儒学相关的诗篇,结果千余首诗,在他的大力删减下,最后仅存得三百零五首。而后,《诗经》便成为儒家典籍,逐渐成为科举考试的重要内容之一。

《孔子圣迹图》,清朝画家焦秉贞所画,现藏于美国圣路易斯美术馆。此图表现出孔子周游列国,游说诸王的典故。

孔子曾对弟子说,以一言描绘《诗经》,即为"思无邪",他认为诗歌可以净化人的心灵,他甚至说"不学诗,无以言",因此儒家弟子都会被要求学习《诗经》。明朝以后,随着程朱理学的兴起,"存天理、灭人欲"的思想让《诗经》带上了礼教的枷锁,此时《诗经》失去了原有的淳朴风情,被解读成僵化的八股文,这一点,恐怕连当年的孔子都没想到吧?

【说文解惑】

《诗经》不仅被儒家视为经典,也被先秦诸子引经据典,以增强自己的演讲魅力。

梁启超给予了《诗经》极高的评价,认为其中的诗句"字字可信",是"真金美玉"。

《诗经》还备受国外艺术家的推崇,被公认为是一部无可争议的文献,甚至可以称为"东方的圣经"。

【朝花夕拾】

《风》、《雅》、《颂》

《诗经》一般按《风》、《雅》、《颂》的类型归类。《风》是民歌,分十五国风,表达百姓对爱情和生活的热爱之情,这类诗歌在《诗经》中的成就最高;《雅》则是贵族的祭祀诗歌,也有部分民歌;《颂》分三颂,即宗庙对周、鲁、商三国的祭祀颂歌。

4 逃离那场文化灾难
大小毛公的诗书情怀

在苍茫的冀中平原大地上,有一个名叫三十里铺的小村庄,此地较为偏僻,所以人烟稀少,却也因此生出一段传奇。

某天早上,村里忽然来了一位流浪汉,他蓬头垢面、衣衫褴褛,却能从肮脏的包裹里掏出一大把钱来向村民们买食物,让淳朴的当地人备感不解。

"肯定是个小偷!瞧他那慌乱的样子!"人们窃窃私语。

流浪汉到处打听村中毛家的下落,可是所有人见了他都避而远之,仿佛他是个扫把星似的。

流浪汉哀叹着,在村中徘徊。好在村子不大,经过一番折腾,毛家的大门终于呈现在他眼前。流浪汉不禁浑身颤抖,使出全部力气去敲响毛家的大门。

"吱呀!"长久的等待后,门打开了一条缝,一个稚气的小脑袋钻了出来,好奇地盯着眼前这位尘土满面的中年人,扑闪着大眼睛问:"你是谁呀?"

流浪汉看着孩子与自己有几分相似的面容,顿时泪如雨下,哽咽道:"侄儿,我是你叔叔毛亨啊!"

碰巧此时,孩子的爷爷也回来了,老人家见到儿子,手中的农具"啪"一下就掉在地上,瞬间热泪盈眶。

毛亨抱住老父一顿痛哭,孙子毛苌见状,也"哇"的一声哭将起来,祖孙三代人抱着哭成一团。

待好不容易平静后,毛亨才告诉父亲和侄儿,秦始皇在两年前开始大肆屠杀儒生,去年还挖了一个大坑,将四百多人集体活埋,酿出"焚书坑儒"的惨剧,让无数文人胆战心惊。

毛亨尤其害怕,因为他花了大量时间去研读孔子的《诗经》,他还为《诗经》注释,在咸阳已经小有名气。

公元前213年,秦始皇采纳丞相李斯的建议,大量焚烧《诗》、《书》,还规定民间全部上交《诗经》,否则一概格杀勿论。

毛亨虽将自己收藏的《诗经》和全部注释交公,心里却仍旧恐慌,他担心秦始皇看到他对《诗经》的注解后勃然大怒。在经历了数个不眠之夜后,他终于无法承受,收拾好细软,带着妻儿奔上了逃亡之路。

谁知天有不测风云,就在一家老小逃难时,一伙强盗突然出现,将毛亨一家悉数杀死,只有毛亨一人侥幸捡回一条性命。在万般无奈之际,毛亨想起了自己的故乡三十里铺村,于是费尽周章来到老家,只为求得一席栖身之地。

毛亨的父亲老泪纵横,村子虽然小,他也听说了"焚书坑儒"的事情,这两年来,他寝食难安,日夜担心儿子死于非命,如今见儿子安然无恙,这才放下心来。

从此,毛亨就在村里住了下来,他将自己对《诗经》的体悟悉数传给侄儿毛苌。毛苌经叔叔教导,也成了一个大学问家。他长大后在村子附近设立了一个讲学的地方,该地后来被人们称为"君子馆"。

短命的秦朝很快灭亡了,汉朝建立,冀中平原上迎来了河间王刘德。巧的是,刘德对儒家典籍如痴如醉,不仅命人日夜誊抄,还四处求贤。

毛苌大喜过望,赶紧去投奔河间王,他因其对《诗经》的深刻领悟而被刘德重用,还被封为博士,拥有了一间专属于自己的君子馆,开始广收弟子,传授古文知识。

从此,毛苌的名字和《诗经》一起,在古文史上留下了浓重的印记。

毛亨与毛苌

【说文解惑】

毛亨和毛苌叔侄因对传播《诗经》有着重大贡献,而被后人尊称为大毛公和小毛公。

元朝至正年间,河间还设有毛氏书院,设山长,以纪念大小毛公的诗书贡献,该书院后遭破坏,如今已被改成学校。

大小毛公在《诗经》的每一篇诗歌的下方都写有注解,对《诗经》的开篇第一首诗《关雎》,不仅有注解,还有一篇总序,是古代的第一篇诗歌评论。

有学者论证,毛诗所写的古序,能较为贴切地解读《诗经》中的背景、宗旨和创作想法,因而极有参考价值。

早在毛诗之前,已有鲁诗、齐诗、韩诗三种《诗经》的注解,这三家被称为"三家诗",毛诗后来居上,逐渐成为《诗经》的官方注释,而三家诗则黯然退出了历史舞台。

5 蹉跎半生只为金榜题名
五经之首

"关关雎鸠，在河之洲。窈窕淑女，君子好逑。"

凉爽的秋风摇曳庭前繁密的竹林，夕阳的余晖透过修长的叶片在地上洒出斑驳的黑影。这一切，并未使窗前的一位读书人感到心情平静。

只见他愤然将手中的《诗经》往桌案上一摔，抱怨道："说什么礼义廉耻，这明明就是一首告白诗！"

或许是声响过大，结发妻子赶紧过来看丈夫。

这位贤惠的女人不到四十，却已白霜满头，作为明朝著名散文家归有光的夫人，她并未过着舒适的生活，反而因丈夫的屡试不中而操劳一生。她忍不住咳嗽起来，归有光见状急忙去给夫人捶背，他看着夫人憔悴的面容，愧疚地说："两次会试失败，我归有光是个废人，没能让夫人享福啊！"

夫人微笑着摇头，极力忍住咳嗽，喘着粗气安慰丈夫："以夫君的才干，妾身相信你有一天一定能金榜题名！"

"唉……"听闻夫人这么说，归有光这个已过不惑之年的七尺男儿竟发出了一声沉重的叹息。

没错，他自恃满腹经纶、才高八斗，是"唐宋派"领袖，被众文人称赞为"今之欧阳修"，但自己兴起的民间学术流派，碰上官场学术，就宛若鸡蛋碰石头，无一例外地失败。

此时已至明朝中叶，文坛上由内阁和翰林院兴起了一种叫"台阁体"的文体，统治阶层要求文人粉饰太平、歌功颂德，一时间，文人们纷纷满口仁义道德，完全没有个性和思想。

归有光却始终保持着清醒的头脑，在一片貌似祥和的歌颂声中依然针砭时弊，有力地抨击朝廷的种种不作为。他还擅长用细腻的笔触去描写日常生活，创造出一系列风格独特的散文，被后人誉为"近代散文之父"。

然而，就算是一代才子，也逃不过科举的桎梏，更糟糕的是，还要接受多年落第的不幸。因为才子也是俗人，必须在红尘中走一遭，而尘世的生活，莫不与柴米油盐息息相关，没有经济基础，何来的安心做文章？

归有光从二十岁乡试失败，到如今，已过二十二年，却始终榜上无名。无奈之下，他只得开设私塾授书，而这点微薄的收入不足以支撑全家的开支，于是，归有光的妻子王氏被迫操劳农事,每日披星戴月,落下一身病痛。

　　王氏本出身安亭贵族,婚后却很清贫,令归有光十分愧疚。为补偿妻子,他不得不加倍努力地去读那些他并不喜欢的科考书目。

　　《诗经》作为五经之首,且是儒学的殿堂级读物,到了八股盛行的明朝,早已失去了它原有的意义,变成禁锢文人思想的读物。归有光尽管厌恶朝廷将空洞的思想强加于诗书之上,却也不得已继续寒窗苦读,成为八股制度的牺牲品。

　　况且,归有光擅长散文体裁,对诗句并不敏感,想必他的屡次科举失败,也有一部分原因于此。

　　就在这一年,归有光失去了心爱的长子,第二年,妻子王氏积劳成疾,离开人世。归有光受此打击,差点一蹶不振。可是生活还在继续,归有光咬紧牙关,却依旧在科举的大门前铩羽而归。

　　就这样又过了十七个春秋,在花甲之年,归有光终于中了三甲进士。不过这名次并不高,他只能到偏僻的长兴当知县。

　　蹉跎了四十多年,最终只落得这样一个结局,也不禁让这位文人老泪纵横了。

明朝绘画中所描绘的科举考试中的殿试

【说文解惑】

　　自宋朝以来,四书五经便成为古代科举考试的"圣贤书",多少学子为此读到容颜憔悴。

　　四书是《大学》、《中庸》、《论语》、《孟子》的合称,因被"程朱理学"创始人朱熹注释，在明朝成为官书，从此作为古人考试的参考读本。

《五经》则包括《诗》、《书》、《礼》、《易》和《春秋》。据说《诗经》中的诗，其实都是先秦时代的歌词，其中民间歌谣生动活泼，相较之下，宫廷宗庙的歌曲反而显得古板僵硬。

随着中国封建制度的完善，四书五经也逐渐成为选拔人才的范本，至明清时代，形成了八股文。

八股文只讲形式，每段文字都有固定的格式，甚至连字数都受限制。在封建皇权的束缚下，四书五经这类文化瑰宝亦逃不过被同化的命运，沦为专制统治的工具。

【朝花夕拾】

台阁体与西昆体

西昆体起源于宋初，曾盛极一时。它片面追求晚唐诗人李商隐的形式美，以其工整的对仗和华丽的辞藻而营造出一种富丽堂皇的感觉，实则内容空洞，经不起推敲。台阁体则兴起于明朝永乐成化年间，也追求雍容奢靡，其内容均围绕歌功颂德展开，因此模仿成风，毫无新意，比西昆体更糟糕，后逐渐被其他流派取代。

第二章

百家争鸣的辉煌时代
——春秋战国的瑰丽文化

6 汨罗江畔一缕忠魂
屈原与《楚辞》

"不好了不好了,国都被攻破了!"

荒凉的汨罗江畔,渔夫们脸色惊慌地传递着这一消息。

一位花甲老人很快也得知这一令人震惊的讯息,他哆嗦着嘴唇,好半天也没有缓过神来。

自他被流放至汨罗江至今,已经十多年了,在这段时间里,他日夜担忧,害怕楚国的国都被强秦攻破。眼前无情的事实击碎了他的心理防线,令这位满面沧桑的老者前所未有地脆弱起来。

终于,他仰天长叹,悲哀地念出一段凄切的诗词:"长太息以掩涕兮,哀民生之多艰。余虽好修姱以鞿兮,謇朝谇而夕替。"

这段话的意思是:我时常流泪叹息,这一生艰难困苦。可叹我虽刚正不阿,却依旧沦落到国破家亡的地步。

这便是著名的抒情诗《离骚》中的诗句,而吟诵的老人,就是楚国大名鼎鼎的诗人屈原。

十几年前,屈原来到汨罗江边,他因忧国忧民,同时又觉得自己怀才不遇,所以时常作一些诗句来抒发内心的愤懑。

他作出了《九歌》、《天问》等一系列带有浓重浪漫色彩的诗篇,开创了一种全新的文体——楚辞,同时又因其代表作《离骚》,而让楚辞被后人称为"骚体"。

无辜被贬谪,屈原的内心是不平衡的,他两次遭遇流放,皆因被佞臣陷害。而令他心灰意冷的是,他自恃忠君爱国,却总被国君误会,他那些正确的谏言,从未被楚王采纳,却总在事后被证实是迟来的良策。

第一次被流放时,屈原是楚怀王的大夫,他建议楚国采取"合纵"策略,以抵抗秦国的扩张。

然而,楚怀王却没有远见卓识,他听信靳尚和公子兰这群小人的谗言,对屈原的话置若罔闻,不仅与秦国结盟,还轻率地去了秦国,结果被秦王扣留,最终客死他乡。

对楚怀王忠心耿耿的屈原大受打击,此时他尚对朝廷抱有一丝希望,所以在楚襄王继位后,再次建议重整军队、增强国防。

公子兰与靳尚早已被秦国重金收买,自然不能容忍屈原这个忠臣,他们在楚王面前不断弹劾屈原,令楚襄王对屈原越发厌恶。

后来,楚襄王终于怒不可遏,将屈原贬至湘南一带生活。

可怜屈原满腔忧愤无以言表,整日披头散发地吟着愁苦的诗歌。他日思夜想回到都城郢都,却年复一年看见祖国的大好河山逐渐落入秦国之手,终于在这一年,郢都也被划为了秦国版图。

屈原站在烟波浩渺的汨罗江畔,望着远方那水天交接处,说道:"国无人莫我知兮,又何怀乎故都?既莫足与为美政兮,吾将从彭咸之所居。"

反复吟咏了几遍后,他抱着一块沉重的石头,跳入滚滚江水中。附近的渔民一见屈原投江,大惊失色,纷纷前来搭救,却一无所获。

后人将屈原死去的日子定为端午节,每年对这位伟大诗人进行悼念。

屈原卜居图(局部)

【说文解惑】

屈原的头衔很大,他是中国首位浪漫主义诗人,也是"楚辞"的创始人。因为他,战国后期中国文坛开始吹响了浪漫主义的号角,不同于《诗经》的崭新文风开始出现了。

楚辞因在楚地的文学样式、风土民情中孕育而生,所以具有浓郁的地方色彩,至西汉初期,"楚辞"的称谓才得以形成。擅长楚辞的诗人包括战国时期的屈原、宋玉及汉朝的淮南小山、东方朔等。

楚辞对中国的文学产生了深远的影响,后来兴起的四种文学体裁——诗歌、散文、戏剧、小说,皆能从楚辞中找到对应点。除此之外,楚辞还成为日本和欧洲学者的研究对象,在国际汉学界享有极高声誉。

【朝花夕拾】

合纵和连横

这两个词分别指战国时期各诸侯国的外交和军事策略。合纵是南北方向的弱国联合起来,对抗强大的齐国和秦国;连横则是秦国或齐国拉拢处于本国东西方向的弱国,以对抗其他国家。

7 孔子的开悟之师 老庄哲学

春秋战国是百家争鸣时期,很多学派应运而生,彼此之间陈述着大相径庭的观念。比如儒家就提倡以礼治国,而道家却号召无为而治,完全是两种相反的理念。

然而,儒家的代表人物孔子却对自己的弟子感慨道:"老子是我的老师啊!"

老子是道家学派的创立者,本来与儒家不相融,可是究竟发生了什么,让孔子这位好传道、授业、解惑的老师也心甘情愿当起学生来了呢?

这是因为孔子一直认为"有教无类",当他听说老子学问至深、智慧超群后,不由得心生向往,想去拜访老子。

公元前523年,孔子经鲁国国君批准后,与弟子南宫敬叔启程,开始了这场有历史纪念意义的对话。

老子听说孔子过来,顿时喜出望外,其实他也久仰孔子贤德之美名,与对方进行一场心灵上的深度沟通也是他的夙愿。

当两位大家见面后,彼此都感觉到了精神世界的非凡愉悦。

老子带孔子参观周朝,对其讲解当地的民俗风情与宗法礼仪,孔子则毕恭毕敬地像个学生,悉心聆听老子的教诲。在短短几天时间内,两人迅速建立了深厚的友情。

快乐的时光总是很短暂,转眼孔子即将离开周朝,老子一路相送,感慨道:"我并不富有,对你没有金钱馈赠,只能送你几句话:好讥讽的人再聪明,也没有好下场,为人子,为人臣,始终要有自知之明啊!"

孔子心中一动,知道老子在担忧自己的处境。这些年来,他一直在逆流而上,劝说国君实行仁政,这其中的危险他自然明了,万一哪天国君不高兴,他随时可能性命不保。

"多谢老师指导!学生谨记于心!"孔子对老子拜了一拜,感激地说。

两人行至黄河边,孔子见河水奔腾万里,消逝在无尽的远方,顿时感到了莫名的悲伤,叹息道:"人生的时光就如同这永不止歇的水,转眼就消逝了!"

老子知道孔子的心思,他微微一笑,劝慰眼前这位比自己年轻很多的思想家:"生、老、病、死是大自然的规律,何必自寻烦恼呢?"

"老师啊,我只是觉得人生短暂,来不及为国家、为民众排忧解难,所以非常遗憾!"孔子摇着头,愁眉苦脸地解释道。

老子坦然地说:"一切都要遵循自然规律,不必强求,若违背了这种规律,反而会收到相反的效果。"

说罢,他指着前方那似万马奔腾的河水,问孔子:"为何不学学水的品德?"

孔子还第一次听说水也有品德,忙恭谦地说:"愿闻其详。"

老子解释道:"上善若水。水是最柔弱的,也是最聪明的,它养育了万物,却从未显露出一副与谁争锋的样子。它只是顺应万物的变化而变化,让万物欢欣地接纳它。你这次回去后,要戒除骄躁之气,消除自己给他人制造的压迫感,否则谁敢用你?"

孔子听得诚惶诚恐,向老子深深地鞠了一躬,恭敬地说:"老师说得极是,弟子一定铭刻在心!"

回到鲁国后,每当孔子谈起老子,总会满脸崇敬之情。他将老子比作龙,认为老子学问的高深是世人所无法理解的,而他也遵照老子的嘱托戒骄戒躁,将"仁"、"礼"思想发扬光大,让儒家成为封建社会最大的赢家。

《孔子圣迹图》之《问礼老聃》,图中所绘内容为孔子向周朝柱下史老子学习周礼。

【说文解惑】

老子名为李耳,字聃,因此也被称为老聃,楚国人,中国伟大的哲学家。在唐朝,唐太宗李世民为宣扬李家的背景,封老子为"太上老君",从此老子在民间便以神仙身份示人,其思想也蒙上一层玄妙的意境。老子认为,万物皆有规律,事物是变化发展的,人生有高峰就必有低谷,不必太过在意一时的成就或过失。

《道德经》是老子的代表作,与《易经》和《论语》一起被称为对中国人影响最深远的三部思想著作。全书五千余字,却展现了极其深远的哲学思想。战国时代的庄子继承发展了老子的思想,他看法精练独到、卓尔不群,故而与老子并称,一并成为道家学说的代表人物。

庄子著有《庄子》(别名《南华经》),其核心思想是"人法地、地法天、天法道、道法自然"。

8 一代大师的"逆党"之祸
儒学的前世今生

孔子周游列国宣扬仁义治国，创建了儒家学派。

自汉朝后，武帝罢黜百家独尊儒术，儒家一跃走上正统地位，可谓风光一时。

可惜天有不测风云，至东汉末年，因为社会动荡，民众急切需要一种超自然的思想理念来支撑信心，于是结合了神道的玄学应运而生。相反地，儒学的影响力急遽下降，释、道后来居上，与儒学形成三足鼎立之势。

直到宋朝，一位大师的出现，才使儒学焕发了新生。

这位大师便是朱熹，后人敬佩他学识渊博，又称他为"朱子"。

明太祖朱元璋统治中国后，对朱熹的理学推崇备至，运用于科举制中，从此儒学成为封建社会的主导思想。

可惜，这样一位儒学大家，却在生前屡遭朝廷迫害，被扣上"伪学逆党"罪名，最终含恨而死。

公元1148年，朱熹考取进士，虽排名九十位，好在也拥有了当官的资格。他在任地方官期间，一直致力于对儒学的研究，并投入了很大的精力去研究《四书》，编写出《四书章句集注》等多种教材。他还在白鹿洞书院和岳麓书院讲学，大力推广儒学，在他的努力下，崭新的儒学体系开始兴起。

这时候，灾难悄然降临。

南宋王朝偏安江南，宋朝皇帝在都城临安乐不思蜀，完全忘了收复失地这回事。朱熹胸怀大志，上书朝廷，请求迁都南京，以达到"复中原，灭仇虏"的目的。

殊不知，他的言论激怒了当权派，只是因为顾及他的名气，皇帝一开始没有想要对付他。

然而，刚直的朱熹是不会在意仕途上的危险的，他又连上六道奏折，弹劾侵吞巨额公款的台州知府唐仲友。

当时朝廷的宰相王淮是唐仲友的亲戚，他视朱熹为眼中钉，跑到宋孝宗面前告状，说朱熹的理学欺世盗名。

《老子授经图》，此图描绘了函谷关令尹喜拜见老子，得《道德经》五千言的情景。

宋孝宗听信谣言，对朱熹不予理睬。

随后，宋宁宗继位，朱熹并没有因为自己被朝廷冷落而放弃谏言，他再度上书，提醒皇帝注意佞臣夺权，结果惹怒了权相韩侂胄。

韩侂胄指示亲信污蔑朱熹霸占他人财物、诱惑尼姑做小妾，并骂朱熹的理学是伪学，硬生生将朱熹塑造成一个臭名昭著的伪君子。

此时，大臣们见朱熹已无名望可言，便一个个落井下石，甚至请求处死朱熹。

此外，朝廷还要求查处"伪学逆党"，朱熹的朋友和门生均被殃及，纷纷隐居或避嫌，希望能逃离这场政治风波。

迫于高压，朱熹不得不违心地承认欲加之罪，接受世人对自己的误解和漫天谩骂。

公元1200年，朱熹心力交瘁地闭上了双眼，从此再也没有醒过来。朝廷对此十分紧张，害怕朱熹的门徒和亲友举办丧礼，制造出同情朱熹的舆论。

时隔九年，这场历史冤案终于得到昭雪。朝廷摘掉了扣在朱熹头上的"伪学逆党"帽子，并追封他为太师、信国公。

从此，朱熹的理学成为官方学说，一直持续到封建制度结束。

【说文解惑】

儒学在朱熹在世时并未停止演变，与朱熹同一时代的思想家陆九渊将儒学与宗教相结合，创立了心学。

至明朝，文学家王阳明将心学发扬光大，认为万事万物皆由心生，从而创立了早期的唯心主义思想。

朱熹《四书集注》，明朝成化十六年吉府刻本，藏于中国山东博物馆。

进入20世纪后，儒学进入了新纪元。梁漱溟、牟宗山、冯友兰等人重新架构儒学，从而建立起全新的儒学体系。

16世纪晚期，西方传教士利玛窦将儒学翻译成拉丁文，并将其引进欧洲，促进了汉学在欧洲的传播。至今儒学已经对东亚和欧美产生了深远影响。

9 烽火硝烟中的游侠
墨家学说

曾有一部电视剧,讲述貂蝉受巨子之命,去刺杀董卓。类似的影剧中也经常有"巨子"出现,或许有人认为巨子是人名,实则不然,巨子指的是墨家学派的领导者。

战国时期,墨子创建了墨学,并使该学派逐渐成为一个内部组织严密的机构,其领袖就被称为巨子。有研究者认为,墨子是第一届巨子,他的继承人是禽滑厘,但战国时期可靠的史料中,只有孟胜、田襄子、腹这三位巨子有记载。

春秋战国充满了战争的硝烟,涌现出一大群英雄文人。与儒家不同的是,墨家的门徒具有铮铮侠骨,他们宛若一个个身着黑衣的游侠,竭力在战乱年代维持社会秩序。

比如,腹在担任巨子期间,他的儿子在秦国杀了人,秦惠王可怜年迈的腹只有一子,想免除腹独子的罪行。谁知腹却声称杀人偿命是墨家的基本法规,国君虽有不杀之恩,但他却不能不施行墨家之法,于是将自己的儿子处死了。

墨家思想的严格可见一斑,在历届巨子中,属孟胜与一百八十位弟子英勇赴义的事迹最为感人。

当年,楚悼王离世,受其宠信的军事家吴起立刻成为众矢之的,保守派们都想杀他。吴起知道自己在劫难逃,干脆来了个鱼死网破,伏在楚悼王的遗体上任弓箭乱射。最后,吴起被射死,可是楚悼王的遗体也被射中。就这样,吴起巧借死尸复仇的目的达到了。

楚肃王继位后,对先王受辱一事震怒异常,发誓要杀光向吴起射箭的人,并株连三族。

于是,七十多个家族被卷入风波中,阳城君也在其中。

孟胜是阳城君的下属,二人亦是很好的朋友。阳城君只要一外出,就会让孟胜守护自己的城池,他还将玉璜掰成两半,让孟胜掌管军权。

眼前阳城君见势不妙,连声招呼也不跟孟胜打,就赶紧逃之夭夭了。在危急关头,孟胜做出了一个惊人的决定:替阳城君守卫城池,哪怕是付出生命的代价!

他的弟子徐弱不能理解,哭泣着问:"事已至此,巨子你又何必坚持!朝廷兵马众多,我们根本就不是对手!况且即便我们赴死,对阳城君也无一点帮助,反倒是巨子的牺牲让墨家损失巨大,恐本派灭绝于世,还请三思啊!"

孟胜脸色忧愁,他沉默了片刻,眼中又闪出坚定的火花,他告诉弟子:"我既然是巨子,就该树立墨家的威信。阳城君是我的朋友,我受他之托守城,现在若弃城,墨家哪有颜面苟活于世呢！我会将巨子之位传于田襄子，墨家是不会消亡的！"

徐弱听后，不由得心潮澎湃，眼含热泪斩钉截铁地说："多谢巨子提点，弟子当慷慨赴义！"

说罢，徐弱就跟随先头部队奔赴战场御敌。

孟胜又派出三名弟子去找田襄子，告知其传位之事。

田襄子还未来得及提出看法，就见三人又要回楚国去送死。他大吃一惊，以巨子身份命令三人留下，可是这三名弟子却执意回到孟胜身边，最终也慨然就死。

【说文解惑】

墨子创立了墨家学说，并著有《墨子》一书传世。他是农民出身的哲学家，其主要思想有兼爱、非攻、尚贤、尚同、节用、节葬、非乐、天志、明鬼、非命等，以兼爱为核心，以节用、尚贤为支点。

不仅如此，墨子还创立了以几何学、物理学、光学为突出成就的一整套科学理论。

墨学在当时影响很大，与儒家并称"显学"，当时有"不入于儒，即入于墨"之说。先秦时期，儒、墨两家曾是分庭抗礼；战国后期，墨学的影响一度甚至在儒学之上。

墨家同时被视为中国最早的民间结社组织，有着严密组织和严格纪律，其最高的领袖被称为"巨子"，墨家的成员都自称为"墨者"，所谓"墨子之门多勇士"。

墨子像

【朝花夕拾】

墨家分裂

墨子死后，墨家分裂为三派：相里氏一派、相夫氏一派、邓陵氏一派。《庄子·天下》所说的相里勤的弟子以及邓陵子的弟子苦获、己齿，即这三派中的两派。他们都传习《墨子》，但有所不同，互相都攻击对方是"别墨"。在今存的《墨子》中，每篇都有上、中、下三篇，大约就是墨家分裂为三派的证据。

10 多情自古空余恨
法家韩非子

"为什么！为什么父王不接纳我的意见！"在雕栏玉砌的贵族府邸里，一个年轻人无奈地站在院子里感慨。

同一时刻，在富丽堂皇的秦国宫殿内，秦王嬴政正斜倚在软榻上，津津有味地读着书简，并不时发出感慨之声："好！写得好！"

"看来大王对作者非常满意啊！"在一旁的廷尉李斯见此情景，聪明地插嘴道。

"是啊！"嬴政毫不吝啬溢美之词，兴奋地说，"他的很多观点我非常赞赏，如果让我见到他，和他结交，死无遗憾！"

这些话有如一根根针扎在李斯的心上，尽管不情愿，他还是告之国君："此人就是韩王歇的儿子韩非！"

李斯和韩非是同窗，二人年轻时均师从荀子，只是韩非不喜欢儒家口口声声所说的仁义道德，他认为唯有法治才能治天下，于是学到后来，竟然从一个听话的学生变成了激烈的反对者。他虽然口吃，不善言辞，却有着精彩的文笔，远在李斯之上，所以李斯一直将韩非视为自己的竞争对手，可是又不得不承认对方比自己优秀。

韩非从小就有雄才大略，希望韩国能在诸侯国中占据霸主地位，甚至一统天下。为此，他多次给韩王谏言，希望父王能接受自己的政治主张。可惜韩王安于享乐，不愿做出任何改变，常令韩非痛心疾首。

在经历了种种挫折之后，韩非有点看淡了，逐渐萌生退隐之意，转而将满腔热情投入到著书立说之上。他写下了《孤愤》、《五蠹》、《说难》等作品，这些著作后来被集结成《韩非子》一书。

韩国一如既往地忽视韩非的著作，却未曾想秦王嬴政对这些书赞赏有加。

嬴政甚至发出命令：攻下韩国后，要将韩非安然无恙地带到秦国来，不准伤其一根毫毛！

秦国要攻打韩国的消息传来，韩王乱了手脚，不得不起用韩非。韩非自告奋勇，要去秦国说服嬴政停战，他没料到，这一走，让自己的人生发生了惊天动地的变化。

韩非来到秦国后，嬴政惊喜万分，不仅将韩非视为座上宾，还经常与其秉烛夜谈，共同探讨国家大事。

韩非大吃一惊，他原以为秦王是自己的敌人，不该对其信任，可是秦王的求贤若渴却让他越发与对方亲近，希望自己能被这样一位国君重用。最终，韩非的敌对态度彻底扭转了，他信任秦王，强烈希望能为秦国效忠，希望推动秦国的强盛，以此来证明自己的能力。

可是秦王仍想攻打韩国，对重用韩非一事犹豫不决，担心韩非因战争而对秦国起敌意。

李斯觉得打击韩非的时刻到来了，便对嬴政进谗言道："不如把韩非杀了，留着他被别的国家重用，将来必定是个祸害！"

嬴政也有这个担忧，就听从李斯的建议，将韩非打入大牢。可是他毕竟钦佩韩非的才学，不忍杀掉这位杰出的人才，就没有对韩非处以极刑。谁知，韩非刚入狱，李斯就派人端来一瓶毒酒。

韩非不相信这是秦王的命令，红着眼眶问："有诏书吗？这肯定不是大王的意思！"

"哼，死到临头还要什么诏书！快点上路吧！"来人冷冷地说。韩非心如死灰，纵然他对嬴政仍抱有一丝希望，嬴政将他关进牢狱却是不争的事实。

事到如今，这位雄才大略的思想家只能仰天长叹，含恨喝下毒酒。

具有讽刺意味的是，韩非死后，嬴政开始大力推广法家思想，将"以法治国"作为治理国家的基本观念。

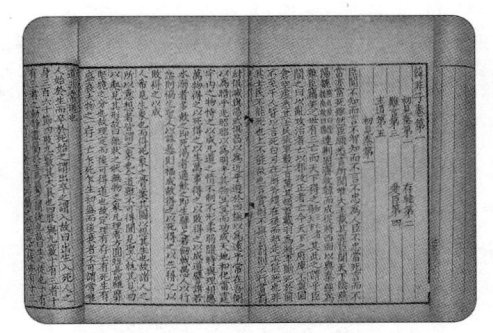

《韩非子》，清嘉庆年间刊本

韩非的抱负直到他死后才得以实现，如果他泉下有知，会不会感到安慰呢？

【说文解惑】

韩非是战国法家的集大成者，他的著作《韩非子》共有五十五篇，总计十万多字，文笔犀利，具有深刻的思想内涵。

《韩非子》的开篇为《存韩篇》，他主张"存韩灭赵"，正是这篇文章为他惹来了杀身之祸。秦王认为韩非一心只为韩国，阻碍了秦国的统一大计，这种不能为己所用的人才最好除之而后快。

《韩非子》中，还有很多寓言，比如买椟还珠、自相矛盾等，时至今日仍具有积极的教育意义。

11 训诫难平美人怨
兵家的练兵之道

公元前545年,一个寒意微露的秋夜,一声婴儿的啼哭从一所深宅大院里传出,引得一帮人激动不已。

"恭喜老爷!贺喜老爷!是个男孩!"产婆笑眯眯地对男主人说。

男婴的爷爷孙书大喜过望,看着襁褓中的孙儿,兴奋地说:"就给孩子取名为武,武为'止戈',能力非凡,这孩子长大后必将是个人才!"

"父亲所言极是!"男主人孙凭附和着,他看着自己的第一个孩子,眼中泛出喜悦的光芒。

过了几天,孙书又给孙子取了个字,叫"长卿"。卿在当时与大夫地位相当,孙家是希望这个新生命能继承家业,延续祖辈的使命和荣耀。孙武果然不负众望,随着年龄的增长,他对军事的兴趣越发浓厚。孙家是军事世家,家中藏有大量的军事书籍,孙武像得了宝贝似的守着这些兵书,常常看得废寝忘食。

孙武成年后,来到吴国,结识了吴国大夫伍子胥,请求对方向吴王引荐自己。

伍子胥知道孙武是一个难得的人才,就极力向吴王阖闾推荐。

可是当时孙武没有一点名气,阖闾根本就没听说过有这样一位人才,就没有把伍子胥的建议当回事。

伍子胥非常执着,在某一个早晨,他又向阖闾提起孙武,居然一连提了七次!

这样一来,阖闾也有点好奇,终于答应见孙武一面。

孙武带了自己的兵书前去见阖闾,阖闾被书中的军事谋略吸引住了,不由得对孙武刮目相看。

但是,阖闾仍对孙武持怀疑态度,他对眼前的这个年轻人说:"你的兵法是很绝妙,但我担心是纸上谈兵,不如你为我们实地演练一下,好让我们长长见识!"

此番试探性的问话正中孙武下怀,他巴不得能有一个展现自己的机会,便恭敬地说:"请问大王,小民该找谁演练?"

阖闾想了一下,突然萌生恶作剧的念头,告诉孙武:"我给你一百八十名宫女,让你训练她们!"

孙武并没有感到为难,当即接受了任务。

很快,那些宫女就笑嘻嘻地来到练兵场,像看热闹似的等待孙武发话。

这些宫女中有两名阖闾最宠爱的妃子,孙武便把宫女分成两小队,并让两位妃子担任队长。然后,他把宫女集合一起,告诉她们怎样操练。

宫女们觉得打仗是男人的事情,因此极不认真,她们好奇地打量着四周,彼此间交头接耳,并不时发出会心的笑声。

孙武加大嗓门,喊出口令,可是宫女们一听到他的喊声,无一不笑得花枝乱颤,结果队形松松垮垮,乱成一团。

孙武见状说:"解释不明,交代不清,应该是将官的过错。"于是,又将刚才的口令详尽地向她们解释一次。接着,继续发出号令,但是众女子仍旧嬉笑不止。

孙武冷眼看着这一切,他铁青着脸大声宣布:"两位队长玩忽职守,视纪律为儿戏,依军法当处死!"

顿时,练兵场上安静得连一根针掉在地上都能听见声音,吴王阖闾心急如焚,遣人求情,并答应立即重用孙武。

孙武毫不客气地回绝道:"将在外,君命有所不受!"说罢,他命人把两位妃子就地正法。

这时,宫女们吓得面如土色,浑身颤抖。当孙武再次击鼓发令时,宫女们终于严肃起来,认真接受孙武的指导,而且每个人都不敢怠慢,生怕自己也沦为刀下鬼。

阖闾听说两位爱妃惨死,非常生气,可是他见孙武果真带兵有方,又觉得对方是个人才,不得不按捺住怒气,让孙武当了将军。

此后,孙武为吴国立下赫赫战功,击败越国,迫使越王勾践向吴王阖闾的儿子夫差求和。

然而,随着国力的强盛,夫差却逐渐变得安于享乐,他重用佞臣,逼死忠心耿耿的伍子胥。

孙武明察秋毫,不由得感觉到一丝凄凉,他识时务地退隐山林,专心修订《孙子兵法》。

【说文解惑】

孙武出生在中国山东,是著名军事家孙膑的先祖,被后人尊称为"孙子"。他给后世的最大贡献是着有《孙子兵法》十三篇,这部兵书后来成为"兵学圣典",位于《武经七书》之首。

如今,《孙子兵法》已被翻译成各国文字,在世界各地广泛流传,很多商人和政客尤其喜欢这本书,称其对管理和博弈具有重要作用。

第三章

众人皆醉我独醒——两汉和魏晋南北朝的风韵和风骨

12 孔子神往的巨著
中国首部玄幻小说《山海经》

当代流行玄幻小说,但很多人却不知早在先秦时代,就有一部经典的玄幻巨著问世,这便是《山海经》。

后人对《山海经》评价不一,其中不乏很多名人的排斥与责难,比如著名史学家司马迁说该书的内容是"不能说的祕密",而鲁迅先生更是激烈,直接斥责这本书是巫书。

然而,曾对弟子声明"子不语怪力乱神"的儒家大师孔子,却出人意料地看好《山海经》,甚至悉心研读,为之神往,令人啧啧称奇。

孔子所在的春秋时期是各种方士之术的繁盛期,老子、列子、彭祖均有自己的超自然观点。不过,以上这些思想家的观点均来自医学著作《黄帝内经》,唯独孔子从《山海经》中汲取营养,不断提到龙凤、麒麟等神兽,足见他对《山海经》的重视程度。

当吴国占领了越国的都城会稽后,开始大肆抢夺财物,越国国君勾践珍藏的一段巨骨被公之于世。这段骨头非常罕有,光是一节骨头就得靠一辆马车来装。

吴王夫差既欢喜又惊奇,他问了很多人这段骨头的来历,却没有一个人能答得出来。夫差听说鲁国的孔子博学多才,就特地派人带着骨头前往鲁国,向孔夫子请教这个问题。

孔子正在为祭祀大典做准备,他听说有贵客从他国远道而来,不敢怠慢,急忙放下手头事务,设宴加以款待。

他自认见多识广,但看到那根骨头的时候,还是吃了一惊,一瞬间,他联想到了《山海经》中关于巨人的描述,不由得暗暗思忖起来。

吴国的使者恭敬地问:"请问先生,这根骨头究竟是何来由?"孔子围着骨头转了几圈,思索了片刻,说:"如果我没有猜错的话,这应该是防风氏的骨头。"

"防风氏是谁?"使者疑惑不解。

孔子捋一捋胡子,笑着为使者解惑:"当年大禹治水成功后,召集群臣赴会稽山议事,众人准时赶到,唯独巨人防风氏迟到,大禹一怒之下

大禹画像

将其斩首。防风氏身形巨大，天下无人能超过他，应该就是这根骨头的主人吧！"

使者一听，不禁入了迷，又问："那时候都有谁服于大禹呢？"

"天下诸神，莫不接受大禹统治！"孔子说，"镇守山川江河、丰饶一方的叫神，镇守社稷的叫公侯，祭祀山岳的叫诸侯，他们都是天子的手下。"

"原来是这样啊！"使者听到这些前所未闻的事情，对孔子佩服得五体投地，追问道，"那么，防风氏又属于哪一种神呢？"

孔子回忆起《山海经》中的文字，便对使者解释道："当时天下有两个身材奇异的国家，一个是小人国，该国百姓全为矮人，身高只有三尺；另一个则是大人国，该国的神叫防风氏，镇守封、嵎之山，大人国百姓的身高是小人国的十倍，他们是最高的人。"

使者已经听得如痴如醉了，他对孔子口中的这些奇谈怪论充满了好奇与敬畏。回到吴国后，他将孔子的话原封不动讲给吴王听，吴王也赞叹不已。

【说文解惑】

《山海经》流传至今，只剩下十八卷，五卷是《山经》，十三卷是《海经》，内容包罗万象，不仅有神话、地理、历史，也有风俗、医学、宗教等，其中有关矿产的描写，是世界最早的。

《山海经》是中国记载神话最多的一部奇书，也是一部旅游、地理知识方面的百科全书。

相传，《山海经》是大禹治水时与助手所写。当年，大禹为治理黄河水患走遍全国，所见所闻十分详尽丰富，于是有了成书的基础，再结合各地的神话和传闻，便形成了书中所写的各种怪诞趣闻。

项羽灭秦后，火烧阿房宫，很多珍贵的书籍毁于一旦，《山海经》也损毁大半。书吏不忍让这本珍贵的书绝世，便又将很多神鬼传说融进《山海经》中加以补全，最终让这本充满奇幻色彩的古籍保存下来。

13 随着耻辱
司马迁与《史记》

在举世闻名的纪传体通史《史记》中,作者司马迁在自序中这样写道:"父亲对我说,司马家历来担任史官,如今你我能成为史官,是上天的安排,一定不能辜负。作为史官,我们要把真实的史《晚笑堂竹庄画传》中的实写出来,你切莫忘记!"

时值司马迁三十六岁,他父亲司马谈病危,临终前托付儿子继续完成自己的遗作《史记》,司马迁含泪答应父亲。两年后,他继承父职担任太史令,开始游历祖国大江南北,为撰写《史记》做准备。

四年后,经过深思熟虑,他才郑重地动笔,决心完成父亲遗志,为世人贡献出一本传世佳作。

未曾想,天有不测风云,历史忽然将司马迁这个本来微不足道的史官推向了政治的风口浪尖。

《晚笑堂竹壮画像》中的司马迁画像

事情的来龙去脉还得从名将李广之孙李陵说起。在司马迁四十七岁那年,李陵与匈奴战败,成为阶下囚,汉武帝闻讯极为不满,大臣们也异口同声斥责李陵不该叛变,只有司马迁露出不以为然的神情。

汉武帝极为敏感,他让司马迁对此事发表看法。司马迁与李陵是世交,他理所当然地想为好友说句公道话。于是,他慷慨陈词道:"李陵对父母、对朋友都是义薄云天,他在战场上的英勇事迹大家也一清二楚,他去匈奴原本只负责运输协助,现在却以五千士兵奋战数万匈奴骑兵,战败也在情理之中。况且,我相信他的投降只是为了保存实力,有朝一日一定能击败匈奴一血耻辱。"

话音未落,汉武帝就抓起茶杯,狠狠地掷于地下,大喝一声:"来人!将司马迁给我拖出去,交廷尉审理!"

可怜司马迁一头雾水,就已被侍卫强行带走。其实,汉武帝之所以会愤怒,皆因为他觉得司马迁在指责自己用人不当,导致李陵出现今日被俘虏的情况,于是震怒异常。

最终，廷尉判定司马迁犯上作乱，要判他死刑。

在当时，有三种方法可以免死，一种是依靠祖上的丹书铁券获得赦免；第二种是交钱；第三种则是用宫刑代替死刑。

在西汉，宫刑是仅次于死刑的一种残酷刑罚，古人认为"身体发肤受之父母"，哪怕是动一根头发都觉得自己受到很大的侮辱，何况是宫刑？

司马迁身为七尺男儿，自然有着极强的自尊心，可是《史记》还未完成，不能半途而废。

无奈之下，他感慨道："人固有一死，或重于泰山，或轻于鸿毛。"他深知自己的性命微不足道，但即便要死，也要死得有价值。

司马迁没有钱，为了《史记》，他不得不接受宫刑，让自己的身心承受极大的痛苦。他曾将除了死刑以外的刑罚分为十种，其中第十种极刑就是宫刑，他的痛苦可见一斑。

从此，司马迁忍受着外界的冷嘲热讽，专心致志撰写《史记》。经过相当长的时间，汉武帝才悔悟到李陵当年没有支援孤军奋战的难处，将司马迁从牢里放出来，任命他为中书令。在司马迁五十五岁时，《史记》终于完成。

然而，宫刑之耻始终让司马迁的灵魂蒙羞，当悲愤之时，他甚至一度想自尽。所幸，历史会给予公正的判定，成书之后，人们才真正了解司马迁的忍辱负重，转而对他刮目相看。

《史记》完成的第二年，司马迁如释重负，追随父亲而去，永远离开了人世。

【说文解惑】

《史记》位列中国二十四史之首，全书共五十二万多字，共有本纪十二篇，表十篇，书八篇，世家三十篇，列传七十篇，共一百三十篇。书中记载了黄帝至汉武帝时期的历史，时间跨度长达三千年。它是中国历史上首部以人物纪传体为主的作品，司马迁具有深厚的文学功底，使书中的故事深具阅读性和艺术性。

简称"太史公"。"史记"本是古代史书的通称，从三国时期开始，"史记"由史书的通称逐渐演变成"太史公书"的专称。

《史记》与《汉书》（班固）、《后汉书》（范晔、司马彪）、《三国志》（陈寿）合称"前四史"，与宋朝司马光编撰的《资治通鉴》并称"史学双璧"。刘向等人认为此书"善序事理，辩而不华，质而不俚"；鲁迅则称它为"史家之绝唱，无韵之《离骚》"。

14 乱世之中有奇葩
建安风骨

公元192年,一个十五岁的少年正风尘仆仆地赶往荆州的路上,他一路上看到了不少难民和死尸,因而心生恐惧,希望能早日抵达目的地,好避过这一场骚乱。

在流亡途中,少年忽然听到前方树丛里有婴儿啼哭声,他放眼望去,发现有一面黄肌瘦的妇人正倚靠在大树下,怀中抱着一个脏兮兮的襁褓,襁褓中的婴儿正大哭不止。

少年以为不过是孩子饿了需要食物,自己也是饥肠辘辘,根本帮不上忙,就继续前行。可是策马走了两步,他不放心地又回头看了一眼。

接下来的一幕场景令他目瞪口呆,只见树下的妇人低头亲了一下孩子,就泪眼婆娑将婴儿放在草丛里,似乎不忍听到亲生骨肉的惨哭声,便头也不回地仓皇逃开了。

此事带给少年的震撼极大,他最后看了一眼生命正在一点一滴流逝的无助婴孩,无奈地离开了。

来到荆州后,他仍不能忘记在路途中见到的这一幕悲惨情景,脱口而出道:西京乱无象,豺虎方遘患。复弃中国去,委身适荆蛮。亲戚对我悲,朋友相追攀。出门无所见,白骨蔽平原。路有饥妇人,抱子弃草间。顾闻号泣声,挥涕独不还。未知身处,何能两相完?驱马弃之去,不忍听此言。南登霸陵岸,回首望长安,悟彼下泉人,喟然伤心肝。

这便是有名的《七哀诗》三首中的第一篇《西京乱无象》,少年即是王粲。

王粲在诗中描绘了自李傕、郭泛攻占长安后,百姓因战乱而遭受的痛苦,他还表达出自己脱离故土,被迫流亡到"蛮荒之地"的忐忑心情。

王粲对自己委身荆州一直不如意,而荆州的领主刘表也明显没有把这个孤傲的年轻人放在心上。虽然刘表将王粲奉为座上宾,但一直不重用他,致使王粲在十几年的时间里虚度光阴,内心充满了抑郁和忧伤。

幸而,北方来了一个赫赫有名的大人物,将王粲带离了这种无能为力的困境,此人便是曹操。

公元208年,刘表病死,曹操挥军南下,王粲就怂恿刘表的次子刘琮投降。刘琮果真归顺曹操,王粲也顺理成章地开始为曹操效命。

曹操喜欢人才,颇有才华的王粲如鱼得水,一路从关内侯升任侍中。

此时已是三国时期，魏、蜀、吴三足鼎立，曹操占据北方的大片领土，定都邺城，很多文人为逃避战乱，纷纷来到邺城大展宏图。

逐渐地，邺城形成了以曹氏父子为首、建安七子为代表的庞大文人系统，而建安七子的第一人，便是王粲。

除了王粲外，建安七子中的其他人为：孔融、陈琳、徐干、阮瑀、应场、刘桢，除了孔融因惹怒曹操遭到灭门、阮瑀早逝外，其余人均因染病在同一年逝世，这个中蹊跷，颇让后人玩味。

王粲像

【说文解惑】

建安文学形成于曹操定都邺城之后，该派的文人大多经历战乱之苦，所见所闻丰富了创作的素材。当他们好不容易有个安乐之所后，便开始聚精会神地抒发情怀、评论国事，并互相磋商，这种做法大大地推动了文学的发展，使建安文学在中国文学史上留下了辉煌的印记。

建安文学以五言诗为主，在汉乐府民歌的基础上表达投身社稷的积极情怀，虽有些作品因歌颂曹氏父子而显得庸俗，但不影响整体的境界。

建安七子的出现，让五言诗这一新诗体得到极大的提升，七子文采飞扬，令诗体精美绝伦。除了诗歌外，七子还写了很多小赋和散文，南北朝时期的文学理论家刘勰在《文心雕龙》中给予了他们极高的评价。

【朝花夕拾】

建安风骨

后人常称建安文学为建安风骨。在汉末至魏初时期，建安文学真实反映了乱世中民众的苦难，抒发了建功立业的进取情怀，其虽慷慨激昂，却又夹杂着人生苦短、壮志难酬的慨叹。这种风格便被称为建安风骨，又称汉魏风骨。

15 大宴长江横槊赋诗
"三曹"引领新文学

浩荡的长江，奔腾向东入海，从不因历史的变迁而改变，然而，就在一千八百多年前的一个晚上，长江却不复以往的安宁气息。

只见在滔滔江面上亮起了繁星点点，当人们仔细望去时，便会发现那些光芒都是大型战船上的火光。

此时正值十一月，一轮圆月高悬于如黑绸缎般的天幕之上，照得长江宛如一条蜿蜒的玉带。就在这玉带之上，聚集了大量船只，船只的甲板上站满了手握兵器的士兵，在皎洁的月光下，气氛尤其凝重。

为首的战船上坐着一位枭雄，他目光如炬，似乎无心地望了一眼前方的军队，那些士兵顿时紧张不已，握着刀枪的手心微微沁出了汗水。

清朝安顺地戏面具曹操像

在三国时期，能拥有如此强大的实力，又具备如此威严的人只有一个，那就是曹操。

此刻，他正踌躇满志要渡过长江，将孙权和刘备一网打尽。如今他已统一了北方，就差平定南方，眼看着此役结束，称帝霸业指日可待！

一想到此，曹操的胸中不由得充满豪情，问谋士程昱："还有多久时间可以交战？"

程昱回答："快则五、六日，慢则十余天。"

曹操哈哈大笑，对众将说："今夜大家畅饮，提前为胜利庆祝！"于是，众将领纷纷举杯，意气风发，共同展望美好的未来。

正当大家谈兴渐浓，天空却有乌鸦的叫声传来。曹操觉得奇怪，问荀攸："大晚上的怎么会有乌鸦？"

荀攸看看月亮，笑道："今天是十五，月亮特别圆，照得天空特别亮，乌鸦以为天亮了，就离巢而飞。"

曹操这时已经喝得有点醉，听完荀攸的解释，不禁放声大笑，起身取出自己的槊，将酒爵中的美酒倒入长江，一连倒了三杯，然后举着槊，对着众将士朗声笑道："我用这支槊打败了黄巾、吕布、袁术、袁绍，又深入塞北，直抵辽东，不负大丈夫的雄才大志！今夜我深有感慨，作了一首歌。"

说罢,他开始慷慨激昂地唱道:"对酒当歌,人生几何。譬如朝露,去日苦多……"

这便是著名的横槊赋诗,而曹操所作的歌则是《短歌行》。这首歌实为一首求贤歌,表达了曹操渴求人才,希望天下英才都能归顺自己的心愿。

曹操是一个军事家,但他的另一个身份是文人。文人多愁善感,只不过在曹操身上添了一份果断和英气。在北征乌桓之前,他也即兴赋诗一首《观沧海》,用以抒发自己内心的志向。他的诗歌朴实无华,却又气魄恢宏,是建安文学的最典型代表。

【说文解惑】

曹操一手打造了建安文学,他博览群书,在文学、书法、音乐等领域均有卓越的才艺。他的诗歌现存二十多篇,均为乐府诗体,此外他还著有不少散文。他对兵法的研究也颇有心得,曾给《孙子兵法》注释,写成《孙子注》,这些军事策略对他的征战有着很大的帮助。

除了曹操外,他的两个儿子也是大文学家。曹丕的代表作为《燕歌行》,表达了一个妇人对在远方作战的丈夫的思念,这首诗促进了七言诗的发展。他所著《典论》当中的《论文》,是中国文学史上第一部有系统的文学批评专论作品。

东晋著名画家顾恺之依据《洛神赋》,画了《洛神赋图》,其中最感人的一段描绘是曹植与洛神相逢,但是洛神却无奈离去的情景。

曹植的文学功底远在哥哥曹丕之上,是建安时代成就最大的文人,因任性而失掉了太子之位,最后抑郁而终。

曹植的诗歌词藻华丽,对仗精密,开篇即气势雄浑,展现出五言诗的至高境界,代表作是《洛神赋》。

16 倾世一曲人终散
竹林七贤

青翠的竹林里飘出一缕清音,如流水般纯净,琴声时而激烈欢愉,如急流的溪水;时而低沉悲凉,如浩瀚的江海。在忽快忽慢的回转之间,无限孤寂之意久久在林间徘徊。

"是《广陵散》!"竹林外,一个清瘦的中年人一直听完才感慨地说,他的眼睛里有敬佩之光,但也隐含着担忧之色。

果然,当他进入竹林后,发现老友嵇康衣衫凌乱地靠在一棵大树旁,正在呼呼大睡,一滴滴残余的美酒从嵇康手中的酒壶中滑落,滴在温润潮湿的草地上。

中年人小心翼翼地喊了声:"嵇康,醒醒,我是山涛!"可是令他失望的是,嵇康始终一副烂醉如泥的模样,怎么叫都叫不醒。

山涛没有办法,只得坐在嵇康旁边,耐心地等待对方清醒。他知道嵇康是在装睡,刚才还能意识清醒地弹琴,怎么可能现在就烂醉如泥呢?

山涛开始回忆起当年,他与嵇康、阮籍、向秀、刘伶、王戎、阮咸七人整日在竹林深处交游,被人们称为"竹林七贤"。

那段难忘的日子里,嵇康抚琴,奏《广陵散》,阮籍拿把锄头说:"要是我今日死了,就把我就地埋了!"其他人则一边举酒狂饮一边癫狂作诗,直至酩酊大醉。

嵇康画像

可是山涛没有喝醉过,事实上,他非常清醒,虽然他与另外六人在文学上的见解一致,但他内心却希望自己能够建功立业,于是他投靠了夺权的司马昭,并受司马昭嘱托,前来劝说嵇康做官。

这不是他第一次来游说嵇康,可惜没有一次能成功,而嵇康更在他归顺朝廷后怒发冲冠,写下《与山巨源绝交书》,宣布与山涛断交。

嵇康过了好久才醒过来,山涛急忙讨好地告诉他,司马昭想招他做女婿。谁知嵇康非但不领情,还把山涛骂了一顿,让山涛沮丧不已。

司马昭得知嵇康如此"顽劣",终于忍无可忍,把嵇康抓进大牢,给他定了一个罪名,就要将其择日问斩。

行刑的那一天,天地无色,人们睁大悲哀的眼睛,木然地看着关在囚车里的嵇康被押赴刑场,等待死亡到来的那一刻。

"嵇康,你可有话要说?"司马昭耀武扬威地问道,言语之间既骄傲,又含着某种暗示。

可是嵇康却连正眼也不瞧他一眼,慷慨陈词道:"要杀便杀!"

"哼!那我就成全你!"司马昭的眼中放出一星寒光,未几,他又冷笑道:"临终前,你可有什么心愿未了?"

嵇康眯着眼睛,沉吟道:"有!"

"啊?什么?"司马昭大喜,以为抓住了对方的弱点。

孰料嵇康慢悠悠地说:"给我一把琴,我想再弹一曲。"

司马昭气得吹胡子瞪眼,悻悻地让侍卫取出一把琴交给嵇康。

嵇康手抚那丝丝琴弦,深吸一口气,往事千头万绪,齐齐在他脑海中翻滚。当年,他因不满司马氏篡权夺位,佯装癫狂,有意避开朝廷是非,可叹他名气太大,终究躲不过这杀身之祸。

晚清画家任伯年所绘的《竹林七贤图》

《广陵散》的曲调在刑场的上空久久萦绕,随着刽子手的刀光一闪,温热的鲜血染红了洁白的琴弦。

从此,世间再无嵇康,再无《广陵散》。

【说文解惑】

竹林七贤生活在动荡的魏晋时期,以阮籍和嵇康为首的七位文人聚集在河南山阳县的竹林里,饮酒作诗,借机避世。他们的文风是建安文学的延续,但因当时的政治高压,竹林七贤的风格偏隐晦压抑,多用比喻、象征、神话等手法来表明自己的思想。

嵇康被杀后,阮籍、向秀被迫出仕,但不受重用;刘伶坚决反对晋朝统治,被罢黜;山涛和王戎则明哲保身,成为晋朝一代重臣。

17 两袖清风寻桃源 田园诗鼻祖陶渊明

"县令大人！我家老爷已到馆舍，请您过去参见！"一位神色傲慢的官吏正昂着头抑扬顿挫地发话，虽然他的地位微不足道，可是观其表情，竟似一个了不起的大人物。

他面前的那位县令却不以为然，甚至可以说是极为不屑，反而慢悠悠地说："知道了。"说罢，县令很不情愿地派人去叫马车，准备去见官吏口中所说的那一位神圣的督邮。

岂料，他刚走了两步就被官吏拦住，官吏翻着白眼，皮笑肉不笑地"劝"道："还请大人自重！我家大人要求见面穿官服、束大带，不然失了体统，可是要问罪的！"

此时，县令忍无可忍，怒吼一声："我怎能为了五斗薪俸，就低声下气去向这些小人贿赂献殷勤呢？"声音之大，把狐假虎威的官吏吓了一跳。

眼前，官吏见县令竟敢争锋相对，顿时十分不悦，正要呵斥对方，却见县令愤然捧出官印，重重地交到官吏手里，喝道："请交给督邮大人，我已无须使用此物！"

这下，欺软怕硬的官吏傻了眼，赶紧花言巧语地劝县令收回心意。

可是县令不肯改变初衷，他坚决写了辞官信，然后带着不多的行李，挥一挥衣袖，潇洒地离去。

这位县令就是有名的田园诗人陶渊明，此时距他新官上任不过八十一天，可是他已经对官场的腐朽非常厌恶。他多次在睡梦中梦见自己又回到了那片菜园中，种完田后提着竹篮去山上采菊花，然后回家品一杯香茗，日子过得不知有多逍遥自在，比在尔虞我诈的仕途上提心吊胆要强得多。

他重新回到了田园生活中，每日躬耕自资，虽然辛苦，也算能丰衣足食。因为他的宅院旁边有五棵柳树，被人们尊称为"五柳先生"。演变到后来，"五柳"就成为高人隐居之地的别称了。

不过，陶渊明始终是个有理想有抱负的文人，早在青年时代，他就发出"大济苍生"的感慨，可惜世事多舛，东晋朝政腐败，对外一味妥协退让，对内则官官相护，打压中小地主阶层。陶渊明的祖上只有一人当过太守，随后家族就逐渐衰落，根本无力挤入仕途，这一切注定了陶渊明的壮志只能是场梦。

尽管如此，陶渊明依旧十分关注国事。公元420年，刘裕废晋恭帝，建宋朝，改年号为永初，晋朝灭亡，南朝开始，听到此消息的陶渊明心如刀割。第二年，刘裕又要阴谋害死晋恭帝,彻底断了陶渊明复晋的希望。

陶渊明对刘裕政权十分痛恨,却又无法改变,因而陷入深深的苦恼之中。

有一天晚上,他带着满腹哀愁进入梦中,竟做了一个奇异的梦。在梦中,他乘船进入了一片桃花林中,因为沿途景色十分秀美,他就一直往前走,走到最后发现了一座山,山上有个山洞,在好奇心的驱使下,他钻入山洞,结果出洞后发现了一处人间仙境。

在那里,人人安居乐业,就算家门不关也不会发生偷窃事件,这岂不是一直以来他所追求的太平天下吗?

他在仙境里待了一段时间后就回去了,在回家的路上,他沿路做标记,以为下次还能再找到这处世外桃源。谁知第二年,当他去找桃源时,却怎么也找不着入口了,他很着急,不停地找啊找,结果一激动,就从梦中惊醒了。

陶渊明摸着额头上的汗,唏嘘不已,他心里明白,在自己有生之年,世外桃源永远只能在梦中出现了。他觉得遗憾,又难以割舍对桃源的向往,干脆从床上爬起,拿起笔和纸,用优美的笔触记录下了这个美梦。

于是,《桃花源记》应运而生,这篇带有奇幻色彩的散文为世人描绘出一片安乐祥和的盛世,寄托了陶渊明对未来的展望,也满足了后人对美好生活的瑰丽想象。

明朝画家王仲玉所画的《陶渊明像轴》

【说文解惑】

陶渊明,又名陶潜,号"五柳先生",是东晋南朝更替时代的大文学家。因喜欢田园,其作品多围绕田园生活展开,如《饮酒》、《归园田居》、《桃花源记》、《归去来兮辞》等。

他是田园诗派的创始人,也是中国历史上第一个大量写饮酒诗的诗人。平生最喜欢菊、柳等象征高尚气节的植物,并写有著名诗句:采菊东篱下,悠然见南山。

在长期的劳动中,陶渊明对平民百姓产生了深深的同情,在他晚年时,虽穷困却拒绝权贵虚伪的馈赠,展现出"君子如菊,笃行高洁"的高贵品格。

18 才高遭人嫉
山水派诗人谢灵运

在东晋和南朝初期，有两大文学家不能不被提及，一个是田园派诗人陶渊明，另一个则是山水派诗人谢灵运。

说起谢灵运的才华，可说是誉满京师，而谢灵运则对自己有个更高的评价，他曾在酒席上自夸："魏晋以来，天下文人之才共有一石，其中，曹子建独占八斗，我得一斗，天下其他的人共分一斗！"

石是古代计量单位，一石等于十斗，谢灵运因为读完《洛神赋》后特别崇拜曹植，就提高了曹植的文学地位，其实他与对方的文采不相上下。

谢灵运恃才傲物，难免会遭人嫉恨。他出身于贵族家庭，祖父谢玄曾在淝水之战立下赫赫战功，母亲是书法家王羲之的外孙女。谢灵运自小就在诗书气息浓厚的显赫世家长大，也许这一辈子都不会为地位和财富发愁，可是谁又能想到最后的结局会以悲剧收场呢？

宋武帝刘裕夺取了政权后，很钦佩谢灵运的才气，就邀他上京为官。当时，谢灵运的内心充满了雄心壮志，意图在朝廷上大展宏图，可是新政权却始终对那些东晋降臣心存芥蒂。

谢灵运来到京师后，发现皇帝嘴上说着好话，私底下只把他当成一个文学侍从，不由得气愤至极，以上那段自负的话，也间接地表达出谢灵运的一腔怨气。

既然不受朝廷重用，谢灵运干脆就放荡不羁起来。他对工作怠忽职守，整日沉醉于山水游乐之间，还结交了一帮志同道合的士族，一起痛骂刘宋政权排除异己的卑劣行径。他曾从始宁南山伐树开路，直到临海，跟随的有几百人，临海太守王琇很吃惊，以为是山贼，最后知道是谢灵运才安下心来。

谢灵运的言行很快被嫉妒他的大臣徐羡之、傅亮得悉，徐羡之等人立刻向朝廷弹劾谢灵运。皇帝对不听话的谢灵运大为不满，就将他贬黜永嘉，不得回京。

三十八岁那年，谢灵运在一个萧瑟的秋日赶赴永嘉上任，此时的他已对建功立业之事彻底灰心，到永嘉后也依然游手好闲，最爱带着一帮文人浩浩荡荡游玩于荒野，探奇览胜。

当时，由于酷爱旅游，谢灵运还不顾生命危险攀岩绝壁，竟在不经意间成为中国攀岩运动的先驱者。多年的游历经验，让他的灵感喷薄而出，使得他的山水诗成就达到高峰。

谢灵运还喜欢与一些得道高僧来往，从中悟到很多禅修之道。

巧的是，会稽太守孟青也是个虔诚的佛教徒，谢灵运看不起他，曾经不客气地对他说："要想得道必须具有慧根，您升天肯定在我的前面，而成佛必然在我的后面。"

结果，孟青怀恨在心，专程跑到宋文帝面前告谢灵运的状，而罪名竟然是大逆不道的谋反。

谢灵运得知后，罕有地慌了神，急忙策马赴京向皇帝澄清事实。宋文帝不是傻子，怎会不知道谢灵运是被诬告的呢？可是他并不欣赏这个恃才傲物的诗人，在他的眼里，皇权才是最重要的，一个诗人，即便闻名全国，如果不能表忠心，还要他做什么？

宋文帝虽未降罪谢灵运，却因担心他与浙东的士族犯上作乱，便将他安排到临川担任内史。

此刻，谢灵运仍在游山玩水，可是他的内心，或许已经隐隐感觉到危机的来临。很快，他被有关部门所纠弹，司徒派遣使者随州从事郑望生拘捕了谢灵运。这次，谢灵运没有顺从，他被逼得走投无路，终于产生了造反的念头。然而朝廷的官兵马太过强大，他很快就被捉了回来。

紧接着，又有官员进谗言称，谢灵运同党纠结叛乱部队，要助谢逃跑。宋文帝再也没有耐心去分辨真伪，干脆就趁此事件将谢灵运处死。

于是，承受着巨大冤屈的谢灵运早早地结束了自己的四十九年生命，让世人无限唏嘘。

【说文解惑】

谢灵运是中国山水诗的开创者。他真正的诗歌创作时期是在赴永嘉担任太守的那一年，当时，谢灵运三十八岁，写出《过始宁墅》、《富春渚》、《游岭门山》、《登池上楼》等一系列优秀诗篇。

用一年的时间就写出了比过去十年都多的作品，足见其才华横溢。

谢灵运的诗歌与南宋文学家颜延之齐名，被后人称为"颜谢"。他的诗清新自然，意境新奇，且融入了感情，因而能让读者感同身受。他的风格被后世很多文学家所借鉴，《滕王阁序》的作者王勃就挥笔写下"邺水朱华，光照临川之笔"的句子，赞叹曾是临川内史的谢灵运。

第四章

中国文学的两颗明珠
——唐诗宋词

19 自古风流出少年
《滕王阁序》

有句名言,叫作出名要趁早。

在初唐时期,有四位著名的诗人——王勃、杨炯、卢照邻、骆宾王,他们被人们称为"初唐四杰"。其中王勃的年龄最小、成就最大,真可谓是自古风流出少年。

王勃画像

王勃写文章从来都是一气呵成,他还有个习惯,就是在写作之前先磨好墨,然后喝一顿酒,喝醉之后便上床呼呼大睡。当他醒来后,却下笔如有神助,能够一字不改地将文章写完。据说,这是因为他在睡觉的时候已在心里打了腹稿,所以才会有如此高的创作效率。

王勃还在幼年时期,便被人们誉为"神童"。相传,他在六岁时就能构思文章,因为过于聪明,还是少年的他引起了朝廷的注意,顺利地获得了朝散郎这一文职。

公元675年,王勃在探亲途中路过江西南昌,恰逢都督阎伯屿在滕王阁举行重阳节宴会。滕王阁为唐高祖之子李元婴所建,李元婴是滕王,所以阁楼的名称由此而来。

此次阎伯屿将滕王阁重新整修一番,除了保护古迹外,他还有个私心,就是想让自己的女婿吴子章一举成名。

吴子章是一个腹中颇有点墨水的文人,很得阎伯屿赏识,可惜仕途一直不顺,令他很受打击。阎伯屿出了个主意,他让女婿先准备好一篇出色的文章,然后广邀高官达贵,要让女婿在宴会这一天一鸣惊人。

吴子章心领神会,立刻钻进书房翻阅典籍,用了十几天的时间,终于作出一篇自认为非常出色的文章,并烂熟于心,以为可以万无一失。

当宴会开始后,阎伯屿先对着满座高朋寒暄了一番,然后巧妙地切入正题:"如此良辰美景,各位何不即兴写下一篇诗文来助兴?"说完,他便命令奴仆端出文房四宝,请宾客动笔。

世上真正的有才之士并不多,有几个能即兴发挥呢?宾客们纷纷谢绝阎公的美意。

正当阎伯屿得意洋洋,想让女婿一展才艺时,却瞥见年轻的王勃伸手拿起了毛笔,一副要创作的模样。

阎伯屿大为不悦,觉得王勃在抢风头,就气冲冲地去了更衣室,吩咐仆人把王勃写的实时通报给他。

吴子章倒没走,他很好奇王勃在来不及思考的情况下能写出什么文章,便仔细观察对方的一举一动。

只见王勃望着眼前的漳江,稍一思索,开始气定神闲地落笔道:"南昌故郡,洪都新府。"

阎伯屿听后不屑一顾,讥笑道:"老生常谈而已,就敢如此卖弄!"

不一会儿,又有仆人来报:王勃写下"星分翼轸,地接衡庐"。阎伯屿缄默。

随后,奴仆们一次次来报,阎伯屿的心情也跟着一次又一次地震惊,终于,当报到"落霞与孤鹜齐飞,秋水共长天一色"时,阎伯屿已是满腔喜悦,由衷地赞叹道:"真乃人才也!"

明朝唐寅所画的《落霞孤鹜图》,表达了他羡慕王勃的少年得志,为自己坎坷的遭遇鸣不平。

此刻,满堂宾客也被王勃的才情所倾倒,纷纷发出赞誉之声。

【说文解惑】

王勃,籍贯山西,初唐杰出的诗人。他的祖父王通是隋朝的著名学者,从祖上三代起,王家便是名门望族、书香门第王勃受家族影响,自然也热爱诗文。

王勃的诗文清新刚健,主题也不再局限于官廷,他与杨炯、卢照邻、骆宾王一起推动了诗歌的创新,为唐朝诗歌的繁荣昌盛奠定了基础。可惜,这样一位天才,却在二十六岁南下探亲时,不幸溺水身亡。

20 时乖命蹇的四大才子——"初唐四杰"的凄惨遭遇

唐朝大诗人杜甫曾写过一首评论诗,来评价"初唐四杰":王杨卢骆当时体,轻薄为文哂未休。尔曹身与名俱灭,不废江河万古流。

这首《戏为六绝句》的意思是,四位诗人王勃、杨炯、卢照邻、骆宾王的诗文风靡一时,却遭到初唐一些无知之辈的耻笑。然而经过时间的考验,当初那些讥笑四杰的人已经被人们淡忘,而四杰却如滔滔江流,以排山倒海之势一往无前。

从中可以窥出王勃等四人在初唐时期遭遇的尴尬场面了,尽管他们是诗坛流行的风向球,却一直不为主流文坛所接受,而他们的身世也几多坎坷,令后人唏嘘。

公元641年,二十二岁的骆宾王意气风发地上京赶考。他自恃才华横溢,对这次考试非常有信心,在策马进京的途中,他看着沿路的绿树红花,不禁对未来浮想联翩,朗声颂道:"且知无玉馔,谁肯逐金丸!"

是的,他觉得自己若不是处境艰难,怎会追名逐利!

怎知在那个时代,光有才气而无背景是不能出头的。骆宾王到京城后,只顾着饱览洛阳风光,整日在名胜古迹中徜徉,却压根儿就没想到与此同时,那些考生正在拼命地给考官塞红包拉拢感情,他还以为凭自己的才识,一定能金榜题名。

命运很快给这个狂妄的才子来了个沉重的打击,他名落孙山了!

骆宾王顿时手足无措,他满腹愁绪,不知该如何面对将来的困境。

骆宾王的家境并不富裕,本指望靠着这一次科举考试谋个官职,以摆脱寄人篱下的生活,可是现在,一切都完了。

骆宾王画像

最终,骆宾王决定投靠亲友,此时的他已没有刚进京时的好心情。他在南下的路上发出感慨:"莫言无皓齿,时俗薄朱颜!"

虽有满腹经纶却无权贵关系,这是初唐四杰的悲哀。

几年之后,骆宾王终于出仕,却因性格刚烈而备受官员们歧视,即使他得到李渊之子李元庆的青睐,也不能在官场一帆风顺。

心高气傲的骆宾王无法装出一副阿谀奉承的嘴脸,他干脆提出辞呈,从此过着闲云野鹤、自耕自助的生活。

然而在封建社会,自给自足哪有那么容易呢?骆宾王越来越窘迫,连饭也快吃不到了,在一个秋风萧瑟的夜晚,当他听说有一个好友病逝后,不禁悲从中来,流泪说出一句"哀命返穷途"。

他快穷途末路了,而老母也卧床不起,急需要钱来贴补家用。骆宾王不得不低下骄傲的头颅,四处求人想谋个一官半职。

四十九岁那年,他重新入仕,虽还不算年老,却已头发花白了。谁知,新一轮的不幸又开始,他跟随徐敬业讨伐武则天,兵败后失踪,再也无消息。

此时,王勃已经溺水而死;卢照邻因服丹药中毒瘫痪,后投水自尽;杨炯虽然做了一个小官,却挨骂最多,也一直郁郁寡欢。

"初唐四杰"一生落魄,在偌大的唐帝国,竟无立足之地。

直到唐朝晚期以后,文坛才对四杰做了中肯的评价,王勃等四人的文风虽未完全脱离奢靡气息,却有了很大进步。王勃和杨炯规范了五言诗的韵律,卢照邻和骆宾王的词赋则气势磅礴。四人的骈文虽然依旧华丽,却增添了许多灵动之气,是中国诗坛当之无愧的革新代表。

【说文解惑】

南北朝时期流行艳俗文风,如隋炀帝、陈后主都喜欢以写诗来炫耀自己的才学,但南朝的风格奢俗浮华,内容往往充满低级趣味,不足以代表诗歌的最高成就,此时,"初唐四杰"应运而生。

四杰均出生于中下层地主阶级,他们性格刚烈,不愿趋炎附势,却又因个人理想,不得不跻身官场。

明朝贡生陆时雍曾赞美道:"王勃高华,杨炯雄厚,照邻清藻,宾王坦易,子安其最杰乎?调入初唐,时带六朝锦色。"

【朝花夕拾】

玉馔是什么?

馔指食物,玉馔便是指如玉般珍贵的美食。典故来自晋朝左思的《吴都赋》:"矜其宴居,则珠服玉馔。"馔和馐的意思相当,但馐一般不单独使用,也可说成"珍馐美馔"。

21 唐朝第一位炒作大师
积极进取的陈子昂

"飞飞鸳鸯鸟,举翼相蔽亏。俱来绿潭里,共向白云涯。音容相眷恋,羽翮两逶迤。苹萍戏春渚,霜霰绕寒池。"

在一个秋风送爽的季节,川蜀之地仍是一派良辰美景,年方弱冠的梓州书生陈子昂被满目的翠绿所吸引,不禁诗兴大发,咏叹起来。

几日后,他就要渡过三峡,远赴长安为科举考试做准备。他觉得自己仅用短短两年的时间便涉猎百家,学识不在父亲之下,来年一定能雁塔留名,不负家人的期望。

有意思的是,才子们的设想总是跟现实相反。

到达长安后,陈子昂入唐朝的最高学府国子监学习,第二年春天,他信心十足地步入考场,满以为功名在手,却没想到自己居然名落孙山。

大失所望之下,陈子昂只好回乡,他不信自己真的不如他人,便又用了几年时间饱读诗书,逐渐变成一个学富五车的才子,并在乡邻之间名气大增。

于是,他又去参加科考,满以为这次万无一失了,命运却再度将他扔进沮丧的深渊。

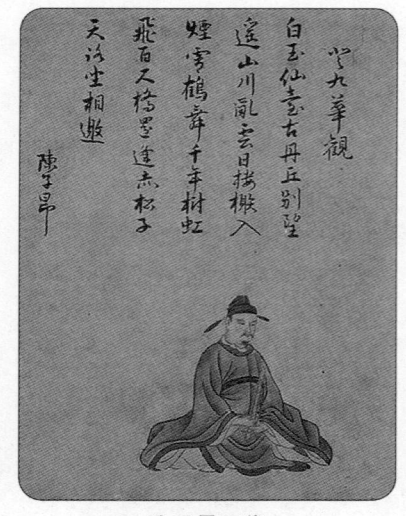

陈子昂画像

又是没中!

自古以来,才子在困境中反而能发挥出过人的能力,陈子昂也不例外,他开始想方设法谋求成名之路。

也许是时来运转,有一天,陈子昂走到了长安的古玩一条街,看见有个人正在叫卖一把古琴,便走上前问卖琴的人:"这把琴值多少钱?"

卖琴的是一个中年男子,欺陈子昂是外乡人,就狮子大开口,索价百万。

围观的富豪们口中发出"啧啧"的惊叹之声,准备四下散去。正当这个时候,陈子昂却掷地有声地来了一句:"好!成交!"

众人哂笑起来,觉得这个书生不过是个傻瓜而已。陈子昂目不斜视,爽快地付了一千缗,然后捧着琴昂然离去。

几天后，陈子昂广邀长安城中的富豪名人，说要举行一场古琴的试音会。本来陈子昂斥巨资买了一把不值钱的琴已成为笑谈，眼前他竟然还要开试音会，让全城的人都为之窃窃私语，巴不得试音会早点开始。

当天，陈子昂又气宇轩昂地携琴而来，正当大家翘首以盼他的弹奏时，却见他出其不意地拿出一把铁锤，将古琴砸得粉碎。

众人顿时惊讶极了。

陈子昂趁此机会，慷慨陈词："我陈子昂入京以来，写诗有数百首，却无人赏识！这把琴不过是低贱乐师的工具，竟让大家如此关心！"

说罢，他将自己的诗文发给众人，一时之间，他的作品在长安城内家喻户晓，连唐高宗李治都有所耳闻。

不久，陈子昂再度应试，这次终于天遂人愿考中了进士。

【说文解惑】

杜甫评价陈子昂"名与日月悬"，而白居易与元稹之所以会关心民生，也是受了陈子昂的影响，白居易则认为陈子昂可与杜甫相媲美，"杜甫陈子昂，才名括天地"。

青年时代的陈子昂颇有爱国热情，他曾经习武，在误伤别人之后才弃武从文。他在出仕后被武则天赏识，一度官任右拾遗。在任期间，写过很多反映边疆百姓苦难的诗文，表现出对民情的关心和担忧。

后来，陈子昂回乡为父守孝而遭奸人陷害，冤死狱中。

迄今，陈子昂年轻时读书的学堂仍有留存，起初名为拾遗堂。在中唐时拾遗堂毁于战火，宋嘉裕年间重建，如今被称为陈子昂读书台，现位于四川省金华山上。

古读书台

【朝花夕拾】

"缗"如何计量？

缗本来指的是串铜钱的绳子，另外也可指姓氏。在古代，一缗通常为一千个铜钱，而一枚铜钱称为一文，所以一缗就有一千文。

22 等待千年的绝美孤篇 《春江花月夜》

在唐朝文学史上，有一位诗人，仅凭一首诗歌便成功打入文学大家的行列，且享有"孤篇盖全唐"的美誉。

这个诗人叫张若虚，所写的诗歌名为《春江花月夜》。

《春江花月夜》创作于初唐时期，为何会在诗坛上艳压群芳呢？这还得从当时诗歌的风格说起。

初唐的诗歌继承了南朝的文风，奢华空洞、内容雷同。以王勃为代表的"初唐四杰"好不容易给僵死的文坛带来一丝活力，却被名将裴行俭看不起。

裴行俭评价说："做官的人要达到远大的志向、职位、前途，就要把度量见识放在首位，把文学技艺放在其次。像王勃等人虽然富有文才，但轻浮急躁，爱卖弄夸耀，哪里是享有爵位俸禄的人呢？杨炯比较稳重谨慎，可以当到县令，其余的人都不会善终。"

于是，王勃等人只能在主流文风的夹缝中生存，而继承了南北朝诗风的宋之问等宫廷宠臣则掌握了诗歌的话语权。

虽然宋之问写出了"近乡情更怯，不敢问来人"这样的佳句，但总体而言，宫廷诗的成就并不大。

有意思的是，唐太宗李世民虽然爱才，态度却不甚坚定，使得民间诗人一直无法出头。如诗人张昌龄备受李世民赏识，却屡试不第，李世民问主考官原因，考官回答："文风浮夸，不能成才。"李世民竟不再追问了。此时，诗人张若虚的《春江花月夜》恰好在这样一个急需创新的时刻诞生。

《春江花月夜》的形式与乐府诗截然不同，吸收了南方民歌的特点，又成功采用了新诗格律，并在唐朝第一次探索了诗篇中小组转韵结合长篇的技巧，三者的结合恰到好处，为后人提供了一个新诗的样本。

而《春江花月夜》的意境也与众不同，它由景及人，在写完春江花月的景色后，笔锋一转，阐述了月夜下的愁绪。是啊，春江有明月的陪伴，甚至江边的芳甸也有江水的偎依，为何夜空下的人却形单影只，显得那么孤单？

照理说，如此优美的诗篇，应该早就家喻户晓了，可惜，作者张若虚的生平事迹鲜有记载，而他的诗作，流传至今的也仅有两首。甚至是从唐朝至元朝，他的诗作几乎没有机会流传下来，而《春江花月夜》要不是被宋人当成乐府诗进行收录，大概早已湮没在历史的浩渺尘烟中。

一千年后,机遇突然降临。

明嘉靖年间,"后七子"领袖李攀龙收录了《春江花月夜》,随后,明朝每一次编撰诗集,都会将《春江花月夜》摘录进去。

至清朝,一些知名的书评人,如季振孙、徐增、沈德潜、管世铭等不仅收录《春江花月夜》,还发表了很多评论,令张若虚名气大增。清末学者王闿运称《春江花月夜》诗"孤篇横绝"、"宋词和元诗也不过是它的支流而已",将《春江花月夜》提升到一个史无前例的地位。

正是因为这番评论,《春江花月夜》的"盛唐第一诗"、"春风第一花"等美誉才一直流传至今。

春江图

【说文解惑】

《春江花月夜》的作者张若虚生平资料颇少,仅有的记载是江苏扬州人,其文采隽永,与贺知章、张旭、包融并称"吴中四士"。

张若虚的风格清丽,韵律婉转,迥异于宫廷诗的艳俗脂粉气,而能带给人澄澈空明的感觉。

举例来说,《春江花月夜》诗中有一句"空里流霜不觉飞,汀上白沙看不见",意思为江面上空皎洁的月色白如凝霜,竟让草丛上覆盖的白霜看不出来,在明月的照耀下,江畔平地上的白沙融在月光里,令人无法察觉。单凭这一句,便可感觉语境的柔美,何况全诗。

【朝花夕拾】

"春江"的出处

《春江花月夜》意境优美,引发后人浮想联翩:这春江到底是取自哪里的景呢?有学者认为取自扬州南郊的曲江,因诗中写有涨潮、落潮的画面,而曲江的广陵潮是唐朝一大奇观,故有此说;有学者认为是取自有"长江运河第一古镇"美称的瓜洲;还有学者则判断是扬子江畔的大桥镇,大桥镇在唐朝濒江临海,故能同看江海。

23 糊涂一时挽回一命
山水田园诗人王维

王维是盛唐时代的一位山水田园诗人,在二十一岁时就中了进士。然而,此后却因为时局动荡,一直未能施展治国的抱负,随着时间的流逝,他的一腔热情逐渐冷却。

一晃二十多年过去了,王维已从一个热血青年变成一位略显颓废的中年诗人。他知道壮志难酬,干脆就买下初唐诗人宋之问在南蓝田山麓的别墅,安心隐居起来。

碰巧,另一位隐居在终南山的诗人裴迪住在王维家附近,并且也是山水田园诗人,二人均因仕途不顺而选择隐居,所以颇有共同语言,经常在一起散步赏竹、饮酒赋诗。

王维为表达对裴迪的情谊,还作了一首《辋川闲居赠裴秀才迪》赠予对方,其中一句"复值接舆醉,狂歌五柳前"展现出两位诗人狂放不羁的豪情。

王维的画作——《辋川图》,藏于日本圣福寺。

可见,徜徉在山水间,醉笑人间荒唐事,是何等快哉!

快乐的时光并未持续多久,公元755年,安史之乱爆发,安禄山素来崇拜王维的才能,就强迫王维为自己做事。

王维性情温和,他无法激烈地对抗安禄山的伪政权,只好装糊涂,假意顺从,暗地里却服用了一种哑药,使自己暂时不能说话。

多疑的安禄山当然不相信王维真的哑了,他勃然大怒,但又找不出证据,只好将王维监禁在洛阳的菩提寺里。

裴迪听说此事后,不顾生命危险前来看望好友。王维热泪盈眶,他觉得此生有这样一个知己也足够了!

在寺里,裴迪对王维痛诉伪政权的劣行,说有宫中的乐师被迫在凝碧池边一边流泪一边为安禄山弹奏古琴。王维听后非常气愤,当即作诗《凝碧池》,表达自己忠于李家王朝的决心:"万户伤心生野烟,百官何日再朝天?秋槐叶落空宫里,凝碧池头奏管弦!"

谁也没有想到,这首诗后来竟救了王维一命。

安史之乱平息后,曾任过伪官的王维立刻被当作叛徒抓了起来,照理应当问斩,幸亏《凝碧池》传到唐肃宗的耳朵里,肃宗玩味再三,觉得王维实在是个身在曹营心在汉的忠臣,加之王维的弟弟向皇帝求情,王维不仅免予处分,还官至尚书右丞,也算是因祸得福了。

因为一首诗而捡回一条命,这在中国诗坛可谓绝无仅有。

王维名气大,所受的挫折也大,他处于乱世,始终无法实现自己的抱负,是他的无奈。不过,他也因此寄情山水,作出了很多优美的山水田园诗,这倒也是命运的另一种恩赐吧!

【说文解惑】

王维,字摩诘,后人称其为"王右丞",他是位不折不扣的才子,诗、书、音、画样样精通,现存诗篇有四百多首,代表诗作有《相思》《山居秋暝》等。

他受禅宗影响很大,精通佛学,也精通诗、书、画、音乐等,与孟浩然合称"王孟"。

苏轼评价其:"味摩诘之诗,诗中有画;观摩诘之画,画中有诗。"

【朝花夕拾】

"诗佛"王维

王维出生在一个笃信佛教的家庭,在中年过着半官半隐的生活后,他开始潜心修佛,并十年如一日去听当时著名的僧人道光禅师讲禅。晚年时,他更是如僧人一般,打坐念经,研究佛法,因此又被人们称为"诗佛"。

24 命运和他开了个玩笑
失意才子孟浩然

唐朝有两位山水田园大诗人,一位是王维,另一位就是孟浩然。

孟浩然与王维不一样,后者是因仕途不顺而隐居山林,前者却是真心向往自由,在三十五岁之前一直耽于游山玩水,半点功名利禄之心也没有。

可惜,孟浩然的家里并不富裕,他长期在外游荡,发现荷包快要瘪了,才不得不收起一颗不羁的心,广交名流,希望能在仕途有所发展。

听说唐玄宗爱才,孟浩然就去了洛阳,谁知他在洛阳一待就是三年,却连玄宗的影子都没瞧见,不免内心愁苦,觉得前途黯淡。

终于,在四十岁那年,孟浩然决定参加科举考试,以期能求得官位。让他万万没有想到的是,自己居然落榜了!

然而,命运总会在绝境赐予人机会,算是一种额外的补偿。

孟浩然与王维是好友,二人经常在一起探讨文学。当失落的孟浩然去王维府上寻求安慰时,唐玄宗李隆基突然降临,令所有人惊喜不已。

孟浩然当然很高兴,他等玄宗等了三年,终于是见到了。可是,一代才子在面对位高权重的皇帝时,竟也不禁胆怯起来。

王维看出好友的心思,就劝孟浩然躲在床底下,自己先去接待皇帝。当玄宗落座后,王维开始对皇帝夸奖起洛阳城内的才子孟浩然来。玄宗听得频频点头,问道:"这位才子现在在哪里?"

王维见愿望达成,不由得微微一笑,立刻下跪,说道:"臣罪该万死!不该欺瞒皇上,孟浩然正在罪臣的床底下!"

王维这么一说,孟浩然再也不敢躲藏,只得乖乖地出来给皇上请安。

玄宗打量着孟浩然,兴致勃勃地说:"听说你很有才,就读一首你自己作的诗给我听听吧!"

孟浩然一喜,知道自己的好运就要来了。可是,他实在是太紧张了,脑海里一片空白,口中蹦出的第一句竟是"北阙休上书,南山归敝庐"。

玄宗有点惊讶,但表面上依旧平静,而站在一旁的王维则知道事情有些不大对劲了。

孟浩然则继续结结巴巴地读道:"不才明主弃,多病故人疏……"

玄宗一听"不才明主弃"这一句时,脸部表情顿时由晴转阴,他断然喝道:"行了行了!别读了!我并未弃你,你为什么要诬陷我!"说罢,怒气冲冲地拂袖而去。

命运真的是给孟浩然开了一个玩笑,玄宗的来访本是一次绝佳的出仕机会,却被孟浩然的一句诗搞砸了。

此后,孟浩然再也未能谋到官职,而他亦接受了这一现实,将全部身心重新献给青山绿水,成为名副其实的风流隐士。

孟浩然画像

【说文解惑】

孟浩然是湖北襄阳人,因而也被称为孟襄阳,他入仕失败后便隐居鹿门山,游山玩水纵情享乐。

晚年,因背上长毒疮,吃了禁忌的食物而毒发身亡,结束了浪漫的一生。

孟浩然多作五言诗,以描写山水田园风光和旅途心情为主,偶尔会夹杂愤世嫉俗之词。他的诗歌题材不及王维广泛,但情真意切,且能巧妙发掘自然之美,呈现出一派悠然淡远的水墨画风格。他的《春晓》《过故人庄》均是言语质朴、脍炙人口的千古名诗。

【朝花夕拾】

孟浩然的鹿门山情怀

盛唐文人喜欢将隐居挂在嘴边,却鲜少有人像孟浩然那样做到真正喜欢隐居的。孟浩然视东汉名士庞德公为偶像,他希望自己能如庞德公一般隐居鹿门山,采药而终。《夜归鹿门山》一诗恰到好处地展现出他的归隐心态:"鹿门月照开烟树,忽到庞公栖隐处。岩扉松径长寂寥,惟有幽人自来去。"

25 从天上掉落凡间的仙人 "诗仙"李白

在盛唐时代,中国文坛上出现了两颗耀眼的明星,其中之一便是狂放不羁的李白。

李白才学过人,他自己也颇为得意,写下过"天生我材必有用,千金散尽还复来"的豪言壮语。他不仅精通诗文,还舞得一手好剑,可谓文武双全。

性格决定命运,这话一点也不假。

李白在二十五岁时离开川蜀,沿长江下游而行,一路饮酒赋诗,好不快哉!初生牛犊不怕虎,当他到达南京后,便立即去拜访城中八十高龄的道士司马承祯。

司马承祯虽年事已高,却是一位重量级人物,他是武则天、唐睿宗、唐玄宗三代皇帝的座上宾,说出口的话非常有权威。

他第一眼见到器宇轩昂的李白,就对这个年轻人非常欣赏,待看到李白的诗文后,更是惊叹:"有仙风道骨,可与神游八极之表!"

李白很聪明,立刻写了一篇《大鹏赋》,将自己比喻成庄子《逍遥游》中的鲲鹏,能翱翔于万里天空。

随着他,名气的增长,《大鹏赋》也流传开来,刚刚三十岁的李白在一夕之间名满天下。

三十三岁那年,李白去拜访刺史韩朝宗。韩朝宗喜欢有才的人,是著名的伯乐,有一首诗这样称赞他:生不愿封万户侯,但愿一识韩荆州。当年,他想助仕途一直不顺的孟浩然一臂之力,可是孟浩然不仅毁掉与自己的约定,还喝得酩酊大醉,把韩朝宗气得半死。相较之下,李白就懂事许多,自然深得韩朝宗赏识。

八年后,李白接到了唐玄宗的圣旨,这让他的内心狂跳起来。他很快来到长安,准备进宫面圣。老诗人贺知章得到消息后,竟然事先没有声张就来到李白的旅舍。

清朝画家苏六朋绘制的《太白醉酒图》,现藏于上海市博物馆。

李白见德高望重的秘书监来看自己,不由得大为高兴,急忙拿出自己十年前的诗篇《蜀道难》请老诗人指点。

贺知章瞥一眼文章的开头:蜀道难,难于上青天!他不禁倒吸一口气,惊讶道:

"这等气势,千古以来绝无仅有啊!"

当他把整首诗读完后,已经是佩服得五体投地了,对这个后生,作为前辈的他竟发出了至高评价:"李白绝对是一个从天上掉落凡间的仙人啊!"

李白确实不虚此名,他进宫后博得了唐玄宗的青睐,不仅入得翰林成为皇家御用诗人,还经常朝见唐玄宗和杨贵妃。他一边饮酒一边为这两位全国最有权势的人作诗,风流倜傥之态无以言表。

李白手书真迹《上阳台帖》,现藏于北京故宫博物院。

唐玄宗喜欢李白到什么程度呢?

他一见李白过来了,就亲自走下台阶去迎接对方,甚至亲手为李白送上羹汤,相较之下,曾被玄宗鄙弃的孟浩然只能垂泪哀叹了!

【说文解惑】

李白,字太白,唐朝具有划时代意义的诗人,因幼时居住在四川青莲乡,所以又被人们称为"青莲居士"。据说,他十岁就已读遍各类诗书,自从被贺知章誉为"谪仙"后,他的"诗仙"名号传遍大江南北。

李白虽然有才,但性格狂放,热爱自由,他写下的那些诗篇揭露了朝廷的黑暗和腐朽,因此得罪了很多权贵,在长安待了两年半后,就逐渐遭到皇帝的疏远,被赶出了京城。

但他的才华仍旧被人称颂,以至于在他逝世后,不知李白死讯的唐代宗还想让李白当左拾遗。

他的作品绚丽雄奇,被誉为是继屈原以后最伟大的浪漫派诗人。

【朝花夕拾】

"诗狂"贺知章

贺知章是武则天时期的状元、诗人、书法家。他也是一个风流才子,有"清淡风流"的美誉,到了晚年更加狂放,绰号"四明狂客"。他的文体充满豪放之情,又得外号"诗狂"。

自从与李白成为忘年交后,他就经常与李白、李适之、李琎、崔宗之、苏晋、张旭、焦遂聚会饮酒,一时间,"饮中八仙"的名号在文坛流传甚广。

26 三吏三别悯民情
穷不移志的杜甫

漆黑的夜晚,一位衣衫褴褛的诗人匆忙行走在乡间的小路上。他的衣衫下摆和鞋子上全是烂泥,双脚也因连日赶路变得一瘸一拐。

他担忧地远眺前方,却见远处只有一两点零星的光,除此之外就是大片大片的黑暗,不由得暗暗地叹了一口气:"看来今晚注定要在这荒郊野外落脚了!"

他深一脚浅一脚地行走,好不容易走到一户发出微弱灯光的农舍,然后轻轻地敲了敲木门,礼貌地问道:"请问有人在吗?"

没多久,一个满脸皱纹的老婆婆打开房门,着急地说:"你一个人在外面太危险了,快进来吧!"

杜甫画像

这时,屋里的老翁也颤颤巍巍地走过来,慌慌张张地将诗人拉进家门,瞪大了眼睛小声说:"快躲起来!外面到处在抓壮丁,可别被官兵发现了!"

这个诗人就是大名鼎鼎的杜甫,此时他是华州司功参军。虽是一个小官,但根本不怕被误抓进军队。可是他见面前的两位老人均满面惧色,一副手足无措的样子,不禁大为同情起来。他顺从地点点头,在老婆婆的指引下进了里屋。

乡间的床褥带着一股草木灰的霉味,杜甫摸着斑驳的墙壁,翻来覆去睡不着。

不知怎的,他又想起两年前死去的儿子。那时他不肯担任河西尉之职,连累一家人忍饥挨饿近一年。后来他终于低头,要了一份看门的职位,可是一切都晚了,他的小儿子因为饥饿,已在家中死去。

他愤恨,连手脚都在颤抖,当即写下四五百字的长诗《自京赴奉先县咏怀五百字》,悲叹"朱门酒肉臭,路有冻死骨"。

他正在胡思乱想,屋外忽然传来吵嚷的声音,同时伴有凌乱的脚步声。

杜甫急忙起身,从门缝中偷偷向外望去。

只见几个气势汹汹的衙役拿着鞭子,对老婆婆喝道:"快说!你男人去哪里了?"

可怜的老婆婆跌坐在地上,哭诉说:"我的三个儿子都去邺城打仗了!大儿子昨天来信,说他两个弟弟都战死了!家里除了一个儿媳和一个还在吃奶的孙子,实在是没有男丁,你们这是要把我逼上绝路啊!"

杜甫听得心中一紧,眼泪也止不住地滚落下来,他怒睁双目,继续看着官差的暴行。

那些衙役丝毫没有同情心,反而冷笑道:"别以为我们不知道,你家里还有个老的,快把你男人叫出来!"

老婆婆苦苦哀求,还要给那些恶徒磕头,可是衙役就是不肯让步,还不停地打骂老人家。

杜甫再也忍不住,冲出门去替老婆婆说情。可叹的是,秀才遇到兵,有理说不清,衙役污蔑杜甫是平民,要把他抓走。

这时,老婆婆伤心地说:"不要难为这个年轻人,把我抓走吧!我可以给你们洗衣做饭,你们就没有后顾之忧了。"

衙役并不敢真的把杜甫带走听老婆婆这么一说,就顺水推舟抓走了老人。

杜甫气愤至极,对朝廷的荒唐充满质疑,他结合这一年多以来的所见所闻,愤然写下了"三吏"、"三别"共六篇不朽史诗。

"三吏"指《新安吏》、《石壕吏》、《潼关吏》,"三别"指《新婚别》、《垂老别》、《无家别》,披露了官差的穷凶极恶和被战争连累的穷苦百姓的哀伤。其中的《石壕吏》就是讲述了老婆婆的故事,最为经典,也对唐王朝的控诉最为彻底。

【说文解惑】

杜甫,字子美,又称"少陵野老"。他与李白齐名,二人亦是好友,曾一起相约秋游,可见友情深厚。杜甫名号颇多,因官职而被后人称为杜拾遗、杜工部,因住址又得名杜少陵、杜草堂。他的诗歌存量非常多,有一千五百多首,因而荣膺"诗圣"的美名,他的诗也获得了"诗史"的美誉。

晚年的杜甫在成都浣花溪畔盖起一座草堂,这便是如今有名的景点"杜甫草堂",因为没有经济来源,草堂年久失修,儿子因饥饿而在风中放声大哭,令杜甫彻夜难眠,写下《茅屋为秋风所破歌》。

一直挣扎在贫困环境中的杜甫,在生命的最后一年回乡探亲,不巧遭遇洪水,在船上身亡。关于其死因众说纷纭,有说溺水而死,有说饿死,还有说吃了县令施舍的牛肉,结果消化不良撑死了。

总之,一代诗圣黯然逝去,从此世间再无杜工部。

27 一首诗葬送一缕香魂
白居易之悔

在唐朝，数百年间屡次掀起轰轰烈烈的诗文改革运动，孕育出无数才高八斗的文人，其中有一位诗人引人侧目，他为民众呼喊，在浔阳江畔为落难歌女写下著名的《琵琶行》，深受百姓爱戴。可是，他却因一时的迂腐，用一支笔扼杀了一代烈女的性命，连两百年后的苏轼都扼腕叹息，他就是白居易。

或许连白居易自己都没想到，他的诗文具有杀人于无形的威力，如20世纪30年代的影星阮玲玉痛陈的"人言可畏"，不经意的话语竟能让一个冰清玉洁的生命香消玉殒。

当年，白居易来到徐州，镇守徐州的节度使张愔闻讯兴奋不已，他一向敬仰这位大诗人的大名，就派人赶紧找到白居易，邀其到自己的府上作客。

白居易在异乡遇到知己，也是心情愉悦，他与张愔推杯换盏，从傍晚一直喝到深夜。两人谈兴不减，张愔便让自己的爱妾关盼盼在宴席上唱歌跳舞助兴。

关盼盼才情兼备，她也是崇拜白居易，一听说要为白大诗人表演，顿时面若桃花，一颗心雀跃不已。

当晚，她借着几分酒力将一曲《长恨歌》表演得出神入化。这《长恨歌》是白居易的代表作，歌舞双绝的关盼盼一下子打动了诗人的心灵，唱得白居易泪流满面。

白居易为娇艳如花的关盼盼倾倒，当即激动地赋诗一首给予赞美，其中的一句"醉娇胜不得，风袅牡丹花"让关盼盼迅速成为家喻户晓的名人。

可惜命运并不垂青这位才女，这次相聚后过了两年，张愔不幸病亡，他养的那些家伎均另觅高枝。唯有关盼盼一心思念着张愔，带着一个老仆人隐居燕子楼，在十年的漫漫岁月里，她始终与世隔绝。

后来，此事被白居易得知，诗人一向豁达开明，此时却产生了一种固执的想法。他觉得关盼盼既然如此忠贞，何不再进一步，变成贞洁烈女呢？如此一来，才能留下千古美名呢！

于是，好事的白居易又为关盼盼写了一首诗《感故张仆射诸妓》："黄金不惜买蛾眉，拣得如花四五枚。歌舞教成心力尽，一朝身去不相随。"

关盼盼听到这首诗后，顿时哭得梨花带雨，她哽咽道："谁说妾身贪生怕死？为妾只是怕世人觉得我夫卑劣，竟让爱妾殉身，妾身不爱自身性命，唯爱我夫清名！"

七日之后，关盼盼绝食身亡。白居易这才体会到这位烈女的一片痴心，不禁为自己的一时糊涂悔恨不已。

透过关盼盼，白居易明白了家伎的凄苦和辛酸，念及自己已近古稀之年，他开始为自己的姬妾考虑将来。尽管十分不舍，他仍旧遣散了所有的家伎，并让自己最宠幸的"樊素"和"小蛮"嫁做人妇，免得红颜苍老误终生。

两百年后，苏轼任徐州太守，途径燕子楼时，他不禁忆起关盼盼这位芳华绝代的女子，遂在楼里住了一宿。

苏州白公祠里的白居易雕像

文人毕竟是文人，想象力与情感过于丰富，以至于苏轼在梦里与关盼盼来了一次亲密接触。当苏轼醒来后，他仍对梦中的相会意犹未尽，便兴致勃勃地写下一首《永遇乐》，以纪念关盼盼这位梦中情人："明月如霜，好风如水，清景无限。曲港跳鱼，圆荷泻露，寂寞无人见。紞如五鼓，铮然一叶，黯黯梦魂惊断。夜茫茫，重寻无处，觉来小园行遍。　天涯倦客，山中归路，望断故园心眼。燕子楼空，佳人何在，空锁楼中燕。古今如梦，何曾梦觉，但有旧欢新怨。异时对，南楼夜景，为余浩叹！"

【说文解惑】

白居易，字乐天，号"香山居士"，是唐朝三大诗人之一。他是唐朝诗坛"新乐府运动"的开创者，有"诗王"和"诗魔"之称。

白居易为民请命，写下很多现实主义的长诗，如《卖炭翁》、《长恨歌》、《琵琶行》等。他希望以这些作品来警示朝廷要廉洁治国，却让皇帝心存不满，结果在白母赏花坠井后，白居易因曾写有赏花和新井的诗歌而被诽谤为不守孝道。

公元815年，白居易被贬为江州司马，也就是在这一年，他写出了著名的《琵琶行》。随后，他的思想从"治国平天下"变成了"独善其身"。到了晚年，白居易身居洛阳，与刘禹锡是诗友，爱修禅悟道，但其诗篇中仍偶尔流露出"兼济天下"的宏伟心愿。

28 当苦吟派遇上文学巨匠
贾岛的"推敲"

唐朝是诗歌发展的鼎盛时期,出现了很多诗歌派别,其中有一派叫苦吟派。从名称来看,这个派系的诗人很有钻牛角尖的倾向,而其中的代表人物,就是晚唐时代的贾岛。

贾岛因过于咬文嚼字而吃了不少苦头。

有一次,他骑着毛驴行走在长安城内,时值深秋,寒风一吹,天空就洒下金黄的叶子,看起来十分唯美。

贾岛顿觉心中充满诗意,脱口而出一句"落叶满长安"。接下来问题就出来了,他思量了一下,觉得这是一个下句,还应有一个上句,可是他一时半会儿也想不出有什么好的诗句,就闷着头费力思考,嘴里还念叨个不停,连对面来了一个大官都不知道。

这位大官是京兆尹刘栖楚,照今日说法即为长安市的市长,他忽然发觉轿子停了下来而奴仆并未停止鸣锣开道,觉得很奇怪,急忙掀开轿帘查看情况。

这一看可把他给吓了一跳!只见贾岛在轿夫们面前突发灵感,手舞足蹈地大叫一声:"秋风生渭水!"刘栖楚大皱眉头,命令随从:"把这个疯子给我抓起来!"

结果,贾岛被关了一夜禁闭。然而,他的记性似乎不好,没过多久,就把这桩倒霉事抛诸脑后,又开始骑着毛驴在官道上疯癫起来。

这一次,他撞见的是大文学家韩愈。

当时贾岛正在琢磨一首诗:"闲居少邻并,草径入荒园。鸟宿池边树,僧推月下门。过桥分野色,移石动云根。暂去还来此,幽期不负言。"

然而念了几遍后,贾岛忽然对"僧推月下门"中的"推"字产生了疑问,他觉得可以把"推"改成"敲",推有推的意境,敲又有敲的灵动,实在让他拿不定主意,不知该用哪个词好。

结果,他又犯了上次的错误,一路嘀嘀咕咕就冲进了韩愈的仪仗队里。

幸运的是,韩愈是个极爱护人才的文人,当他弄明白贾岛为何会失态后,不由得哈哈大笑,告诉对方:"我看还是用敲比较好。"

贾岛顿时惊喜地睁大眼睛,虔诚地向这位前辈求教:"请问大人,为何用敲?"

"我是根据情境做的判断。"韩愈边用手比画边笑着说,"你看,夜深了,连鸟都进入梦乡,这时出现一个僧人,开始敲击大门,发出清脆的响声,静中有动,岂不平添一份活泼之趣?"

贾岛连忙点头称是。

韩愈又说:"再者,僧人去别人家里,直接推门而入不礼貌,万一门是关着的,他怎么推得动呢?"

贾岛彻底认同了韩愈的说法,不禁喜出望外,要和韩愈做朋友。

最后,两个人因诗文结下友谊,成就了一段文坛佳话,而"推敲"这个词也衍生出来,被人们用来表达反复斟酌的意思。

【说文解惑】

贾岛是性情中人,不喜社交,只与几个文人有来往。他与五十三岁才中进士的孟郊被苏东坡合称为"郊寒岛瘦"。两人都曾得到过韩愈的帮助,却因为性格耿直而始终一贫如洗。所以,在他们所作的诗句中,凄苦的字眼随处可见。

贾岛还俗后屡试不中,但他的文学才华对晚唐时期的文坛具有深远影响。他是苦吟派诗人的典范,曾自述:"两句三年得,一吟双泪流。"可惜,因其风格过于悲戚,他在应试时曾惨遭罢黜,还被斥责为"举场十恶",令其一直蹉跎到垂暮之年,才勉强进入仕途。

清朝画家林纯贤绘《贾岛行吟》

【朝花夕拾】

苦吟派

苦吟派指的是在晚唐时期,诗风凄苦,且对诗句中的每个词句都细心琢磨的诗人。苦吟派诗人期望能在仕途上平步青云,却总是碰壁,他们在饱受世态炎凉后将关注点转移到日常生活感受上,因而总是描写生活琐事的贾岛、姚合便成为苦吟派效仿的对象。苦吟派对后世也有很大影响,直至南宋时期,永嘉四灵和江湖诗派仍以追慕苦吟派为风尚。

29 都是佛骨惹的祸
古文运动倡导者韩愈

晚唐出了位大文学家,他一扫文坛顾影自怜的惺惺作态状,以磅礴的气势在文学界横扫千军,为文坛带来了一股崭新的活力。

不仅如此,他还是善于发现千里马的伯乐,乐于发掘文坛新秀,如贾岛、李贺等年轻诗人都曾受过他的提拔,所以口碑甚好。

他,就是古文运动的革新者韩愈。

韩愈从十九岁起开始参加进士考试,却接连两次遭遇失败。在此期间,他结识了散文家梁肃,二人志同道合,都提倡沿用秦汉时期的散文形式,而反对南北朝的骈体文。

韩愈受梁肃影响,古文水平飞速提高。

第三次参加进士考试时,韩愈胸有成竹,当年的试题是"不迁怒不二过",就是说不要把令自己不高兴的情绪转移到别人身上,使自己犯下同样的错误。韩愈提起笔,一挥而就,一篇绝妙的文章就此诞生。

谁知,主考官对韩愈的文章并不在意,看了一遍后就扔在一边,结果韩愈再次落榜。

到第四次科考时,韩愈发现考的还是上一次的原题,巧合的是,连主考官都是同一个人。韩愈心高气傲,竟再将旧作一字不落地写在试卷上,然后颇有点悲壮色彩地离开考场。

当主考官看到此文后,觉得有点眼熟,于是不禁多看了几遍,终于拍案叫绝,夸赞道:"真乃人才也!我竟没看出是古文风格!"

就这样,韩愈中了进士,二十九岁那年他受名臣董晋举荐,开始从政,从此扶摇直上,一扫早年的颓废之气。

韩愈为人耿直,喜欢对皇帝直言不讳,使他招致了祸端,令仕途屡受挫折。

韩愈最大的一次磨难发生在唐肃宗的晚年。

当时,皇帝笃信佛法,热衷于佛事。他听说长安城附近的法门寺里有一节释迦牟尼佛留下来的指骨,每三十年才对世人开放一次,顿时来了精神,派三十多人的仪仗队去寺里,毕恭毕敬地把佛骨请回长安,想暂放在宫里供奉,等过段时间再完璧归赵。

既然皇帝如此虔诚,下面的大臣们当然要有所表示。于是,大家一窝蜂地表达对佛骨的热忱,争先恐后地捐钱做法事,并想方设法要来瞻仰佛骨。

韩愈非常厌恶这种铺张浪费的跟风行为,他是无神论者,上书给唐宪宗,劝皇帝不要迷信。他又以佞佛的南朝为例,劝诫说,凡是信佛的王朝都很短命,最好别信。

结果,唐宪宗气得暴跳如雷,扬言要杀掉韩愈这个胡说八道的家伙。

宰相裴度赶紧为韩愈求情,才令宪宗心情稍有平静,但他仍是耿耿于怀,生气地说:"他说信佛的王朝都短命,难道我也短命吗?他这是诽谤,我一定要治他的罪!"

好在还有不少人求情,最终韩愈侥幸捡回一命,不过作为代价,本是中书舍人的他被贬为一个小小的潮州刺史。

韩愈不以为意,他继续做好官、革新诗文,那份平和之心让世人为之赞叹。

韩愈画像

【说文解惑】

韩愈,字退之,人称韩昌黎,明朝文人尊他为唐宋八大家之首。其散文以雄奇风格见长,令人印象深刻。

他与当时另一位名家柳宗元齐名,人称"韩柳",二人意见一致,同时促成了古文运动的革新。

韩愈现存作品有七百多篇,各种文体都有,但他的散文成就最大,其语言凝练生动,内容有血有肉,是古文的典范之作。此外,他还颇有创新思想,创造出了很多新奇的成语,如"落井下石"、"杂乱无章"等,对推动文坛的言语发展做出了很大的贡献。

【朝花夕拾】

唐宋八大家

唐宋八大家,顾名思义,即指唐宋两朝的八位文豪,他们分别是:唐朝的韩愈、柳宗元,宋朝的苏洵、苏轼、苏辙、欧阳修、王安石和曾巩。

最初"唐宋八大家"的名号由明朝文人所创,明人认为八位名家提倡散文、反对讲究对仗的骈体文,为古文的发展开辟了一条新路,因而值得称颂。

30 平民百姓的代言人 晚唐诗人柳宗元

安静的客厅内，两位身着官服的中年男子面沉如水，眉头紧锁，一望便知内心藏着很重的心事。

"刘兄，估计此后我们的日子不会好过了！"大诗人柳宗元忧心忡忡地对着身边同为大文学家的刘禹锡说。

"唉，王大人死而后已，我们这些未亡人还怕什么！"刘禹锡摇头叹息，面容上却满是坚定之色。

"刘兄所言甚是！"柳宗元赞同地点头。

刘禹锡忽然将视线转向好友，担忧道："柳兄，以后你还是减少和我的接触吧！免得朝廷说你结党营私。"

柳宗元却不以为然地一笑："我和你的情谊不会受到外界的干扰，只要你不怕，以后我还是要和你常相往来。"

柳宗元画像

"我当然不会怕！"刘禹锡给予对方一个鼓励的微笑，他一贯喜欢"谈笑有鸿儒"。

此番谈话发生在"永贞革新"失败后，主张废除藩镇割据、宦官专权的王叔文已被处死，身为王叔文同僚的柳宗元、刘禹锡等人也迅速陷入危难之中。

柳宗元被贬到永州后，生活艰难，连个容身之地都没有，好不容易借住进了寺庙，他那年迈的老母又撑不过凄风苦雨，半年内离开了人世。

因王叔文曾经阻止唐宪宗继位，唐宪宗特别恨王叔文的余党，在整整十年的时间里不断打击柳宗元等人。柳宗元在永州遭遇到各种攻击和谩骂，可是他却从未丧失过为民请命的决心。

既然政治改革之路走不通，他就从思想上来影响当权者。

在永州的十年里，他广交当地名士，写出很多反映百姓苦难的诗文。此外他深入研究历史上的各种重大问题，并写就了《封建论》、《天对》、《六逆论》等论著。

由于生活窘迫，他得了很严重的疾病，甚至到了行走的时候膝盖也颤抖，坐久了大腿就发麻的程度。可是他并没有被困境吓倒，而是继续以手中的笔作为武器，揭发现实的种种黑暗。

四十七岁那年，柳宗元在柳州不幸病逝，百姓们痛哭流涕，立祠予以祭祀。千百年来，有关他的传说一直流传，不曾消散。

【说文解惑】

　　柳宗元,字子厚,世称柳河东或柳柳州。他一生的作品存世有六百多篇,其中有一半的作品是在被贬永州的十年里写成的,可谓是"梅花香自苦寒来"。他的散文成就最大,反对骈文不注重内容的毛病,主张文以载道,并以身作则,突破了字数对仗的限制,写下《捕蛇者说》《始得西山宴游记》等传世之作。此外,他的辞赋也很有特色,淡雅清丽的作品颇有陶渊明的遗风,而《登柳州城楼寄漳汀封连四州》等七言诗又是唐诗中少有的慷慨悲壮之作。而他的绝句《江雪》,反映了逆流而上的决心,至今为后人称道。

【朝花夕拾】

柳侯祠"龙城石刻"

　　柳州百姓为柳宗元建造的祠堂名为柳侯祠。祠堂里原有一块长一尺多、高六寸的石碣,被后人称为龙城石刻。上有柳宗元在世最后两年写作的一篇铭文,内容表达了爱护百姓、诅咒恶势力的美好意愿。

　　可惜石刻如今失传,仅有碑文拓片遗留。在清朝,南方学子和商人经常随身携带龙城石刻的碑文拓片,据说能逢凶化吉、保佑平安。

31 一曲新词引发的灾难
柳永的绝妙文笔

自古以来,杭州便以"人间天堂"著称,否则南宋王朝也不会放着开封不管,而要将杭州作为都城了。

无数诗人、词人对杭州进行了深情赞美和咏叹,如白居易说:"江南忆,最忆是杭州!"欧阳修更上一层楼,直接称赞:"钱塘兼有天下之美!"苏轼则巧妙地赞誉杭州西湖的优美:"欲把西湖比西子,浓妆淡抹总相宜。"

然而,这些话都比不上柳永的一首《望海潮》来得惊世骇俗,这倒并非是说柳永对杭州的描绘有多好,而是当他写完《望海潮》后,引发文坛上的一场大地震,这恐怕是他绝对没有想到的。

少年时的柳永喜欢享乐,混迹于烟花之地,在科举屡试不中之后,他干脆云游四方,过着且行且逍遥的日子。不过,在这过程中也有一些问题困扰着他,比如经济上的窘迫以及遭人轻慢的难堪。

当他去杭州看望自己的旧友孙何的时候,再度遭遇到这些问题。

孙何是杭州太守,想见他一面得打通重重阻碍。柳永刚来到太守府邸前,就被门卫厉声呵斥:"快走快走!这里不是你来的地方!"

柳永被吓了一跳,但他仍笑嘻嘻地对门卫讨好道:"麻烦这位爷帮我通报太守一声,就说有故人来访。"

岂料门卫是不折不扣的势利眼,他斜睨了一眼柳永那身洗得发白的外衣,翻着白眼说:"太守在见客,明日再来!"

柳永无奈只能气恼地拂袖而去。回到旅店后,他越想越气恼。论才华,孙何比自己差远了,可是谁让对方是个当官的呢?他柳永在词坛上再怎么赫赫有名,也比不过有权有势的官老爷啊!

他沮丧了半天,因为熟知老友的秉性,心想:孙何虽然当官,却心地善良,而且重视人才,如果能见到他,绝对不会受到今日这般待遇。

忽然之间,他灵机一动,开始动笔写一首歌颂杭州的词阕《望海潮》:

东南形胜,三吴都会,钱塘自古繁华。烟柳画桥,风帘翠幕,参差十万人家。云树绕堤沙。怒涛卷霜雪,天堑无涯。市列珠玑,户盈罗绮,竞豪奢。重湖迭巘清嘉。有三秋桂子,十里荷花。羌管弄晴,菱歌泛夜,嬉嬉钓叟莲娃。千骑拥高牙。乘醉听箫鼓,吟赏烟霞。异日图将好景,归去凤池夸。

其实，夸赞杭州美丽，也就间接夸了孙何的治理有方，而不同于以往的矫揉造作，这首词柳永的气势非常雄浑，充满了豪迈之情。

词阕写完后，柳永委托杭州有名的歌女楚楚把《望海潮》唱给孙何听，楚楚一向仰慕柳永的才华，便当仁不让地答应帮忙。

几天后，楚楚在太守举行的宴会上委婉地唱出柳永写的词，孙何非常喜欢，询问词作者是谁，于是柳永的目的达到了，他成了座上宾被孙何请进了太守府。

《望海潮》因此传遍大江南北，也吸引了金国国君完颜亮的注意。完颜亮本就觊觎秀丽的南方领土，此刻读到"三秋桂子，十里荷花"时，眼神都发亮了。

完颜亮不仅是政治家，还是个词人，因而更能联想出词阕中所描绘的意境。他极度渴望拥有这大片富饶绝美的土地，因而再也按捺不住，率铁骑一路南下，欲将北宋划入金国的势力版图。

柳永的一首词，竟然引发了一场战争，继而导致了北宋的灭亡，这文字的杀伤力，让人无不感到震惊！

【说文解惑】

柳永出生于一个官宦世家，他在年轻时赴京赶考，虽才华横溢却始终没有机会施展抱负，最后他淡泊功名，沉溺于烟花柳巷，与歌女厮混在一起。

五十一岁时，他才终于及第，赴福建上任，短短两年姓名就载入《海内名宦录》中，其管理能力可见一斑。

因长期在青楼"驻扎"，柳永的作品逐渐形成了哀婉柔美的风格，柳永也成为宋词婉约派的创始人。柳永的词作以慢词为主，情景交融，谐婉中不失通俗，为世人所传唱。他的代表作有《雨霖铃》、《凤栖梧》等。

【朝花夕拾】

奉旨填词柳三变

柳永在仁宗初年本已中举，却因《鹤冲天》中一句"忍把浮名，换了浅斟低唱"而让仁宗不以为然，于是皇帝"成全"柳永，罢黜其屯田员外郎的官职，转而让柳永做一介布衣，不要浮名。

柳永受此打击，气愤异常，自称"奉旨填词"，他原名"三变"，与两位兄长并称为"柳氏三绝"。经此事件后，人们就称柳永为"奉旨填词柳三变"。

32 乌台诗案泣断肠
宋词的集大成者苏轼

"苏轼,你可知罪!"

公堂之上,御史的惊堂木拍得震天响,而台下跪着的憔悴诗人一言不发,以最消极的沉默来表示抗议。

后果便是少不了一顿酷刑伺候。

夜晚,清冽的月光照进破旧的牢狱里,铁窗下枯坐的苏轼忍受着肉体上的疼痛,哀伤地凝视远方。

这样的日子已经持续四月有余,漫漫长夜,不知何时才有尽头。

四个月前,因为不赞成宰相王安石的变法,他被调往湖州。可是他心中是有怨言的,身为文人,很难做到喜怒不形于色,于是就在给皇帝的上任致谢词中加了一句牢骚:"知其生不逢时,难以追陪新进;查其老不生事,或可牧养小民。"

哪知,仅此一句却引发轩然大波,王安石阵营中的章敦、蔡确等人立刻污蔑他不把朝廷放在眼里,要求将他严加查办,御史李定等大臣还翻出他的诗文说他讥讽国家大事。

他的"读书万卷不读律,致君尧舜知无术"被说成是讽刺宋神宗无能,他的"东海若知明主意,应教斥卤变桑田"被说成是反对王安石变法中的兴修水利措施。其实,苏轼自己在杭州、山东等地就修筑过水利设施,怎会不赞成利民设施的修建呢?

元朝赵孟頫所绘的苏轼画像

最后,宋神宗听说苏轼歌颂桧树的诗句"根到九泉无曲处,世间唯有蛰龙知"是暗讽自己不是真龙天子时,顿时龙颜震怒了,他当即把苏轼关进乌台,这就是震惊一时的"乌台诗案"。

可怜苏轼在乌台一等就是四个月,后来,他听说最后的判决即将下达,不由心惊胆战,生怕自己命不久矣。

那时候,他的儿子苏迈每天都会给他送饭,但不能见面,苏轼早就和儿子约好,若送蔬菜和肉食,说明安然无恙,而若送鱼,就表明已被判了死刑。

哪知有一天,苏迈钱花光了,他就出京去向朋友借钱,临行前他托另一个朋友给父亲送饭,却忘了吩咐朋友不能送鱼。

恰恰就是那天,苏迈的朋友给苏轼送去了一条咸鱼。苏轼一见鱼,眼泪顿时就下来了。他悲叹自己时运不济,伤心了很久,才稍稍振作起精神,给弟弟苏辙写诗诀别。

他饱含着热泪写下两首绝命诗,其中一句"是处青山可藏骨,他年夜雨独伤神"道尽内心辛酸,让宋神宗看后也唏嘘不已。

其实,宋神宗把苏轼关押起来不过是想挫挫他的锐气,并非真要处死这个才子,加上王安石也帮这位政敌求情,于是皇帝终于网开一面,贬谪苏轼当了一个小官。

明朝张路的画作:《苏轼回翰林院图》

乌台诗案就此终了,苏轼人生中最落魄的时刻终告结束。

【说文解惑】

苏轼,字子瞻,号"东坡居士",他是中国文坛上重要的豪放派诗人,代表了宋朝文学的最高成就,他与父亲苏洵、弟弟苏辙并称为"三苏",均在"唐宋八大家"之列。据说,他除了文采过人之外,还是个烹饪高手,创制出"东坡肘子"、"东坡鱼"等特色食谱。

乌台诗案后,心灰意冷的苏轼来到黄州,在游览赤壁山时有感而发,写下《赤壁赋》、《后赤壁赋》和《念奴娇·赤壁怀古》等既充满豪情又悲悯人生的佳作。其后,他的仕途一直起伏不定,最困难之时被流放到荒芜的海南儋州,但也曾在常州、杭州度过一段美好时光,至今杭州的苏堤已成为西湖十景之一,提醒后人纪念苏轼这位大文豪的不朽功绩。

33 钱塘夜梦话风月
宋词新词牌的诞生

唐诗重情，宋词重理，唐诗有独特的韵律美，而宋词因格式的多样化，显得更自由舒畅，这是二者的不同。

人们或许更喜欢唐诗，因为有很多诗情画意在里面，不过也有一些宋词堪称绝美，充斥着柔情蜜意，令人读起来心醉神迷。

在宋朝词人中，有一位专写爱情的，名字叫司马槱。他的诗词缠绵悱恻、温婉艳丽，为陷入爱恋中的男女所喜爱，这其中又以一首小词《黄金缕》最为著名。

这首词的诞生颇有传奇色彩——

据说，当年司马槱赴洛阳赶考，某天读书读得太累，就趴在书案上睡着了。在睡梦中，一位披着薄纱的美女飘然而至，美人拂袖半遮面，用流莺般婉转的嗓音唱道：妾本钱塘江上住。花落花开，不管流年度。燕子衔将春色去，纱窗几阵黄梅雨。

那歌声实在委婉动听，歌词也是清秀脱俗，令司马槱一听便为之神往。他刚想问这位歌姬姓什名谁，却见对方莞尔一笑，飘然离去。

司马槱欲追赶对方，却不慎摔了一跤，直接从梦中惊醒。此时他惊奇地发现自己仍能记住梦中的词句，而那位美女的一颦一笑也是历历在目。

虽然只是个奇妙的美梦，司马槱却记住了"钱塘"这个地方。说来也巧，他随后因受到著名的词人苏轼的推荐而应试成功，赴杭州成为苏东坡的幕僚。美丽的杭州勾起了司马槱对那个梦幻般的女子的回忆，他忽然有种感觉，自己或许能跟对方再次相见。

自从与苏轼来往后，司马槱和大词人秦观成了同僚，某天他们在一起聚会时，司马槱又提起了自己的那个梦，引发了众人的一阵感慨。

秦观的弟弟秦觏笑道："钱塘的夜晚确有风月啊！"

司马槱心中一动，提笔续下后半段词："斜插犀梳云半吐。檀板轻敲，唱彻《黄金缕》。梦断彩云无觅处，夜凉明月生南浦。"

本来前半段词只是单纯的叙事，但经司马槱一续，却添了无限风韵，成为一首意境优美的词阕。无论谁读过这首词，均会为南国夜晚的春风而沉醉，而它也因此有了一个华丽的标题：《黄金缕》。

《黄金缕》作成后，司马槱在当晚又做了一个梦，梦见曾朝思暮想的美人正婀娜地向他走来，美人笑语："郎赐词一首，妾定伴终生！"

此后，司马槱每晚都会枕着钱塘江的水声在梦里与美人私会，这位美人才貌双全，越发令司马槱爱不释手。司马槱得意之时，便将与美女幽会的事情告诉同僚，然而众人均摇头说晦气，觉得司马槱的屋后是名妓苏小小的坟墓，其中必有蹊跷。

司马槱不以为然，继续放纵自己。不到一年时间里，他的健康严重受损，最后竟卧床不起。

后来，家人带他渡河散心，当船行至一条水塘时，一向不能行动的司马槱竟突然间来到了船尾。艄公发现司马槱正跟一位美艳的妇人对话，司马槱还回了一声"嗯"。

顷刻间，船身开始着火，瞬间将船尾烧成一片红色的海洋。大家连忙赶去救火，最后整船的人都安然无恙，唯独司马槱不幸罹难。

司马槱的亲朋好友闻此噩耗均失声痛哭，但司马槱或许不会悲伤，他与梦中情人厮守的愿望终于能实现了。

【说文解惑】

司马槱，字才仲，是与苏轼同时代的词人，虽成就不如后者，却因一阕《黄金缕》而为人熟知。他在中进士后就来到杭州任参军，结果在任职期间离奇死亡。荟萃宋朝三百年词作的《全宋词》中收录了他的两首词，除了《黄金缕》外，还有一首《河传》也在其中。

司马槱开创的《黄金缕》是《蝶恋花》、《鹊踏枝》、《凤栖梧》、《卷珠帘》、《一箩金》等词牌的别称，全词分上下两阕，各四仄韵，共有六十个字。

那么，"黄金缕"到底是什么呢？

原来，它指的是初春新萌芽的柳枝，在烟雨朦胧中的新柳无人欣赏，自有一番寂寞的滋味。

【朝花夕拾】

什么是词牌？

所谓词牌，就是指词的格式。因宋词格式多样，为方便使用，人们便给一些格式取一些名称，就是词牌。有时候很多格式共享一个词牌，而有时候很多词牌同指一种格式，比如《黄金缕》与《蝶恋花》。

34 笔与剑之歌
豪放派词人辛弃疾

北宋时期，苏轼等词人奠定了豪放派风格的基础，至南宋，辛弃疾将豪放词推到了顶峰，并引领很多擅写壮词豪语的词人纷纷涌现。一时之间，文坛气势如虹，充满了振奋人心的力量。

为何辛弃疾特别擅长豪放派风格呢？原因很简单，他是一个军人，且出生在一个爱国家庭，童年的耳濡目染使得辛弃疾从小就胸怀报国大志，肩上也就比别人多负担了一份责任感。

辛家因北宋灭亡后滞留在北方，所以一直为恢复中原而努力。辛弃疾的祖父是金朝的开封知府辛赞，他对辛弃疾寄予厚望，不仅给孙子灌输复国思想，还让孙子两次赴金国的都城燕京，以参加科考之名对金国的地形和民情进行侦查。

年轻的辛弃疾便在这样一个环境中长大了，他勤奋习武，刻苦读书，发誓说："有我在一日，就要用文章骂尽天下贼寇，用宝剑杀光天下贼人！"

他在二十二岁那年毅然加入了起义军，投靠了山东最有名的起义军首领耿京，且颇受器重，很快身居要职。

辛弃疾觉得自己的爱国理想终于要实现了，不由得兴奋异常。

谁知，金世宗完颜雍继位后，耿京的起义军被残酷镇压，情势一下子危急起来。

辛弃疾急赴建康寻求南宋政府的支持，受到宋高宗的接待，随后被任命为天平军掌书记。

当辛弃疾率领增援部队回到山东时，却接到噩耗：耿京的部下张安国叛变，杀死了耿京，山东起义军已名存实亡。

辛弃疾震怒异常，他仅带着五十名精锐杀向济州。此时，叛徒张安国正在济州与金国的将领喝酒，没料到辛弃疾闪电般地闯进营中，被杀了个措手不及。

在活捉张安国后，辛弃疾放大嗓门对金兵们喝道："我们的十万大军马上就到！有谁不想死的，赶快来投降！"

其实，很多金兵都曾追随过耿京，如今听辛弃疾这么一说，纷纷倒戈，归顺了宋朝。

此事在南宋朝廷上引起了极大的轰动，辛弃疾的声威人人皆知。

可惜，南宋一向是主和派掌权，辛弃疾再也没有机会参加战斗了。他在任建康通判时，写了一首《念奴娇·登建康赏心亭呈史留守致道》来抒发自己的壮志："我来吊古,上危楼,赢得闲愁千斛。虎踞龙蟠何处是?只有兴亡满目。柳外斜阳,水边归鸟,陇上吹乔木。片帆西去,一声谁喷霜竹?却忆安石风流,东山岁晚,泪落哀筝曲。儿辈功名都付与,长日惟消棋局。宝镜难寻,碧云将暮,谁劝杯中绿?江头风怒,朝来波浪翻屋。"

可以看出,虽然很无奈,可是辛弃疾始终没有放弃救国的梦想。然而,天不遂人愿,他一直受主和派打击,直到他六十三岁时,才重新担任官职。两年后,他写下著名的《永遇乐·京口北固亭怀古》,其中一句"廉颇老矣,尚能饭否?"道出他晚年的壮志雄心。

辛弃疾仍想复国,梦里都是金戈铁马,可惜命运毫不留情,朝廷再度罢黜他的官位,而这一次,他已没有精力再去吟诗杀敌。他染上了重病,又过了两年,在六十八岁时与世长辞,而这一年,南宋北伐失败,正急召辛弃疾等人挽救危局。

这是辛弃疾的哀愁,亦是南宋的悲哀!

【说文解惑】

辛弃疾,字幼安,号稼轩,是宋词豪放派的代表。他的词作非常多,存世有六百多首,其中著名的有《水调歌头·带湖吾甚爱》《摸鱼儿·更能消几番风雨》《满江红·家住江南》,这些作品多咏怀复国热忱,抒发壮志难酬的悲愤之情,另有一些则是赞颂祖国大好河山的内容。他还是一位军事家,另著有《美芹十论》和《九议》两本论著。

辛弃疾的创作风格是雄浑中掺杂着细腻柔和,他在晚年与陆游成为忘年交,陆游还写了一首《送辛幼安殿撰造朝》给他,称赞他的文才超过南北朝的鲍照和谢灵运,可见陆游对辛弃疾的评价之高,从侧面反映出辛弃疾的过人才华。

【朝花夕拾】

豪放派与婉约派

豪放派与婉约派在名称上就可看出差异,前者是抒发壮志豪情的词作,后者则属于幽婉清丽的风格。南宋《吹剑续录》中有个形象的比喻:"柳永的词,需让一个二八少女手拿红牙拍板,唱杨柳岸晓风残月;而苏轼的词,就得让虬髯的关东大汉拿铁板,唱大江东去。"

35 一个女人的史诗
婉约派词人李清照

四月,绿肥红瘦的季节,却从北方传来一股硝烟的气息,一位清瘦的女子站在窗前,望着远处鸟语花香,暗含着心事。

"这国家,终是要破了!"以词文著称的女子李清照叹息,她眼底流露出一丝哀伤。

是的,她知道往昔的快乐时光一去不复返,宛若东流水。

她曾经和丈夫赵明诚打赌,谁能在一壶茶烧开之前先答对某句诗在哪本书上的具体出处,便能先喝茶,结果往往是记忆力超群的她先赢,却因太得意,将茶水洒了自己一身。

她曾酒醉后驾舟,误入荷塘深处,被沿岸的美景所陶醉,于是肆无忌惮地唱着歌,并吟出"争渡,争渡,惊起一滩鸥鹭"的优美语句,可见当时的快乐非比寻常。

而今,一切都不复存在了。

"靖康之变"不久后,康王赵构在南京继位,南宋王朝建立,此时李清照的丈夫赵明诚已南下奔丧,李清照遂决定赴南京与丈夫会合。

《李清照像》,清朝崔错绘

临行前,她将多年来和丈夫收集的古玩金石装船,运至镇江,上岸后满满地装载了十五辆马车。

不料,镇江正闹战乱,太守逃匿,城内官兵盗贼横行,李清照的马车甚是招摇。

好在,李清照不仅文章做得好,胆子也很大,她临危不惧,指挥着随从继续南行,竟安然将所有物品完好地押送至南京。

国虽破,雄心依旧。李清照虽是一位弱女子,却心怀复国大志,她经常登上南京城墙,放眼北眺,盼望着能早日收复故土。

可惜,南宋朝廷苟且偷生,耽于享乐,令李清照夫妇愤恨不已。

而赵明诚在上任途中染病身亡,这个消息有如晴天霹雳,让本来就郁郁寡欢的李清照更加痛苦。

她觉得自己的精神世界快坍塌了,而更多的不幸还在等着她。随着国势的危急,她被迫多次迁徙和流亡,在路上将大部分的文物和书画丢失,这可是丈夫赵明诚多年来的心血啊!太多的磨难,令这个弱女子心力交瘁。

后来,她嫁给了官吏张汝舟。谁知,张汝舟在婚后原形毕露,原来他跟李清照结婚,贪图的是女方的文物,可是文物差不多丢光了,不由得令他大失所望。

张汝舟非常生气,开始打骂李清照。此时,女诗人又显示出她非凡的勇气和惊人的决断力,她将张汝舟告上官府,并成功离婚。

然而,宋朝的法律却规定,如果妻子告发丈夫,会被监禁三年,刚离完婚的李清照又身陷囹圄。翰林学士綦崇礼等人为了拯救才女,纷纷奔走相告,终于令李清照重获自由。

在经历了那么多的事情后,才女发现,或许等她故去,盛世也不可能重现了。她在晚年只能发出"梧桐更兼细雨,到黄昏、点点滴滴"的叹息,此后不久,她阖然长逝,走完了自己传奇的一生。

【说文解惑】

李清照是"婉约派"的代表,她的作品随着生活经历的不同而呈现出截然相反的风格。在李清照的上半生,生活富足,与丈夫赵明诚琴瑟和鸣,可谓无忧无虑,多关注闺阁心事,写出轻快明丽的《如梦令》、《一剪梅》等词。

而她的后半生面临着国破家亡的窘境,词作中则经常流露出哀伤和怀旧的情感。她怀念故土,便在《菩萨蛮》中写道:"故乡何处是,忘了除非醉。"她怀念往昔生活,便在《永遇乐》中写道:"中州盛日,闺门多暇,记得偏重三五。铺翠冠儿,捻金雪柳,簇带争济楚。"

李清照虽作品不多,但几乎每首诗词都是上乘之作,因而被誉为"千古第一才女",而程朱理学的专家朱熹虽对女子贞节要求甚严,却对改嫁的李清照敬重依旧,称自己最敬佩的人中就有一位是"李易安"。

36 痴缠半个世纪的爱恨情仇
陆游与《钗头凤》

自古多情伤别离，宋朝著名的词作家陆游有一段痴缠半生的悲情往事，这份爱情绝美凄凉，为后世所津津乐道，然而在当事人的心里，却如鲠在喉，始终无法忘却它的苦涩味道。

陆游在少年时与表妹唐婉相恋，二十岁时将唐婉娶进家门。唐婉才貌俱佳，还是一个温柔贤淑的女子，本来可以与陆游一起琴瑟和鸣、双宿双栖，却不料总是不入陆游母亲的法眼，枝节横生。

婆婆先是对媳妇挑三拣四，最后竟对儿子下了死命令：休妻！

陆游是个孝子，母亲的话不能不听，可是他又实在舍不得贤妻唐婉，只好偷偷在外面租了房，和唐婉私会，好端端的夫妻俩竟弄得跟偷情似的。

可惜好景不长，陆游的母亲知道了此事，顿时雷霆震怒，要陆游彻底断绝与唐婉的联系。

迫于无奈，这对夫妻只得含泪分离。

后来，陆游再娶，唐婉也嫁给了南宋宗室赵士程，可是被逼离别的痛苦却深深在陆游和唐婉心中扎根，令彼此不时地思念对方，在相当长的一段时间内无法展露笑颜。

一晃十年过去了，陆游前往绍兴禹迹寺附近的沈园踏青，竟意外遇到了唐婉和赵士程。陆和唐均呆若木鸡，多年辛酸冲破感情的闸门，唐婉当场就泣不成声。

赵士程是个性情宽厚的读书人，他连忙问爱妻发生了什么事。唐婉不忍欺骗丈夫，就将自己和陆游的过去原原本本地说了出来。

赵士程听完不仅没有生气，反而对妻子的遭遇表示了深深的同情。他知道陆游此刻心情肯定也很糟糕，就派人给陆游送去了一些茶点，希望对方能解开心结。

岂料，陆游一听赵士程给自己送东西，反而加倍痛苦，他以为唐婉嫁给了一个好丈夫，从此幸福，只剩他一个人在人间悲伤，枉费一腔深情！

浑浑噩噩间，他在沈园的墙壁上题了一阕词——《钗头凤》："红酥手，黄縢酒，满城春色宫墙柳。东风恶，欢情薄。一怀愁绪，几年离索。错！错！错！春如旧，人空瘦，泪痕红浥鲛绡透。桃花落，闲池阁。山盟虽在，锦书难托。莫！莫！莫！"

写完，他便黯然离去。

过了一会儿,唐婉恰巧也来到沈园,她一眼就认出了墙上那熟悉的字迹,顿时感到天旋地转,痛苦到无法自抑。

她强忍住心头的酸楚,跌跌撞撞来到墙边,颤抖着右手提笔和道:"世情薄,人情恶,雨送黄昏花易落。晓风干,泪痕残。欲笺心事,独语斜阑。难!难!难!人成各,今非昨,病魂尝似秋千索。角声寒,夜阑珊。怕人寻问,咽泪装欢。瞒!瞒!瞒!"

没过多久,唐婉就因积郁成疾悲愤而死。

陆游得知后,明白唐婉的去世与那一首《钗头凤》有着千丝万缕的关系,因而愧疚不已。

在他隐居鉴湖时,每年都会来禹迹寺凭吊唐婉。一直到他八十二岁时,他又做了一个梦,梦见自己还是三十一岁的样子,他和唐婉相见于沈园的桃花树下,才子含情佳人含笑,在梦中,他们没有分离,而是过着幸福的生活!

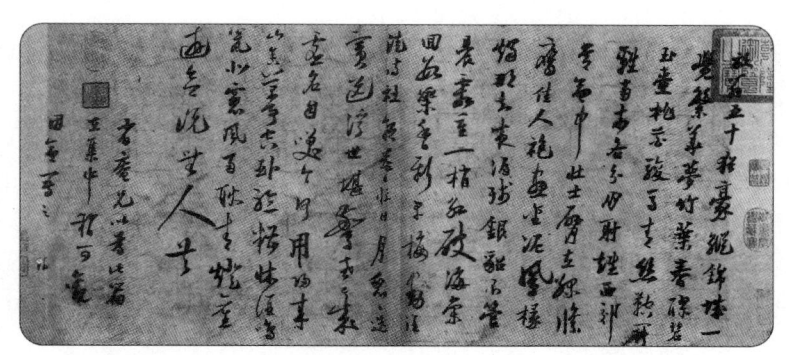

《怀成都诗卷》为南宋诗人陆游的行草代表作之一,是他五十四岁时所写,诗集中署题为《怀成都诗十韵》。

【说文解惑】

陆游,字务观,号放翁,南宋著名的诗人,有"小李白"之称。他一生笔耕不辍,为后世贡献了九千余首诗歌,是中国现有存诗最多的诗人。

因为才华横溢,他在科举考试中名次始终比奸相秦桧的孙子高,竟遭到了秦桧的除名,后虽被朝廷赐予进士出身,却又因性格耿直为民着想,而被一再贬黜,最终成为一介布衣,辞官还乡。

陆游的诗歌充满爱国热情,表达出对抗击金国的决心,而上文的《钗头凤》又展现出他的另一种浪漫主义风格。

综观陆游的一生,其情感生活毫无美满可言,这也是他的个人悲剧之一。

37 风雨飘零下的后宫哀怨
王昭仪的红颜泪

公元 1276 年,元世祖忽必烈大破南宋都城临安,将临安王宫里的所有宫女全部押往北方。

在这些美女中,包含了宋理宗的谢皇后、宋度宗的全皇后,以及三宫六院里大大小小的妃嫔。昭仪王清惠也在被押解的队伍中,自南宋灭亡之日起,她就一直郁郁寡欢,时常在深夜从梦中哭着醒来,她有种预感,此行北去,自己的未来也将跟南宋一样,落得个悲惨结局。

在一个又一个夜晚,她焦虑着,晶莹的泪珠打湿脸庞,她一遍又一遍地想:"我该怎么做呢?是该委曲求全,还是死守贞节?"

实在无法得到答案,她只好抬头仰望那一轮皎洁的明月,双手合十,暗自祈祷:"纯洁的月亮啊,请让我随你而去吧!"

在长久的压抑和担忧下,当她行至北宋时期的都城汴梁时,忍不住在夷山驿的墙壁上题下一首词《满江红·太液芙蓉》,这也是她留给后世的唯一的一首词。

词这样写道:"太液芙蓉,浑不是,旧时颜色。曾记得,春风雨露,玉楼金阙。名播兰簪妃后里,晕生莲脸君王侧。忽一声、鼙鼓揭天来,繁华歇。龙虎散,风云灭;无限事,凭谁说?对山河百二,泪沾襟血。驿馆夜惊乡国梦,宫车晓碾关山月。愿嫦娥相顾肯从容,随圆缺。"

王昭仪自比为皇宫太液池里的芙蓉,哭诉国破家亡后红颜衰败,个人在风雨飘零的战乱年代身不由己,无法掌控自身命运的悲哀。而最后一句,则又透露出她的担心,即便是出淤泥而不染的荷花,仍旧有失节的危险。

王昭仪大概没有想到,当她写完这首词后,居然多了一个蓝颜知己,此人便是"人生自古谁无死,留取丹心照汗青"的丞相文天祥。

文天祥是在同样被押送北方的途中见到这首词的,他不由得深深地悲悯起昭仪的命运,但同时他又摇头叹息,觉得昭仪既然身为皇室贵族,就该保护自身的清白,哪怕是受到胁迫,也得宁死不屈。

于是,他立即提笔,用"步韵"的写作形式为王昭仪和了两首词。在词句中,文天祥以移至王母宴会上的鲜花做比喻,希望昭仪不要为了贪图一时的荣华富贵而放弃曾经的信仰。

这两首词均充满豪情壮志,与他后来在临死前所作的《过零丁洋》一样充满爱国热情,展现出文天祥的忠肝义胆和对王昭仪的期望。

王昭仪虽不知文天祥对她词句的态度,却在进入元都后做到了对气节的坚守。她毅然出家为尼,替自己取法号为"冲华",喻义看破红尘中的繁华。她的词句与她的忠贞,为后人所敬佩,一直传诵至今。

当王昭仪写下《满江红》之后,数月内谢太后被迫北上,看到这首词时不禁大为感慨,从而令《满江红》红遍大江南北。

【说文解惑】

宋宫人王昭仪,名惠清,字冲华,是个极具才华的女诗人。她的作品现有诗四首、词一首流传于世,在《满江红》中,她亦表达出对南宋偏安一隅的不满,展现了一个女子罕有的理性和智慧。

【朝花夕拾】

何为"步韵"?

步韵的另一种说法叫"次韵",是和诗的一种方法,即利用原作者的韵脚或格律,去作出一首相似的诗词。因为韵脚被限制,所以和起来比较困难,因有步步跟随之意,便被称为步韵。

第五章

文学史上的里程碑
——元曲、明清小说和近代文学

38 六月飞雪《窦娥冤》
从滑稽戏到元杂剧

汉朝有一种文艺形式叫"百戏",是对民间各种表演艺术的统称。"百戏"是宋朝"滑稽戏"的前身,而在西汉时期,也确实发生了一件颇为滑稽的事情。

此事隐藏在深宫之中,是朝廷之上众人皆知的丑闻。

汉成帝时期,皇后赵飞燕因皇帝宠信自己的妹妹赵合德而心生不满,遂从宫外找来一批英俊的男宠供自己享乐,从此后宫日日笙歌,极尽奢靡淫乱。

皇后如此乱来,大臣早已看不下去了,光禄大夫刘向忍无可忍,又不敢明说,就到处搜集古代的烈女贞妇的故事,然后整理成一本《列女传》,献给汉成帝。

汉成帝当然知道刘向的心思,可是年过不惑的皇帝早已被赵飞燕姐妹迷得失了心智,他嘴上赞叹烈女的忠贞,心里却出于对赵飞燕的愧疚而装聋作哑,此事不了了之,只有《列女传》遗留下来。

在《列女传》中,有一篇《东海孝妇》,讲的是孝妇周青在丈夫死后与婆婆相依为命,后来婆婆生了重病,周青给婆婆送药时不慎将药碗打破,婆婆以为媳妇有意要杀自己,就告到官府。

太守认定周青犯了谋杀罪,不顾周青的哭诉,将其斩杀。

美女赵飞燕

周青死后三年,当地一直遭受严重的旱灾,算命先生认为是周青的冤魂在作怪。

后来,太守在周青的墓前杀牛祭拜,天空忽然落下大雨,孝妇的美名从此流传。

唐朝时,百戏变成了杂剧,表演形式涵盖歌舞、杂技等,当时不过是逗大家玩乐的一种表演而已。到了宋朝,杂剧逐渐向戏剧靠近,内容分成三段:第一段引子,第二段叙事,第三段插科打诨,中间伴有杂技。

因为有幽默搞笑的成分在里面,所以这时的杂剧也被称为滑稽戏,到了元朝,因为统治阶级的缘故,文人的社会地位极其低下,长期的被压迫之下诞生出元曲这朵瑰丽的奇花。元曲深具时代抗争精神,揭示了激烈的社会矛盾。

当"元曲四大家"之一的关汉卿看到东海孝妇的故事时,他陡生灵感,将故事改编后,取名为《窦娥冤》,讲述寡妇窦娥被张驴儿父子逼婚却坚决不从,于是张驴儿害死窦娥的婆婆,并嫁祸给窦娥。

结果,窦娥被太守处以死刑,临刑前,她发誓若自己被冤枉,就让血溅白练不坠地、六月飞雪、三年大旱,结果一一灵验,其冤屈也终于洗清。

《窦娥冤》上演后,博得人们的一致好评,位列元曲四大悲剧之一,并被称为"中国十大古典悲剧之一"。它将孝妇置身于刁民与官场勾结的背景下,使其成为元代被奴役剥削的民众代表,讴歌了百姓的善良和反抗精神。

【说文解惑】

元杂剧是元曲的一种形式,它来自于宋朝的杂剧和诸宫调。诸宫调是乐师用乐器进行说唱的一种表演形式,后来被北方杂剧容纳吸收,成为重要的演出形式。

南宋时期,因都城南移至临安,杂剧在南方盛行。此时,北方也在行院中流行一种戏剧形式,叫金院本。金院本与杂剧形式差不多,只是曲调有所不同。

元朝统一中国,南北方文化大融合,宋杂剧和金院本演化成元杂剧。各地名家辈出,不仅有关汉卿、马致远、白朴、郑光祖四大名家,还诞生出珠帘秀、天然秀、黄子醋等优秀的名伶。

不过,元末因社会动荡,文人已无暇再从事戏剧事业,且彼时科举恢复,文人在诱惑之下渐往仕途靠近,元杂剧在历经一个时代的繁荣之后终于衰落。

【朝花夕拾】

中国十大古典悲剧

中国十大古典悲剧发源于元朝,至清朝终止。十大悲剧分别为:元朝的《窦娥冤》、《汉宫秋》、《赵氏孤儿》、《琵琶记》,明朝的《精忠旗》、《娇红记》,清朝的《清忠谱》、《长生殿》、《桃花扇》和《雷峰塔》。

39 极致秋思《天净沙》
元散曲的几种形式

一个深秋的黄昏,夕阳的余晖笼罩着大地,一个孤独的身影被披上了一层寂寞的光芒。

这个儒雅瘦削的中年人缓慢地行走在京西古道上,他身下的坐骑骨瘦如柴,走一步就要颤一下,不禁让人担心命不久矣。

这时,路旁的槐树上忽然响起一阵凄厉的尖叫,一个黑影张开翅膀,扑啦啦地飞到天上去了。

中年人苍白的脸上久久未出现血色,此情此景令他备感惆怅,再过一些时候,他就可以回到离开已有二十年的故乡了。

此时此刻,他的内心无限感慨,望着远处山涧上的小桥和桥下淙淙的溪水,忆起董解元在《西厢记》中的词阕《赏花时》:落日平林噪晚鸦,风袖翩翩吹瘦马,一经入天涯,荒凉古岸,衰草带霜滑。瞥见个孤林端入画,篱落萧疏带浅沙。一个老大伯捕鱼虾,横桥流水。茅舍映荻花。

这是他非常喜欢的一首词,正与眼前情景相似,他灵感涌动,脱口而出:枯藤老树昏鸦,小桥流水人家,古道西风瘦马。夕阳西下,断肠人在天涯!

这就是后来著名的小令《天净沙·秋思》,这位中年人即是有"曲状元"之称的元曲大师马致远。

马致远长期在外漂泊,早已萌生倦鸟归林之心,他时常思念故乡,因而在创作《天净沙·秋思》时饱含了无限深情。其实,《秋思》中所描述的场景并不新颖,且多为前人所用过,但没有人能像马致远一样将思念描述得如此简单澄净,又哀婉缠绵。

其时,已至元朝后期,宋词早已衰败,元曲呈现出繁荣昌盛的状态,《天净沙》是曲牌名,为很多词曲名家所用过,而元曲另一位大师白朴也曾用《天净沙》描写过秋天,也表达了作者的愁绪,但对景色的描写和马致远又有不同。

白朴在《天净沙》中这样写道:孤村落日残霞,轻烟老树寒鸦,一点飞鸿影下。青山绿水,百草红叶黄花。

这首小令偏重述景,前两句风格阴寒,第三句打破沉静,带出活跃鲜丽的气氛,最后两句则颜色鲜艳,描绘出秋日的绮丽之景。

不过马致远藉景抒情,将秋天的萧瑟转化为游子对故乡深深的眷恋之情,令人读后无不触动,因而他的《秋思》被誉为"秋思之祖",成为让无数后人黯然泣下的千古佳作。

【说文解惑】

金元时期,北方少数民族的乐曲与中原相融合,形成了一种新的文学体裁,它由长短句构成,被称为散曲。之所以是"散"曲,是因为它没有元杂剧完整的情节,纯粹以抒情为主,虽然注意一定的韵律,却又有口语灵活多变的特点,因此在音节上呈现出自由散漫的状态。

散曲又被称为清曲、今乐府,它其实也是诗歌的一种类型,而其拥有三种基本形式:小令、套数以及带过曲。

小令来自于唐朝的酒令,原叫"叶儿",只有一首曲子,字也很少。如《天净沙·秋思》就是小令。套数又称套曲,由唐宋大曲发展而来,要求全套曲牌必须统一韵律,且要有尾声。带过曲则是由同一宫调的不同曲牌组合而成,不过曲牌不能超过三首。

散曲和杂剧合称为元曲,两者的文学体裁不一样,杂剧是戏曲,散曲则是诗歌,不过二者均采用北曲作为演唱形式。

因为杂剧的影响超越了散曲,有人甚至单以杂剧来泛指元曲。

【朝花夕拾】

什么是"北曲"?

北曲是金元时期北方戏曲和诗歌所用的音乐,其受宋朝诸宫调的影响最大,因而形成了曲牌联套体的结构。北曲虽利用曲牌填词,但不像宋词那样分上、下阕,形式也比较自由,有"曲者,词之变"的说法,它是中国最早的戏曲声腔之一。

40 谁说浪子不专情
"曲家圣人"关汉卿

在世界戏剧史上,西方有莎士比亚,东方则有关汉卿,关汉卿在中国元曲史上的地位可见一斑。

身为文人,关汉卿风流倜傥,他笔下的剧本有很多描写的是青楼女子的奇特遭遇,如《救风尘》、《金线池》等。这也说明,若没有混迹香脂艳粉中的经历,又如何能写出这些脍炙人口的佳作呢?

每一位风流的文人背后,都有一个隐忍的老婆,关汉卿的妻子万贞儿就是其中一位。万贞儿明知丈夫爱玩,动辄数月不归,却仍旧尽到一个做妻子的本分,含辛茹苦地哺育三个孩子,是典型的贤妻良母。

万贞儿本来是大户人家的小姐,从小锦衣玉食,可是她富贵公子看不上,偏偏只爱风流才子。在嫁给关汉卿之后,她过着粗茶淡饭的生活,每日得勤俭节约地过日子,而丈夫除了才气逼人,对自己并不温柔相向,可是她从未有丝毫怨言。

岁月悄悄带走了万贞儿的美貌,却让她的优雅气质沉淀得越发深厚。可是半老徐娘的她毕竟比不过青春如鲜嫩春笋般的少女,而丈夫又是个如此多情的浪子,于是危机感不可避免地产生了。

夫妻俩矛盾的导火线来自于万贞儿的陪嫁丫鬟。

当年,万贞儿新婚时,这丫头不过才十一二岁,手脚细长,看起来像根竹竿。一晃五年过去了,小丫头的身体丰满起来,曲线也出来了,脸颊也蒙上了一层绯色的红霞,看起来似南国最初绽放的牡丹,别有一番味道。

有美人在旁,关汉卿忍不住心旌荡漾起来,一双热辣的眼睛一个劲地盯着丫鬟看。万贞儿心里很不舒服,但她毕竟是个大家闺秀,也不好说什么,就隐忍下来。

可是,有一天她进入丈夫书房时,意外捡到了地上的一首小令:"鬓鸦,脸霞,屈杀了在陪嫁;规模全似大人家,不在红娘下;巧笑迎人,娓娓回话,真如解语花;若咱得了她,倒却葡萄架。"

万贞儿顿感天旋地转,便质问丈夫到底怎么回事。

没想到关汉卿不仅爽快承认了对丫鬟的爱慕之情,还提出了要纳对方为妾的想法。

万贞儿不同意，夫妻两个爆发了婚后最厉害的一次争吵。

关汉卿恼恨地说："我知道你嫌弃我穷，嫌我这辈子没给你荣华富贵，你这个财鬼！"他愤然摔开门，向外走去。

万贞儿哭红了眼，心中万分委屈，她出身官宦之家，也知男人三妻四妾很正常，可是她又觉得自己辛苦那么多年，还得微笑着去接受丈夫的背叛吗？不，她绝不会！

后来，关汉卿气消了，回到家中。

这段时间，他也感慨良多，知道若没有妻子默默无闻的奉献，自己很难有今日的成就。

于是，他与妻子言归于好，并承诺不再提纳妾一事。

那时《救风尘》即将完成，关汉卿照例将词曲唱给妻子听，当听到《小梁州》时，万贞儿忍不住流下了欣慰的眼泪："可不道一夜夫妻百夜恩，你可便息怒停嗔。你村时节背地里使些村，对着我合思忖：那一个双同叔打杀俏红裙？"

【说文解惑】

关汉卿位列"元曲四大家"之首，号"己斋叟"，一生共著有六十七部杂剧，可惜留存于世的仅剩十八首。

关汉卿的作品大致可分为三类：一类是控诉封建社会的黑暗统治，展现民众抗争精神的作品，如《窦娥冤》《鲁斋郎》等；一类是描写聪明的平民妇女的抗争故事，结局往往较美满，如《救风尘》、《望江亭》等；还有一类则是讴歌历史英雄的杂剧，最著名的一部是描写关羽单刀赴约的《单刀会》。

此外，关汉卿还写过十四部套曲，三十五首小令，除了描述都市风景外，还抒发了自身的壮志情怀。在套曲《不伏老》的尾声中，他的那句"我是个蒸不烂、煮不熟、捶不匾、炒不爆、响当当一粒铜豌豆"，让无数读者肃然起敬。

关羽擒将图

41 死后救苍生
元曲大师马致远

在大师关汉卿之后,元朝又出了一位元曲名家,他就是马致远。

当年,马致远的一首小令《天净沙·秋思》不知掳获了多少游子的心,而他本人的杂剧成就则更大。

马致远原名叫马视远,意为目光长远、前程远大。他也一心想在仕途上有所发展,于是勤奋苦读,希望能早日考取功名。

在他的家乡有一座铁佛寺,寺里有尊铁佛,据说特别灵验。于是,他就到寺庙里参拜,恰好遇到住持,就攀谈起来。

住持见眼前的这位书生气度不凡,便笑道:"古书有云:非淡泊无以明志,非宁静无以致远,老衲看你志向远大,不如改名为致远。"

马视远一听,喜不自胜,赶紧谢过住持。因住持让他性情"淡泊",他又特意改名号为东篱,取意自陶潜的诗句"采菊东篱下",勉励自己继承陶渊明的志向。

然而,科举之路雄关漫漫,马致远离家后漂泊了二十年,却始终与官场无缘。此时的他已经冷静下来,萌生退隐之意,把更多的精力投入到元曲的创作中。

他写出了脍炙人口的《汉宫秋》,这部杂剧以汉元帝时期王昭君出塞和亲为背景,添加了皇帝与昭君的夫妻之情,还在剧终时令昭君投江自杀,表达了在社会大环境下个人无能为力的复杂心情。

其实,他也是在哀叹自己的命途多舛,元朝的汉人是没有什么地位的,虽然蒙古统治者嘴上说要"任用汉族文人",可是始终没有真正贯彻执行。马致远最终失望了,他明白,自己不能再天真地幻想下去,世事不会为他一人而改变。

王昭君离国时,悲痛万分。明朝著名画家仇英据此创作了《明妃出塞图》。

后来,他又写了《荐福碑》等剧,逐渐在文坛出类拔萃。可是直到他死去,也没能实现自己的政治抱负。

马致远若在天有灵,一定想不到在下一个朝代,他竟能受到皇帝如此大的恩赐。

明朝初期,燕王朱棣为夺取皇位,发动了"靖难之役",北方的大量百姓惨遭杀戮,人们不得不举家逃难,以免受战乱之苦。

屋漏偏逢连夜雨,此时北方又发生了自然灾害,一时间民众投生无门,饿殍遍野,尤其在河北,随处可见嶙峋的白骨,令人触目惊心。

可是,在马致远的家乡东光,却发生了一件幸事。

朱棣是个元曲迷,特别崇拜马致远,当他听说东光是马致远的故乡时,就勒令官兵:"逢马不杀!"

不过,士兵会错了意,听成了"冯马不杀"。这个消息很快就在当地百姓中传开了,不仅冯姓和马姓家族幸免于难,其他不姓马的百姓也纷纷说自己姓马,结果也保全了性命。

【说文解惑】

马致远,字千里,号"东篱",元曲四大家之一,所作杂剧有十五种,可惜存世的仅有《汉宫秋》《荐福碑》《岳阳楼》、《青衫泪》、《陈抟高卧》和《任风子》六种。他的散曲有一百二十余首,《天净沙·秋思》、《东篱乐府》是其代表作。

早年的马致远希望能成为朝廷名臣、辅佐君王左右,可惜一直没能实现这个愿望,后来他果真淡泊名利,在晚年过着隐居生活。

不过在杂剧的创作上,他始终饱含着极大的热情。他很早就开始了杂剧的创作,组建了"贞元书会",还与很多名士和艺人交情甚笃,因其从事杂剧创作的时间长、名气大,而享有"曲状元"的美誉。

明成祖朱棣

42 倩女离魂的追爱神话
言情作家郑光祖

在元朝,南北民族大融合的进程飞速发展,催生了一大批优秀的元曲艺术家的诞生。当时的元曲名家的作品大多反映社会矛盾,展现出作者强烈的爱国情怀。

不过,有一部杂剧却带上了浪漫瑰丽的爱情色彩,那就是王实甫的《西厢记》。

《西厢记》推出后,迅速在民间流传,让很多文人叹为观止。此时,有一位元曲家心里不是滋味,他就是专门写言情曲目的郑光祖。

郑光祖见自己写了那么多有关爱情的杂剧,名气却不及《西厢记》,而《西厢记》也并非王实甫的原创作品,居然能声震八方,足以让他愤愤不平。

他认为,正是《西厢记》借鉴了前人的经验才有如此成就,便决定也去改编前人的故事,进而创作出一部绝世之作。

他想到了唐朝传奇《离魂记》,故事讲述了美女倩娘与表哥王宙青梅竹马,本在小时候有过婚盟,可是倩娘长大后,其父却忘了婚约,结果将女儿许配他人。王宙得悉后悲愤异常,深夜乘船离开倩女的家,却发现倩娘追来,不禁喜出望外。这对情侣从此在川中漂泊五年,后因倩娘思念双亲才返回故乡。到家后,王宙才发现真正的倩娘一直卧病在床,而陪伴自己的是倩娘的灵魂。自此,倩娘魂魄回到身体里,有情人终成眷属。

郑光祖想到开心处,不禁为自己的想法拍手叫好。他马上动笔写杂剧,名字就叫《迷青琐倩女离魂》。出于一个元曲大师敏感的艺术直觉,他对《离魂记》的几处不完善的地方进行了修改。

《迷青琐倩女离魂》刻本中的插图

他让女主角倩女处于孤军奋战的境地,让男主角王文举从携倩女私奔变为考中状元后回乡迎娶倩女,又让倩女的家人从不知女儿与男主角的婚约变为明确提出"三辈子不嫁白衣秀才"。

如此一改,使得《迷青琐倩女离魂》的反封建意识大为提高,变成一部旧社会妇女突破封建束缚努力追求婚姻自由的进步之作。该杂剧引发了轰动,让郑光祖赢得了"名香天下,声振闺阁"的美称。

有意思的是,即使已经取得成功,郑光祖仍是对《西厢记》耿耿于怀,于是他又模仿前者创作了一部杂剧,名为《㑇梅香》,不过该剧只局限于风花雪月谈情说爱上,而且等同于"红娘"的婢女樊素也是满口之乎者也,一点都不符合丫鬟的身份,使得《㑇梅香》与《西厢记》相差甚远。

不过,仅凭一部《迷青琐倩女离魂》,郑光祖就足以跻身"元曲四大家",尽管后人也写了很多类似《倩女离魂》这样的故事,但最后流传下来的只有郑氏版本的《倩女离魂》,足见这部作品深厚的文学功底。

【说文解惑】

与《迷青琐倩女离魂》的受欢迎相反的是,作者郑光祖留下的生平资料很少,只知他在杭州当过官,却因性情耿直,不愿疏通官场关系招致仕途不顺,常被同僚轻视。

他倾其一生从事杂剧创作,作品有十八种,不过如今留存于世的只剩《迷青琐倩女离魂》《周公摄政》《王粲登楼》《翰林风月》《无盐破连环》《伊尹扶汤》《老君堂》《三战吕布》八种,另有小令六首,套数二套。

《迷青琐倩女离魂》与唐朝《离魂记》的最大不同,是将倩女的肉身与魂魄分开描述,当病床上的倩女得知昔日恋人王文举要结婚时,不由得悲痛欲绝,这种描绘手法为后代作家所效仿,如明朝汤显祖的《牡丹亭》就是成功案例。

【朝花夕拾】

电影《倩女幽魂》

20世纪80年代,香港拍摄了一部电影,名字与《倩女离魂》相近,叫《倩女幽魂》,因此很容易与元曲混淆。其实,《倩女幽魂》的故事来自于《聊斋志异》中的《聂小倩》,讲述了女鬼小倩被树精操控,欲夺书生宁采臣的性命,后小倩爱上采臣,反助对方逃离。最后,在剑客燕赤霞的帮助下,树精终于被打败,可是小倩也从此消失。该片已成为徐克和程小东的经典之作,由黄霑作词的电影插曲也颇为动人。

43 《梧桐雨》下忆当年
寄情于曲的白朴

他又做梦了,梦中蒙古人的铁蹄攻破了汴京的城门,瞬间让整个城池陷入灭顶的恐慌中。城内火光冲天,街面上满是杂物,百姓们拖家带口提着行李四处逃逸,幼小的孩童被人流挤散了,孤立无援地坐在路边大哭。

此时,一道银光在明亮得让人目眩的阳光中闪过,孩童停止了啼哭,他的头骨碌碌地滚进了臭水沟,可是一双眼睛却死死地圆睁着,死不瞑目。

"啊!"白朴大叫着从梦中醒来,惊出了一身冷汗。

他已经三十六岁了,这样的梦却已做过无数次。自从他居住的汴京被蒙古人攻陷后,他那无忧无虑的童年便宣告结束了。

如今父亲白华已经归顺元朝,可是白朴依旧对元军昔日的罪行记忆犹新,他天资聪颖,辞赋成就均高于常人,却从未想过做官,更不愿为仇人效命。

可是就在今天早上,河南路宣抚使却举荐他出仕,还说是皇帝的命令,被他断然拒绝。但是他知道,朝廷不会死心,若连番拒绝,恐将惹怒皇帝,到时家族恐怕是要被他牵连了。

白朴踌躇良久,终于做出一个决定:离开家人,去遥远的南方独居。

从此,他远离官场,成了漂泊的游子。他每经过一处,便心痛地发现当年的繁华之地已被元军的兵火破坏殆尽。在荒芜的九江,他伤心地沉吟道:"篡罢不知人换世,兵余独见川流血,叹昔时歌舞岳阳楼,繁华歇。"

随后,在一个梧桐叶落的秋日,他看着满地金黄,想起了白居易《长恨歌》中的诗句"秋雨梧桐叶落时",不由得备感凄凉,写下著名的戏剧《唐明皇秋夜梧桐雨》。

《梧桐雨》讲述唐明皇在杨贵妃死后在梧桐下思念爱妃,竟与之相见,却被雨声惊醒,才发觉是南柯一梦的故事。其中第四折《三煞》这样写道:

> 润蒙蒙杨柳雨,凄凄院宇侵帘幕。细丝丝梅子雨,装点江干满楼阁。杏花雨红湿阑干,梨花雨玉容寂寞。荷花雨翠盖翩翩,豆花雨绿叶萧条。都不似你惊魂破梦,助恨添愁,彻夜连宵。莫不是水仙弄娇,蘸杨柳洒风飘?

杨贵妃华清池出浴图

这岂止是唐明皇的哀怨呢?这分明就是白朴对物是人非的祖国山河的感慨!此后他主要在江南一带游历,中途因原配去世回了一趟北方,元朝统治者趁机再度劝他做官,又被他拒绝。

直到八十一岁时,他还重游了一趟扬州,而后,他就隐匿于世,再也无人知晓他的踪迹了。

【说文解惑】

白朴,原名白恒,字仁甫。他出身于一个官僚家族,父亲白华先是在金朝的枢密院任职,后归降南宋,在南宋灭亡后又成为元朝的官员。

白朴早年的身世充满坎坷,他在父亲随金军北上后,所居住的汴京遭遇到蒙古人的洗劫。幸好当时著名的文学家元好问也在汴京,便将白朴姐弟俩收养,并给予白朴良好的教育。因眼见元人对无辜百姓烧杀抢掠的罪行,白朴即便在后来成为元朝的子民后,也不愿为朝廷卖命。

他唯有寄情山水,抒发自己对昔日繁荣的怀古之情,除了《梧桐雨》外,他的戏剧代表作还有《裴少俊墙头马上》、《董秀英花月东墙记》等,除此之外,他还写有一本词集《天籁集》,阐述自己对苍凉人生的感慨。

白朴雕像

【朝花夕拾】

白朴的贵人元好问

在白朴的成长过程中,有一个人对他起过相当重要的影响,这就是元好问。公元1233年汴京被攻陷后,一片喊杀声中元好问抱着被他视为"元白通家旧,诸郎独汝贤"的神童白朴逃出京城,自此,白朴有很长一段时间生活在他身边。

元好问的家族为北魏鲜卑族拓跋氏,他从小就是个神童,七岁即能吟诗。他是南宋与金国对峙时期北方的文学代表,也是金末元初最有名的作家和历史学家,享有"一代文宗"的美誉。著作有词集《遗山乐府》、诗集《论诗绝句三十首》,编有《中州集》。

44 一段情事牵动三朝文人的心
《西厢记》

  清朝小说《红楼梦》里提到一本禁书,它令贾宝玉和林黛玉爱不释手,却让贾政等老古董谈之色变,它就是古代言情小说《西厢记》。

  《西厢记》作为元朝戏曲家王实甫的剧本而家喻户晓,但王实甫并非原创作者,这部戏是根据唐末诗人元稹的带自传性质的小说改编而来。

  元稹生于河内县的赵后村,与邻村崔庄的一位叫崔小迎的姑娘是青梅竹马的恋人。元稹幼时丧父,家境贫寒,可是小迎一家人并未因此而看不起他,相反还待他如亲人。

  后来,小迎的父亲因为要帮富人家做工,需要举家搬迁至沁阳城,小迎舍不得离开元稹,便请求家人带元稹一同前往,结果得到了家里人的同意。

  于是,元稹和小迎更加亲密,如胶似漆,他们在竹林里玩耍,去花园里捉蝴蝶,还在沁园内认识了很多文人骚客,如韩愈、白居易、令狐楚等。爱情的种子悄悄萌芽了,少女小迎出落得亭亭玉立,如一朵沾着朝露的兰花,淡淡散发着幽香;而元稹也是学识过人、仪表堂堂,这一对男女再也遮掩不住对彼此的爱慕,很快便私订终身。

  后来,元稹为了功名要赴京赶考。临行前,小迎万般不舍,含泪告诉元稹:"此番无论你名次如何,只盼早点归来,我在这里等你!"

  元稹怜惜地帮小迎擦去泪水,安慰恋人:"放心吧!我一定早去早回!"

  哪知,元稹到了京城后结识了太子少保韦夏卿,懂得审时度势的他立刻与韦夏卿的女儿结了婚,然后就音讯全无,再也没有去找小迎。

  直到妻子早逝,元稹才突然怀旧起来,他倒是没忘记小迎的美貌,觉得自己有钱有势了,娶回沉鱼落雁的初恋也是一桩美事,于是多次回家寻人,可惜始终无果。

  元稹很生气,觉得小迎背叛了他,就写下一篇传奇《莺莺传》,藉男主角张生之口大骂莺莺是祸国殃民的妖孽,借机为自己脸上贴金。

  孰料偷鸡不着蚀把米,很多人对始乱终弃的张生不满,斥其负心薄幸。至金朝,封建礼法在民众间逐渐淡化,戏曲家董解元将《莺莺传》改编成诸宫词《西厢记》,不仅为原作增添了很多血肉,还改动了结局,变成莺莺和张生私奔,在白马将军的撮合下终于喜结良缘。

  从此,《西厢记》变成了一个喜剧。元朝的王实甫又将其改编成戏剧《崔莺莺待月西厢记》，令剧情更加鼓舞人心。

在王实甫的笔下，老夫人虽然固执，却还算懂得变通，她最后答应了莺莺和张生的婚事。这部戏还融入了很多古典诗词，使其文学性大为提高。

透过《西厢记》的三朝变迁，可以看出人们对爱情的执着追求和对薄情的厌恶，即便在礼教甚严的古代，还能拥有一颗坚守真爱的心，是多么令人感动和钦佩！

《崔莺莺造像》，明朝仇英作，画中莺莺焚香祷月的情景，是杂剧中的一个场面。

【说文解惑】

三个朝代，三个版本的《西厢记》，在思想上是有很大不同的。《莺莺传》中的崔莺莺虽然渴望爱情，骨子里却被封建礼教束缚着，她既与张生调情，又斥责对方风流，令人匪夷所思；此外，她与张生私通后，觉得自己是个不洁的女人，因而张生变心她也不去指责对方，足见封建糟粕对妇女的毒害程度。

董解元则带领莺莺突破了桎梏，让男女主角勇敢地追求真爱，为世人称道。人们将他的《西厢记》誉为董西厢。

不过董西厢对于情节的描写比较粗糙，经王实甫的补充后才丰满起来。

王实甫首次在戏剧中刻画了爱情心理，令人耳目一新，同时其情节的戏剧性也非常强烈，各种矛盾引人入胜，是中国古典戏剧的典范之作，有"天下夺魁"的美称。

【朝花夕拾】

"传奇"与"诸宫词"

两者均为古代文体。传奇指长篇英雄故事，亦指唐宋时期有看点的短篇小说，到了明清时，则指长篇戏曲。诸宫词有点像现代的说唱，即乐师用琵琶或琴筝伴奏，将故事边说边唱，也有点类似于评弹。

45 心中的帝王梦
历史演义小说《三国演义》

据说,每个男人心中都有一个帝王梦,《三国演义》的作者罗贯中自然也不例外。

罗贯中生于元朝末年,为反抗元朝的暴政,当时民间的起义不断,罗贯中虽然年轻,却颇有志向,他投靠了农民领袖张士诚,希望在政权上能拥有自己的一片天地。

谁知张士诚安于享乐,还不顾罗贯中等人的反对,自立为王。当时朱元璋的起义队伍正在迅速壮大,罗贯中敏感地察觉到未来的权力将归属朱元璋,他失望地离开军队,黯然回到了苏杭。

此时的罗贯中到了知天命的年龄,长年的征战令他增长了不少阅历,看待问题的想法也已成熟,不过那份帝王梦仍没有消散,他决定写一部小说,用文字代替刀枪在战场上驰骋。

于是,他找了一个僻静的地方住下,平日很少见客。朋友们都说他性格孤僻,其实他在苏州师从施耐庵时就已这样,为了潜心研读书籍和认真创作,他并不害怕孤单。

某一天,有个久未谋面的朋友来拜访他,二人相谈甚欢,不知怎的,忽然说到了三国群雄。罗贯中眼睛一亮,开始侃侃而谈,一个个英雄的故事从他嘴里说出,让朋友听得聚精会神。

朋友因此打趣道:"你是不是想把三国的故事写成书?"

罗贯中点点头,认真地说:"是的,三国时期群雄辈出,而且精彩的战事不断,写出来应该很吸引人。"

朋友赞同地颔首,却又提出心中疑问:"西晋陈寿已写过《三国志》,你就不怕被人说是拾人牙慧吗?"

罗贯中不以为然地笑道:"不会,《三国志》太简单了,不够生动,我要写一本老少皆宜的书,让大家都爱看!"

可是,三国时期起始于东汉末年,自黄巾起义至晋朝一统三国,时间跨度将近一百年,而且三国群雄不下几百个,要想将这些人、事、物转变成一部内容紧凑的小说,并不是一件简单的事情。

从此,罗贯中开始认真研究三国的历史,他不仅多次阅读《三国志》等历史书,还四处收集有关三国时期的所有小说、戏曲剧作和话本。

他在三国主要人物刘备、曹操、孙权、诸葛亮的基础上进行了充分想象,增添了如桃园三结义、关羽过五关斩六将、诸葛亮草船借箭等故事,让这部名为《三国志通俗演义》的小说变得引人入胜,而历史上发生的真实的故事,如赤壁之战、官渡大战等,他又进行了艺术加工,使三国的故事在真实中平添浪漫色彩,更具有艺术性。

后来,《三国志通俗演义》被更名为《三国演义》,这本书代表了中国明清小说的最高成就,它成功地描绘出各种政治家、军事家之间的心理攻坚战和实地作战技巧,塑造了四百多个人物形象,令主角的性格突出鲜明,至今为后人所津津乐道。

【说文解惑】

罗贯中,号"湖海散人",山西太原人。他的著作除了《三国演义》,还有《隋唐志传》、《残唐五代史演转》、《三遂平妖传》,此外他还是一位杂剧作家,为今世后人留下一部名为《赵太祖龙虎风云会》的杂剧。

罗贯中早年参军,晚年开始写《三国演义》,待这本书完成时,他已是六十多岁的老人,然后为了纪念老师施耐庵,他又决定润色老师的作品《水浒传》,同时他还继续书写自己其他的历史演义小说,是一位非常勤奋的作家。

【朝花夕拾】

《三国演义》为何要拥刘反曹?

曾有学者认为罗贯中认定刘备是汉朝王室后人,拥有王室血统,所以要在《三国演义》中支持刘备,而苛责曹操。不过今人提出不同的意见,认为罗贯中之所以会拥刘反曹,是出于人民大众的美好愿望。因为刘备有德,爱护百姓,且施行仁政,相反曹操却实施暴政,丧失民心。罗贯中也藉"拥刘反曹"来表达对元朝统治者的不满,展现出他的仁者治天下的政治观点。

46 农民起义与师徒情缘
英雄传奇小说《水浒传》

元朝末年，社会极度黑暗，被压迫的农民起义不断。在反抗的百姓中，就有一位大名鼎鼎的文人，他就是中国第一部描写农民起义的长篇小说——《水浒传》的作者施耐庵。

施耐庵本是钱塘的知县，奈何元朝统治者纵容蒙古人欺压汉人，他一怒之下辞去官职，回到家乡苏州，做起了教书先生。

此时，他的表弟卞元亨突然来找他，并向他道别。

施耐庵看着这个魁梧的年轻人，不解地问："你这是要去哪里？"

卞元亨抱一抱拳，爽朗地笑道："大丈夫当为民请命，我要去投靠张士诚，参加农民起义！"

施耐庵还第一次听到身边人如此直言不讳，他惊讶地问："你不怕死吗？"

卞元亨微微一笑，无所畏惧地说："我已变卖了全部家当，要为起义出一份力，你若有心，也跟我一起战斗吧！"

卞元亨是个商人，原本生意做得不错，如今却为了大义而甘愿舍弃一切，令施耐庵深受感动，施耐庵当即决定投笔从戎，抗击元朝。

日本浮世绘大师歌川国芳所画的打虎英雄武松

他当上了农民领袖张士诚的军师，并结交了一批战友，逐渐对军队和作战了然于心。后来他因不满张士诚投降元朝，就返回苏州继续教书，可是这段军旅生活的经历却对他日后的创作影响深远。

当时的苏州有很多说书先生，施耐庵在闲暇时喜欢坐在茶楼里听那些古今豪侠的故事，其中梁山泊英雄的动人传说吸引着他，让他每每听完都欲罢不能。

某一天，他在一家书店发现了梁山泊英雄的手绘话本，他如获至宝，当即把书买回家中，并兴起了一个念头，要将宋江等人的故事写成一本小说，让大家都知道农民起义的力量坚不可摧。

他以曾经的战友为原型，将他们写入小说中。其中卞元亨就成为现实版的武松,而投靠元军的张士诚的女婿潘元绍和其兄弟潘远明则被塑造成不忠的潘金莲和潘巧云。他还请人画了一百零八张的人物画像,然后挂在房间每天细心思索,为每位英雄的性格描述绞尽脑汁。

转眼,新的一学期开始了,施耐庵的学馆里来了一位谈吐不凡的学生罗贯中。施耐庵与罗贯中一见如故,师徒两个从此经常探讨文学作品和创作。

身为老师的施耐庵也想让自己的学生提意见,每写好小说中的一回,就给罗贯中阅读。罗贯中头脑灵活,思维开阔,他总能发表一些有用的见解,于是施耐庵就根据罗贯中的话对小说进行修改,历时数年,《水浒传》终于完成。

几年后,施耐庵病逝,但他的《水浒传》却成为一代传奇,在民间长久流传。

施耐庵雕像

【说文解惑】

施耐庵,本名彦端,因才气过人且品行端正,被举荐为进士,但因为元朝腐败,随后又辞官回乡,专心致志与学生罗贯中一起研究《三国演义》、《三遂平妖传》的创作。

《水浒传》最早被施耐庵命名为《江湖豪客传》,他在写《江湖豪客传》时,恰逢朱元璋击败张士诚、大肆镇压张士诚余部,为避免受牵连,施耐庵不得不举家搬迁至淮安,隐姓埋名,专心创作小说。

《江湖豪客传》完结后,改名为《水浒传》,从此沿用至今。

【朝花夕拾】

少不读水浒,老不读三国

现代有句谚语,叫"少不读水浒,老不读三国",这句话是什么意思呢?原来,《水浒传》描写生性冲动的江湖草莽,年轻人看了容易心生叛逆之心;《三国演义》则满篇工于心计,本就城府很深的老年人看了会加重心机,因此"少不读水浒,老不读三国",是让大家不要被小说所迷惑,以免误入歧途。当然,这只是危言耸听,有正确价值观的人想必不会被书本左右。

47 不能说的秘密
吴承恩与神魔小说《西游记》

自古才子难当官,对明朝著名的小说家吴承恩来说,尤其准确。

他出生在一个小商人家庭,但父辈两代人都做过官。他的父亲给儿子取名为承恩,就是想让儿子上承皇恩,下泽黎民,为国家做一个清官。

少年吴承恩谨遵父亲教诲,他自幼喜欢读书,而且极具天赋,擅长叙事抒情,以至于每创作一篇佳作,都会迅速在乡野村镇中流传开来。

人们纷纷点头称赞:"这孩子聪明啊!"大人们更是拿吴承恩举例来教育孩子,他们一致认为吴承恩肯定能高中进士。

没想到事与愿违,他一直科举落选,直到五十岁时才得了一个岁贡生的头衔,千里迢迢赶去北京等待分配官职。

此时,他的小说《西游记》刚开了个头。

吴承恩一向喜欢神鬼传说、稗官野史,喜欢读唐传奇,如《百怪录》、《酉阳杂俎》等。这么多年的考试,让他甚觉无聊,于是萌生了写一部自己的小说的想法。一开始,他只想写个猴精保护唐三藏的故事,在写了几回后,他就来到京城,满心以为自己可以出仕了,便停止了创作。

孙悟空三打白骨精

可是朝廷迟迟不给他职位,吴承恩等了一年又一年,终于从欣喜万分变成灰心沮丧。这么多年的科举经历,使他察觉官场的黑暗绝非自己所能想象,不禁对现实非常失望。

他一连等了六年,才上任浙江长兴县丞。当官之后,果然与他想象的不差,各种腐败之事频频发生,他想力挽狂澜,却是有气无力。

两年后,吴承恩再也不愿同流合污,便告老还乡,以卖字画维生。他重新拿起笔,开始写《西游记》。

此时他的想法已经和过去不一样,他要藉各路神魔鬼怪来比喻当今官场上的各色人等,用神话的形式来抨击社会的堕落。他相信自己的小说会在民间流传,而有内涵的人也能读懂他的真正意图。

为了写好这本书,他还去南京城的国子监借阅《永乐大典》。《永乐大典》里有唐三藏取经的详细资料,可是这套典籍是平民百姓无法接触的。在好友的帮助下,他唯有出钱请国子监里的太学生抄录。每日下午,他都早早来到国子监大门口耐心等待,看到太学生们出来便赶紧迎向前索取书稿。凭着这些资料,他获得了创作《西游记》最宝贵的文字纪录,并最终完成了这部充满讽刺效果和神话色彩的章回体小说。

【说文解惑】

吴承恩,字汝忠,号"射阳山人"。他的一生著作颇丰,却因为没有子嗣,唯一完整作品竟只剩《西游记》一本。他的志怪小说集《禹鼎记》如今只留下一些残篇,已被后人编撰成《射阳先生存稿》。

他的《西游记》是中国四大名著之一,也是中国第一部带浪漫主义色彩的长篇神魔小说。该书已被翻译成多国语言,在世界上广为流传。世人均认为该书蕴含着深刻的思想,书中的某些暗示和讽喻对今人都有重大的启示意义。

【朝花夕拾】

《西游记》的作者到底是谁?

有人曾提出异议,认为吴承恩并非《西游记》的作者,因为各种版本的《西游记》,均无一部署名为吴承恩。有学者推断,其作者应为吴承恩的好友、《西游记》的策划者李春芳。不过,鲁迅与胡适两大学者一致认为《西游记》为吴承恩所作,最终奠定了吴承恩为最终作者的地位。

48 能杀人于无形的奇书
世情小说《金瓶梅》

在明朝后期,儒学发展到极致,各种礼法甚严,文人士大夫动辄便是"仁义君子",实则社会腐朽黑暗,官场上尔虞我诈之事层出不穷,所谓的"君子",大多是披着羊皮的狼而已。

于是,有一本"禁书"在当时流传开来,人们争相观看,最喜欢在雪夜围炉赏读玩味。这本书,便是赫赫有名的世情小说《金瓶梅》。

《金瓶梅》是一本反映社会百态的世情小说,自然能满足不同人的口味,然而关于这本书还有一个传奇故事,它竟是一本能杀人的书!

故事要从明朝嘉靖年间说起,当时的湖北麻城县住着一位告老还乡的锦衣卫,名叫刘承禧,他在家乡造了一座极其奢华的住宅,并在苏杭买来一些年轻女子,过着穷奢极欲的享乐生活。

刘家的富庶引来了一些门客的投靠,一位从山东兰陵来的书生就上门来求见。书生自称"笑笑生",说自己身上有一本绝世罕见的抄本未完成,想借刘家的藏书楼补充些资料。

刘承禧见笑笑生气度不凡,就收留了对方。从此,笑笑生一直待在刘家的藏书阁里。但他平时也经常目睹刘承禧蹂躏家伎的恶行,便将所见所闻加到自己的书中,终于在几年后,完成了《金瓶梅》的初稿。

《金瓶梅》出世后,受到社会大众的一致欢迎,连奸臣严嵩之子严世蕃都慕名求读。

当时《金瓶梅》的手抄本已经流落到史学家王世贞手中,严世蕃便在大庭广众之下逼问王世贞:"世弟啊,听说你又在写什么传奇剧本,可否让老夫先睹为快?"

王世贞眉头微蹙,这严世蕃是他的杀父仇人,当年严世蕃为了索取《清明上河图》,将王世贞的父亲借故杀死,这等血海深仇王世贞一直没有忘记,他做梦都想杀了严世蕃这老贼。

王世贞灵机一动,告诉严世蕃:"卑职新觅得一本《金瓶梅》,但书页有残缺,还等卑职请人增补些内容,再献给大人!"

严世蕃听了非常高兴,快意地踱步离开。其实他不知自己已经中计,因为王世贞知道严世蕃读书时有个习惯,就是翻书时喜欢用食指蘸着口水翻,若在书的每一

103

页都涂上砒霜,那严世蕃必死无疑。

几天后,严世蕃在回家的路上遇到一个衣衫破旧的儒生,儒生说自己手上有本《金瓶梅》的残页,经过补充后已是完本,所以想献给严大人。

严世蕃大喜过望,连忙赏赐了儒生一些银两,然后带着《金瓶梅》回到府上。

在阅读之前,他还特意把王世贞喊过来,狠狠羞辱了一番这个一直对自己心怀愤恨的年轻人。王世贞表面上深感无奈,内心却狂喜不已,他兴奋地想:自己的计谋终于要成功了!

当天晚上,严世蕃迫不及待地观阅《金瓶梅》。他看一页,便用食指蘸一蘸口水,然后翻下一页。刚开始,他还看得津津有味,可是时间一长,他便觉得舌头发麻,老眼昏花,喉间有一丝丝腥甜的气息在往上冒。

终于,他浑身僵硬,重重地跌落在地。这个大奸臣至死都不瞑目,自己宅院中布满了武林高手,却被一介书生断送了性命!自此,《金瓶梅》便有了"天下第一奇书"的美名,并广为流传。

【说文解惑】

《金瓶梅》也叫《金瓶梅词话》,是明朝"四大奇书"之首,也是中国第一部由文人独立创作的长篇章回体白话小说。

该书以《水浒传》中潘金莲和西门庆勾搭成奸的故事为首,描写了北宋末年卖官鬻爵、富商鱼肉百姓、恶霸横行于市的黑暗情形,实则影射了明朝腐败不堪的社会现状,因而具有很高的研究价值。

《金瓶梅》刻本中的插图

另外有人说,王世贞才是《金瓶梅》的原作者。王世贞是江苏太仓人,明朝史学巨匠,"后七子"领袖之一,曾独霸文坛二十年而无人能望其项背。至于笑笑生,无人能知此人真实姓名,有学者认为,从《金瓶梅》中大量可考的山东方言来看,《金瓶梅》确实应为山东人所作。

49 屡禁不止的警世之作
短篇小说集《三言二拍》

明朝是小说快速发展的时期，且类型多样。

在明朝末期，有两套书一问世便艳惊四座，掀起了文人学写小说集的狂潮。

这两套书便是冯梦龙的《三言》和凌蒙初的《二拍》。

《三言》和《二拍》本是由两个文人所编纂，为何人们要将它们相提并论呢？这是因为两个作者生活的年代相近，且两套书的成书时间和内容也相似，所以就成为后世的《三言二拍》。

《三言》里有三本书，分别是《喻世明言》、《警世通言》、《醒世恒言》，《二拍》里有两本书，分别为《初刻拍案惊奇》和《二刻拍案惊奇》。《三言二拍》本是代表极高文化成就的书籍，没想到发表后竟会成为朝廷的禁书。

冯梦龙是一个失意的文人，屡试不第，却莫名其妙成了宦官迫害的对象。天启六年，外界一片风声鹤唳，冯梦龙东躲西藏，内心充满悲愤，便藉文字来对黑暗的现实予以还击。

他将民间的话本小说整理成《三言》，尽管里面的故事几乎都不是他的原作，但经过他的润色和修改，可读性和寓意更加深刻。这些故事讽刺了贪官污吏，赞扬了爱情和正义，对社会的不公正现象进行了猛烈抨击，另外还描述了市井百姓的生活风貌和思想感情，具有很强的警世作用。

结果，明朝统治者对《三言》甚为不满，加上该书描写了大量妓女的感情，朝廷认为有伤风化，便将《三言》列入禁书之列。即便到了清朝，朝廷也严令禁止《三言》流传，直到民国时期，鲁迅先生撰写《史略》时，也仅能得到《醒世恒言》的全本，而《喻世明言》和《警世通言》就只能知悉目录了。

《二拍》同样遭受了不公的待遇。

《二拍》主要反映了普通百姓的生活，如《三言》一样，对封建王朝和制度进行了深刻的披露。《二拍》提出"因果报应"的理论，教导人们要积德行善，才能获得好报，因此也是一套极具教育意义的书籍。

然而统治者却对《二拍》更为反感，清朝政府直接将其视为"淫词小说"，并颁布禁令，屡次查抄《二拍》在内的书籍。结果到了清朝后期，社会上流传的《二拍》就只剩《初刻》，《二刻》已差不多失传。

不过《三言二拍》在民间的受欢迎程度却是空前的，《三言》在问世后不到数年内,就有三、四种不同的版本在市面上流传,而《初刻》更为夸张,竟有十余种不同版本出现,足见《三言二拍》在市民心目中的分量。

国外对《三言二拍》的崇拜则达到了白热化的程度。日本人将其引入国内,翻译成日文,还摘选出部分故事,编成日本的三言——《小说精言》《小说奇言》《小说粹言》。另外,日本还有《二拍》的全译本。国外拥有很多《三言二拍》的研究者,他们给予这两套书极高的评价,认为其是研究中国历史的宝贵资料。

在《三言二拍》的带动下,明末清初的文坛一下子出现了四十多部白话短篇小说集。这就是"禁书"的魅力,是经得起时间考验的传世佳作。

【说文解惑】

据考证,《三言》内有一百二十篇故事,唯有一篇《老门生三世报恩》是冯梦龙所作,其余均来自话本小说。《三言》的内容深刻,语言出众,尤其擅长用细节展现人物心理,拥有很高的写作技巧。

相较之下,《二拍》的文学成就则不如上者。不过,《二拍》的全部七十八篇故事都是凌蒙初所编写而成,而且故事极富戏剧性,特别会制造悬念,因而颇为扣人心弦。

在《二拍》问世约五年后,一本名为《今古奇观》的书开始在市面上出现。它所选的作品全来自"三言二拍",分别为《喻世明言》八篇,《警世通言》十篇,《醒世恒言》十一篇;《初刻拍案惊奇》八篇,《二刻拍案惊奇》三篇,均是《三言二拍》中的精华。虽然有了此书后,看《三言二拍》的读者大量减少,但也正因如此,《三言二拍》在被朝廷禁毁之时才没有失传,依旧顽强地活跃在民间。

【朝花夕拾】

什么是"话本"?

话本是宋朝兴起的白话文小说,为当时民间艺人说唱故事时所用,后来演变成说书艺人的底本。话本小说泛指短篇的人情小说,内容多以历史故事和社会生活作为题材,那些长篇累牍的故事不包含在内。

50 聪明反被聪明误
蒲松龄与短篇文言小说《聊斋志异》

清朝顺治时期,山东淄博出了个人才,他十九岁参加县、府、道试,竟然连续第一,还受到山东学政施闰章的赞誉:"在众位学子中鹤立鸡群!"风头可谓一时无两。

此人便是蒲松龄,他少年时风光无限,却没料到日后自己竟将潦倒一生。

中了秀才后,蒲松龄就趁热打铁去京城考进士。与此同时,顺治想出了一个笼络汉人的好方法,他命老臣范文程在京城的南郊开设一家客栈,以此来发掘人才。

这一日,蒲松龄正好风尘仆仆地来到客栈,他发现店门口张贴着一张奇怪的告示,告示上说只要能对得出店老板的下联,食宿不仅全免,还白送十两纹银。

天下竟有这样的好事!

蒲松龄暗笑,他决定接下店老板的招,就大摇大摆进了客栈大门。

他刚一进屋,就天降大雨,范文程有感而发:"大雨挡行人,谁做相公之主?"

蒲松龄微微一笑,抱拳答道:"苍天欲留客,君为在下的东。"

范文程暗想:不错,是个人才。他赞许地点点头,为蒲松龄办下一桌酒席。

蒲松龄酒量很大,连续喝了两个时辰都若无其事。这时范文程的侄子千里迢迢从重庆来拜访叔叔,范老先生欣喜之余,又来考蒲松龄:"千里为重,重山重水重庆府。"

蒲松龄冷笑:区区上联难不倒我!他立刻对道:"一人成大,大邦大国大明君!"

范文程只好作罢,看蒲松龄自斟自饮。

又过了很久,夜已很深,屋外的更夫"哐哐哐"敲起了梆子,范文程再出一联,提醒蒲松龄时候不早了:"听谯楼,叮咚已到三更三点。"

孰料蒲松龄还没喝够,他满不在乎地说:"猜几码,咕叽正好一口一杯。"

范文程气得直跳脚,碍于情面,又不好明说,就借题发挥道:"屋外旧纸黑灯笼,火星照明。"

蒲松龄放下筷子,指着范文程头上的道冠,戏谑道:"屋内白头乌道冠,太岁当前。"

范文程吃了闷亏,只好悻悻地回房休息去了。第二天,蒲松龄果然拿到了十两纹银,却不知范文程跑到皇帝那里告了状,说有个叫蒲松龄的秀才不仅目无尊长,还反清复明。

顺治听到那句"大邦大国大明君"也很生气,可是又没有办法,就吩咐考官永不

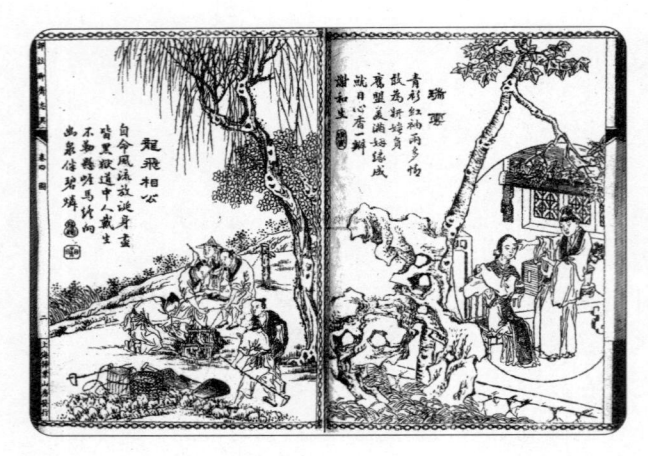

录用蒲松龄。

结果,蒲松龄一辈子都没有考取功名,直到他七十二岁,才补了个无用的岁贡生。他满腹委屈,唯有在其著作《聊斋志异》中藉妖魔鬼怪抒发内心的愤慨,度过后半生的凄苦人生。

【说文解惑】

蒲松龄,字留仙、剑臣,号"柳泉居士",自称异史氏,后人称其为聊斋先生。他从小就喜欢读神怪故事,并热衷收集民间传说,曾有朋友担心他写小说误了功名,劝他安心读书,但自恃才高的他从未听劝。

大约在蒲松龄四十岁时,《聊斋志异》初稿已经完成,但为了完善此书,他又不断修改并增删。全书由近五百篇故事组成,大多为狐妖、女鬼之类的内容,对社会的黑暗面进行了有力的揭露和抨击,并在一定程度上反映了劳动人民的美好愿望。

当此书完成后,蒲松龄却无钱刊印,只好去求同乡好友王士祯。王士祯特别欣赏蒲松龄的才华,不仅资助蒲松龄出书,还为《聊斋》题诗曰:"姑妄言之姑听之,豆棚瓜架雨如丝。料应厌作人间语,爱听秋坟鬼唱诗。"

【朝花夕拾】

《聊斋志异》书名的由来

蒲松龄的书房名为"聊斋","志"有记录之意,而"异"则是指奇特的故事。这就是蒲松龄为他的书取名《聊斋志异》的由来。

51 狂放不羁的反八股斗士
吴敬梓与讽刺小说《儒林外史》

赣榆县城,濒临东海,在清雍正时代的一个秋日,这里的一座三层木楼里正在举行一场名流的宴会。

一个十七岁的少年也在其中,他虽年纪轻轻,却言谈举止落落大方,其自信的姿态很快就吸引了诸位名士的目光。

当宴会的发起人要求大家为此次聚会写诗纪念时,少年当仁不让地拿起笔,胸有成竹地挥毫写就一首《观海》:"浩荡天无极,潮声动地来。鹏溟流陇域,蜃市作楼台。齐鲁金泥没,乾坤玉阙开。少年多意气,高阁坐衔杯。"

"不错不错,贤弟的气魄堪比王子安啊!"一个肥头大耳的男人拍拍少年的肩膀,对着少年的父亲满脸堆笑。

少年的脸上除了得意,却另有一番淡漠。

他的父亲吴霖起是赣榆一个不起眼的地方官,三年前拿出了年俸、变卖了祖上的三千亩肥田和祖传商铺,变现万两白银去修复当地地震后被毁坏的建筑,可是上司却视而不见。只因为吴霖起不会拍马屁就屡次找碴刁难他,官场的瞒上欺下让少年的心冷成了冰。

这个少年叫吴敬梓,他诞生在一个世族家庭,祖上三代都是进士出身,他的四个兄弟日后也都考取了进士。

可是吴敬梓却是个例外。

他极度厌恶官场的巴结和徇私舞弊之风,加上生性自由爱结交三教九流,所以一直对科考不以为然。虽然二十三岁那年,他中了秀才,可是随后父亲因病去世,留下的遗产被败光,他就再也未对进仕途做出丝毫努力。

自从成为家族中有名的败家子后,吴敬梓就举家搬迁到南京,此时的他已经穷到快连饭也吃不起的地步了,却依旧拒绝参加科举考试。

家族中的长辈对这个不肖子大为头痛,苦口婆心劝他"回归正道,考个功名",他却半分也听不下去。

因为对世人热衷八股的做法心存不满,吴敬梓开始写一部关于儒生科考的小说《儒林外史》,他就是要让大家看看,一味地追求中举会产生多少痴人,会有多少啼笑皆非的事情发生。

在《儒林外史》中,周进、范进这帮儒生浪费了一辈子的时间在科举上,直到胡子花白才中了一个举人，而先前那些冷嘲热讽的人们立刻转变嘴脸，恬不知耻地吹嘘拍马，一幕幕场景莫不贻笑大方。

吴敬梓纪念馆

吴敬梓始终认为"众人皆醉我独醒"，就算眼前人们对他轻慢再三，日后必定会有明白人懂他，于是他继续狂放不羁，不肯为世俗道德所束缚。

五十四岁那年，吴敬梓欲北上投靠两淮盐运使，途中与好友聚会，喝了太多酒，一时痰气上涌窒息而死。当时他家里连买棺材的钱都没有，靠着生前朋友的协助，才得以安葬于南京清凉山下。

【说文解惑】

吴敬梓，字敏轩，号"粒民"，出生在儒官辈出的安徽全椒，晚年自称"文木老人"和"秦淮寓客"。他自幼禀赋极佳，且不爱死读书，喜欢纵情山水与结交朋友，所以成年后形成了叛逆的性格，但正是这种个性，才让他写出了《儒林外史》等不朽著作。

《儒林外史》为他三十岁左右所著，前后花了约二十年时间才完成。在书中，他详尽地描写了官宦豪绅的腐败勾结、名流土豪的虚伪做作、富贵子弟的饱食终日和贫寒读书人的利欲熏心。这本书对所谓的知识分子的揭露是赤裸裸的，足以有振聋发聩的效果。

除了《儒林外史》，吴敬梓还创作了大量诗歌、散文和史学研究作品，他的《文木山房诗文集》本有十二卷，今仅存四卷。

52 从贵公子到穷书生
四大名著之首《红楼梦》

清雍正年间,南京发生了一件大事,担任织造之职的大户曹家在一夜之间成为朝廷的罪人,家产全部被抄,曹家顿时成为连平民也不如的阶下囚。

少年曹雪芹最初并不知问题的严重性,他只是好奇家中怎么会突然多出那么多官兵,然后那么多的箱子、柜子怎么会突然之间被运送出去。不过,他从父母、姨娘、姐妹惊恐的表情上有所察觉,家中肯定出现了变故。随后,曹家举家迁往北京,在京城里找了一处老旧的平房住下。这时,曹雪芹才发觉一切都变了,吃饭用的银筷子没了,每日的山珍海味没了,连丫鬟和小厮都所剩无几。他必须自己学会洗衣、做饭,还必须独自去私塾上学,什么都得身体力行,这让他很不适应。

曹雪芹从出生开始就没吃过苦,他是家中为数不多的男孩,颇受祖父祖母喜爱,也是全家人的掌上明珠,可是如今这颗明珠变成了玻璃,宛若贾宝玉的美玉成了石头,开始遍尝人间辛酸。

后来,曹家彻底败落,不得不搬到北京西山的村庄里。曹雪芹的生活就更加艰难了,因为经常缺米断炊,家里只能煮粥喝,粥里几乎全是水,简直可以当镜子用。

可是曹雪芹却没有被逆境打倒,他已经忘了自己曾经是个"富二代",转而尽一切努力去贴补家用。

他很有才华,字画在京城里堪称一绝,然而他又喜欢喝酒,即便无钱也赊账买酒喝,因此又让本就窘迫的家庭境况雪上加霜。

好在他还有几个热心的朋友,如教书先生张宜泉、宗室子弟敦敏和敦诚,朋友们有时会资助曹雪芹一些钱,这多少减缓了曹雪芹的经济压力。

由于家里实在太穷,曹雪芹不得不整日写诗画画去叫卖,有一段时间,他一点原创作品也没有,竟似乎要荒废自己的才华一般。

朋友们很着急,敦诚特意写了一首名为《寄怀曹雪芹》的诗来劝告他:"劝君莫弹食客铗,劝君莫叩富儿门。残杯冷炙有德色,不如著书黄叶村。"

看到这首诗后,曹雪芹的眼眶湿润了,他感激朋友们的关怀,也坚定了自己创作《石头记》的决心。《石头记》是一本以曹家为原型的小说,讲述京城四大家族从兴盛到衰亡的过程。

曹雪芹刚著书之时不过二十岁,他花了十年时间写作此书,中途五次增删,可谓耗尽心血。他曾感慨地说:"字字看来皆是血,十年辛苦不寻常。"就在他晚年坚持写书的时候,他儿子因得痘疹而死,曹雪芹悲痛欲绝,强忍哀伤继续执笔。

公元 1764 年的除夕之夜,白雪铺满了整个北方,爆竹声在乡间的土地上此起彼伏,他那原定为一百二十回的《石头记》只写到第八十回。

【说文解惑】

曹雪芹,字梦阮,号"雪芹",又号"芹圃"、"芹溪"。他的爱好非常广泛,不仅熟知书画,还对金石、园林、中医、织补、工艺、饮食等颇有研究。他们家是清正白旗人,从曹雪芹曾祖父开始,曹家担任江宁织造达六十多年。康熙南巡六次,有四次住在曹家,尽管这对曹家来说是一种至高无上的光荣,但也因此为曹家的衰败埋下了隐患。

《石头记》后改名为《红楼梦》,其实曹雪芹不光写了前八十回,还写了后四十回的一些章节,可惜没有留存下来。如今的后四十回,红学家普遍认为是由乾隆年间的作家高鹗所写。

清朝改琦所画的《红楼梦人物图》

【朝花夕拾】

曹雪芹名字的由来

苏东坡曾写过一首诗,其中的"泥芹有宿根,一寸嗟独在;雪芹何时动,春鸠行可脍"是曹雪芹的最爱,他认为芹菜出淤泥而不染,尤其是雪地里的芹菜,尤其洁白而纯真,于是就给自己改名为雪芹,以示自己为人方正之意。

53 开一代侠气之先河
武侠小说鼻祖《三侠五义》

清道光年间,北京城里出现了一位家喻户晓的说书人,他叫石玉昆,凡有他表演的场所,总是人满为患。

石玉昆的要价也高,只要说两三场书,就能收获好几十吊钱。不过,他的性格也颇为桀骜,从不肯为王公贵族说书,宁愿游走于市井小巷,为贫苦大众表演。

他最爱说明末的白话短篇故事集《龙图公案》,而且还对其进行加工整理。当包公断案的故事从他嘴里娓娓道来后,听众们忍不住为清正廉明的包大人鼓掌,喝彩声连绵不绝。

有一天,石玉昆在茶楼里说书,一个茶客无意间说了一句:"这么好的故事,如果流传不下来就可惜了!"

虽然茶客的声音很小,却还是被石玉昆听到了。他怅然若失,醒悟道:是啊,自己虽然在京城享有一定的名气,可是并无弟子,百年之后,所讲述的这些精彩故事恐怕是要在世间绝迹了!

思量再三,他决定围绕包公断案的主题将平日里自己口述的故事写成一本书,取名为《忠烈侠义传》。他当时没有想到,自己的这本书竟会成为中国第一部武侠小说。

既然是侠义传,其中必定有侠客。石玉昆觉得光有包公和一批官差,小说的视野太局促,不利于故事的展开,于是就根据想象增添了三个侠客和五名义士,分别为:北侠欧阳春、南侠展昭、丁氏双侠丁兆兰、丁兆蕙(二人合为一侠)、钻天鼠卢方、彻地鼠韩彰、穿山鼠徐庆、翻江鼠蒋平、锦毛鼠白玉堂。

《忠烈侠义传》共有一百二十回,后更名为《三侠五义》。

此书一出,轰动京城,盗版和续集纷至沓来。当时市面上涌现出了《小五义》、《续小五义》等小说,且作者的署名也是石玉昆,后经考证,不过是一些说书人打着石玉昆的名号赚钱罢了。

到了清朝末期,著名学者俞樾认为《三侠五义》的第一回《狸猫换太子》一事描述得不详细,就重写了一版,又认为丁氏兄弟应该被算作两名侠客,然后增加了三位侠士——小侠艾虎、黑妖狐志化、小诸葛沈仲元,改书名为《七侠五义》,于清光绪十五年发行。

不过后代文人均认为俞樾的改法欠妥,鲁迅就曾说,《三侠五义》比《七侠五义》

要好,尤其是第一回。上海戏园编戏,也采用的是《三侠五义》的第一回,因为俞樾的版本戏剧性较差,不适合用来演戏。

《三侠五义》开创了一个崭新的文学流派,让近现代中国的武侠小说繁荣兴盛起来。如今武侠小说可分为传统武侠、浪子异侠、历史武侠、谐趣武侠这四种类型,但随着网络小说的兴起,又有修真、奇幻等加入阵营,极大地丰富了读者的阅读口味。

【说文解惑】

石玉昆,字振之,号"问竹主人",也被后人尊称为石先生或石三爷。他的说书风格被誉为"石派书",又擅长说唱单弦,因此被敬称为"单弦之祖"。

《三侠五义》堪称中国武侠小说的鼻祖,它独创了前无古人的武艺,如轻功、点穴、刀法、剑诀等,还想象出各式江湖招数,如暗器、易容、迷香、机关等。此后武侠题材的小说及评书盛行一时,至今又演化成电视、电影,甚至流行到国外,让好莱坞也成为武侠的拥趸。

【朝花夕拾】

当代中国武侠小说名家

20世纪以来,中国催生了一大批武侠小说的著名作家。当代第一位名家当属梁羽生,他在50年代独霸武侠文坛,代表作有《七剑下天山》,而《萍踪侠影》、《云海玉弓缘》则成为他的巅峰之作。至50年代后期,香港的金庸成为如今读者心中的一代大侠,他的书名可串成一副对联:"飞雪连天射白鹿,笑书神侠倚碧鸳。"此外,台湾的古龙成为唯一可与金梁相媲美的大侠,但他的文字采用电影分镜的写法写成,情节的连贯性不佳,使后来模仿他却不具备其才华的人深受其害。而今较著名的只剩温瑞安和黄易,后者的风头更盛,一部《大唐双龙传》令其红遍华人世界。

54 喜欢在墙上凿洞的才子 "扬州八怪"之一郑板桥

清朝雍正年间，扬州出了一位擅长画兰竹的教书先生，他名叫郑板桥，所作的诗、书、画无人能及，可惜为生活所迫，常常陷入窘境之中。

人到中年的郑板桥在朋友的怂恿下参加了科举考试，结果在乾隆年间应试成功，五年后任山东范县县令。

哪知郑板桥一到范县，差点被气坏了，原来百姓们不堪前几任县令的敲诈勒索，集体搬迁，让原本有十万人口的范县仅剩百余人口，还不足一个村庄的人数！

郑板桥叹了一口气，想出一个怪招：他号召村民在县衙的墙壁上凿洞，以此来平复村民的怨气。果然，百姓们虽然莫名其妙，却积极响应郑板桥的提议，大家一下子觉得这位新来的县官亲切了很多，当地的民情也变得和谐了。

郑板桥从不摆官架子，他爱民如子，经常下乡视察，还将自己的俸禄捐给灾民，因而与鱼肉百姓的官场格格不入，经常惹得上司恼怒。

有一次，郑板桥去济南出差，上司知道他才华过人，就大设宴席招待郑板桥，并趁机索取他的字画。

郑板桥眼见百姓们数年遭遇重灾，民不聊生，而官吏们则整天大鱼大肉大快朵颐，心中甚为不满，便暗中以诗文来讥讽当权者腐败无能，他这样写道：源源有本岂徒然，静里观澜感逝川。流到海边浑是卤，更难人辨识清泉。

他是讽刺官场如同一个大染缸，进去的人即便再清白，最后仍像墨水一样黑。可是上司不知道，反而还大赞郑板桥诗与字俱佳，令郑板桥暗笑不已。

郑板桥赠字的事很快被山东巡抚知道了，巡抚也向郑板桥要字画。

这次郑板桥没有戏谑巡抚，他希望对方能体察民情，于是画了有气节的竹子，并题诗曰：衙斋卧听萧萧竹，疑是民间疾苦声。些小吾曹州县吏，一枝一叶总关情。

乾隆十七年，潍县发生了严重的旱灾，郑板桥不顾上司反对执意申请救济金，结果被革职，不日还乡。

临走那天，百姓们恋恋不舍地来送别。郑板桥赠给百姓一首诗：乌纱掷去不为官，囊橐萧萧两袖寒。写取一枝清瘦竹，秋风江上作鱼竿。

从此，他只以卖字画维生，并教导自己的子女勤奋独立。

郑板桥为官十余年，全部财产只有一匹骡子和几大箱子的书籍。

在女儿出嫁时，郑板桥没有嫁妆赠送，唯有赋诗一首鼓励爱女："官罢囊空两袖寒,聊凭卖画佐朝餐。最惭吴隐奁钱薄,赠儿春风几笔兰。"

【说文解惑】

郑板桥,原名郑燮,因为他总是喜欢在自己的书画上题名板桥郑燮,所以后来就被人们称为郑板桥。他是清朝"扬州八怪"之一,擅长诗文、书法和绘画,喜欢画兰、竹、石、松、菊等象征高尚气节的静物,其中竹子是他最中意和最拿手的植物,他画竹五十多年,下笔最为传神。

郑板桥在中进士之前,所卖的字画虽然是行家眼中的佳作,却因为身份卑微而鲜少有人问津。后来,他当了县令,在扬州城名气大振,所有字画全部被人抢购一空,还不断有人向他求字求画。

郑板桥感慨人心薄凉,特地做一印章,上书"二十年前郑板桥",以示自嘲。

郑板桥所画的《兰竹双清》

【朝花夕拾】

扬州八怪

扬州八怪,虽说确实有八个人,但并非特指八人。因为在扬州话中,"八怪"是形容一个人特立独行的词语,所以扬州八怪,其实是清朝中期活跃在扬州一带的风格怪异的书画家的总称。扬州八怪照最流行的说法,指的是罗聘、李方膺、李鱓、金农、黄慎、郑板桥、高翔和汪士慎八人。

55 慈禧太后的反腐法宝
谴责小说《官场现形记》

一个夏日的午后,大太监李莲英匆匆奔跑在皇宫里,慈禧太后刚才派人传唤他,说有急事需要"请教"。

根据以往的经验,李莲英知道老佛爷此次肯定是动了怒,否则不会如此"虚心"地请他解决问题。

其实,前来通风报信的小太监已悄悄告诉过他,说老佛爷的脸色很不好看,这让李莲英的心里着实有点慌张。

快步赶了半个时辰,李莲英终于来到储秀宫的大门前,还未进门,就听到屋里传来"啪"的一声脆响,料想是茶杯摔破的声音,李莲英赶紧擦擦脑门上的汗,快步进入屋内。

"李莲英给老佛爷请安!"刚一进屋,李莲英眼皮也没敢抬,就赶紧行礼。

"免了! 免了!"坐在矮榻上的慈禧不耐烦地挥了挥手,她的眼睛里充满了愠色,只勉强压抑着怒火,慢悠悠地对跪在地上的太监总管说,"小李子,你来得正好!我今日看到一本书,觉得颇为有趣,就想念给你听听。"

李莲英以为老佛爷想请教的不过是书里的问题,心头大石顿时放了下来,讨好地说:"奴才洗耳恭听!"

慈禧太后用犀利的目光剜了一眼李莲英,这个动作不禁又让后者冷汗直流,然后她清一清嗓子,拿起怀里的一本书,开始念:"点了翰林,就有官做,做了官,就有钱赚,还要坐堂打人,出起门来,开锣鸣道!"

慈禧念完后,李莲英的脑子飞快地转了几圈,然后他自认为想出一个妥善的说辞,就涎着脸笑道:"老佛爷又在看什么书呢? 这些民间落榜生写的东西太愤世嫉俗,当不得真!"

慈禧太后在颐和园仁寿殿前乘舆照,前为总管太监李莲英(右)、崔玉贵(左)。

岂料慈禧变了脸色,一甩手将自己手里的《官场现形记》扔到李莲英脸上,怒喝道:"你倒给我说说,'多磕头少说话'都是些什么人在说!"

李莲英吓得"扑通"一声跪下，嘴里不停念叨着"奴才该死"。

过了一会儿，慈禧的怒气稍有平息，李莲英才敢凑上前禀报："据奴才所知，'多磕头少说话'是荣禄荣大人所说。"

"他倒识时务！"慈禧冷笑。

"不过据说曾国藩曾大人也曾说过同样的话。"李莲英垂着脑袋，死死盯着地上《官场现形记》的蓝色封面，和盘托出。

慈禧猛地一拍桌子，声音都夹杂着怒气："这还成风气了！难怪国家越来越乱，全是因为这帮蛀虫！"

她本听说《官场现形记》在民间流行，就拿来观阅，没想到书中那些腐朽的官场现象让她又惊又气，现在又有李莲英佐证，让她对书中所写的仕途黑幕深信不疑。

当时正值封建社会的末期，朝廷法纪松弛，百姓生活困苦，慈禧太后认为这一切都是因官员腐败造成的，她怒不可遏，就根据《官场现形记》来按图索骥，一个一个地去抓人查办，希望能让官场变得廉明起来。

而《官场现形记》所描述的大小官吏，确实影射了现实中的不少人物，那些官老爷们没想到此书会跑到慈禧太后手中，纷纷大呼倒霉，而这部原意是讽刺朝廷腐败的小说，竟意外发挥了反贪的作用，可谓歪打正着。

【说文解惑】

《官场现形记》是晚清文人李伯元的代表作，共六十回，属清朝四大谴责小说之一。该书与《儒林外史》结构安排类似，每章都是独立的故事，但前一章由一人引出另一人，然后下一章开始围绕后者展开叙事。

李伯元半身照

《官场现形记》以现实中的人物为原型，写尽官场丑态，其创下了两个第一：它是第一部在报刊上连载的章回体小说；它是首部透过法律诉讼来维护版权的小说，判决生效后，盗版的书馆被判以三千银圆购买原书版权。

李伯元十六岁时便已考中秀才，然而他的兴趣并不在当官上，而是开始写起了小说，后来他在上海写作出名后，曾有官员保荐他参加科考，却被他予以拒绝。李伯元是个多产的作家，他在十年间写出了十多部作品，最终因积劳成疾，年仅三十九岁就不幸辞世。

56 离别或许是个意外
胡适与中国第一首白话诗《蝴蝶》

中国的"五四"运动涌现出了大批人才,其中有两个人值得被世人所关注,一个是"新白话文运动创造的英雄"——鲁迅,另一个则是"创造新白话文运动的英雄"——胡适。

公元1916年,已获得哥伦比亚大学博士学位的胡适写下一首白话诗《蝴蝶》:两只黄蝴蝶,双双飞上天。不知为什么,一个忽飞还。剩下那一个,孤单怪可怜。也无心上天,天上太孤单。这首诗虽然文字粗浅意境不够,却在当时有着划时代的意义,因为此诗是中国第一首白话文作品。

四年后,胡适完成白话文诗集《尝试集》,"尝试"着在《新青年》杂志上发表。正当他盼望其他有志青年一起加入新文化运动的浪潮时,鲁迅却给他泼了一盆冷水。

鲁迅嘲笑胡适只知道一味模仿西方文化,却又学不像,生搬硬套地像个怪胎,还不如不创新。

此事给胡适的打击很大,而他的《尝试集》最终也以全部诗作失败告终。不过,《蝴蝶》至今仍被人们津津乐道,不仅因为它是第一首白话诗,还因为在这首简单的诗作背后,隐藏了一段不为人知的辛酸爱情。

公元1910年,胡适赴美国康乃尔大学读书,这个英俊的年轻人在邂逅了韦莲司教授的女儿克利福德·韦莲司后,很快与这个热情活泼的女孩一起跌入情网中。

韦莲司不是很漂亮,可是她自由开放,有着自己独特的见解,对才华横溢的胡适十分崇拜。胡适刚认识韦莲司时,还惦念着远在家乡的未婚妻江东秀,然后随着与韦莲司相处时间的增多,他发现这位欧美少女的知性和聪颖是无与伦比的。二人经常进行心灵层面的沟通,配合默契,逐渐成为知己。

在爱到不能自拔之时,胡适觉得未婚妻不可能是自己的精神伴侣了,于是他写下一首英文诗《今别离》,并译成中文,含蓄地告诉未婚妻,他们之间因为时间和距离的原因,恐将成为"最熟悉的陌生人"。

胡适的这封信寄到老家时,引起了家人的巨大恐慌,胡适的母亲气得快晕过去,写信强迫胡适回来与江东秀成亲。

胡适推托着不肯回国,因为他始终放不下韦莲司。到了公元1915年,胡适搬到纽约的哥伦比亚大学后,他与韦莲司的联系逐渐减少,因为韦莲司认为两人的缘分已尽,所以刻意减少了交流。

公元1917年春,韦莲司随母亲来到纽约,胡适听说后激动万分,想去见韦莲司一面。谁知韦莲司母女走得匆忙,竟然没有给胡适送别的机会。

胡适遗憾不已,他赶紧写了一封信给韦莲司,告诉这位心上人自己不久后将回国,回国前他想去看望她。

韦莲司收到信后也是旧情涌生,她孩子气地回信道:你一定要来看我。我知道这很自私,但是,我就是要!

这次短暂的重逢后并没有让胡适的情感状况有任何改变,回国后的胡适遵从孝道,娶了江东秀为妻,并将自己的婚事写信告诉了韦莲司。

直到这时,韦莲司才痛心地发现自己早已深深地爱上了胡适,她为自己的情感付出了巨大的代价——终生未嫁,而胡适对韦莲司的情感,日后只能在《蝴蝶》中略窥一二了。

【说文解惑】

胡适,字适之,五四运动的核心人物,中国第一位提倡白话文和新诗学的学者,新文化运动的领道者之一。

青年时期的胡适

胡适早年深受梁启超和严复影响,对西方的文化领悟较深,后进入美国学习文学和哲学。公元1917年回国后,胡适任北京大学教授,开始成为反封建的先锋人物。他在《新青年》杂志上发表《文学改良刍议》,号召社会进行白话文改革,他出版了多部作品,如《中国古代哲学史》、《胡适文存》、《尝试集》、《中国哲学史大纲》等。公元1939年,还获得了诺贝尔文学奖提名。

胡适的研究涉及文学、哲学、史学、教育学、伦理学、考据学等多个范畴,是一位真正的博学家。他曾任中国出席联合国大会代表和中国驻美大使,并与张爱玲、季羡林等多位学者结下了深厚的友谊。

57 惜书如金的先生
文坛巨匠鲁迅

还记得《故乡》中那个刺猹的闰土吗？还记得《阿Q正传》中那个可怜又可悲的阿Q吗？从懵懂的乡村少年，到饱受阶级压迫的小人物，一代文学巨匠鲁迅先生为我们描述了民国时期的芸芸众生相，揭露了暴风雨来临前的黑暗现状，他的犀利笔锋，对至今都有深刻的影响。

擅长书写战斗檄文的鲁迅并不重视自己的书稿，他的妻子许广平曾痛心地回忆，每当鲁迅出版一本书，他就会随意丢弃自己的亲笔稿件。

为了提醒丈夫重视书稿，许广平就悄悄地将鲁迅的稿件收藏起来，鲁迅发现后，竟然开始撕稿子。

许广平大急，劝道："你这又是何苦呢？这些都是你的心血啊！"

鲁迅却不以为然地说："我们这里地方太小，不好放！"说完，继续撕。

许广平瞥一眼四周，发现鲁迅的身边有很多并不太重要的书籍，但鲁迅却任其凌乱地堆放在各个角落。她是个善解人意的女子，只能叹一口气，任由丈夫糟蹋那些书稿。

鲁迅尽管对自己的稿件毫不爱惜，却十分珍惜书籍，用许广平的话说，简直到了"惜书如金"的地步。

鲁迅一家人在上海居住的时候，因为生活艰苦，只雇了一个年长的保姆。这位保姆和蔼可亲，对孩子特别好，颇似鲁迅笔下的"长妈妈"，鲁迅很尊敬她，还让孩子喊她为"姆妈"，视她为亲人，从不责骂呵斥。

可是有一次，姆妈却做了一件令鲁迅很生气的事情。

一天，当鲁迅夫妇去朋友家拜访时，姆妈带着鲁迅的儿子周海婴去了书房，一边打扫环境一边照顾孩子。

小海婴见父母不在身边，小嘴一扁，泪水开始在眼眶里打转。姆妈连忙哄孩子说有好玩的游戏给他看，她捡了一本旧书，撕下一页，折成一只纸飞机，然后放在嘴边呵了一口气，就将纸飞机扔了出去。

海婴立刻被逗得咯咯笑，眼泪也收了回去，他要求姆妈陪他去阳台放飞机。于是，保姆带着孩子就来到阳台，一页一页地撕书，让那些纸片在空中翻飞飘舞，宛若一只只轻盈的蝴蝶。

当鲁迅夫妇回家时，惊讶地发现屋子里已满是纷飞的泛着黄色的纸团。鲁迅的脸色当场阴沉,许广平大惊失色,赶紧让姆妈停止游戏。

姆妈见鲁迅神色不对,急忙知趣地收起被撕了大半的书。海婴却不高兴,哭着闹着要纸飞机,结果被父亲狠狠地教训了一顿。

不过鲁迅并没有责骂姆妈,而是和声细语地告诉对方,以后不能再这样糟蹋书。

不久后,鲁迅的一位邻居搬家,姆妈按照惯例带着海婴给邻居送别,虽然她不识字,可是她知道鲁迅喜欢书,就特地要了一本书回家。

果然,这本英文版的《夏娃日记》让鲁迅喜不自胜,他很快沉浸在那五十多幅精美的插图和作者诙谐的叙述中。因为太过喜爱此书,后来他还找人翻译了《夏娃日记》,并对马克·吐温给予了很高的评价,称赞对方为世界一流的作家、近代幽默文学泰斗。

鲁迅像

【说文解惑】

在20世纪的中国,鲁迅是一个不能被淡忘的作家,他原名周树人,是五四运动的先锋人物,创作有中国第一篇白话小说《狂人日记》,且文笔辛辣、情节严谨,是一部阅读性与思考性俱佳的作品。

随后,他又不断发表针砭时弊的散文、短篇小说和杂文,散文集《朝花夕拾》和散文诗集《野草》揭露了社会的黑暗,是无产阶级文学的重要作品。

不过鲁迅在杂文上的成就最大,他一生共创作了十六部杂文集,代表作有《坟》、《而已集》、《南腔北调集》、《且介亭杂文》。

鲁迅是一位多产作家、革命先驱者,他一生原创加翻译共写了近一千万字,其作品多直刺人性中的卑劣一面,具有发人深省的时代号召力。

58 剑桥边的淡淡情愫
新月派诗人徐志摩

时光是个可怕的东西,它静静地来,却仿佛从未来过,在它溜走的八年间,似乎一切从未改变,桥还是那座桥,河还是那条河,河畔两旁的咖啡馆和商铺优雅地矗立着,仍旧一派英格兰田园风格。

只是,如今的桥上,再也没了那位巧笑盼兮的少女,再也没了当年那份纯纯的心动和淡淡的情愫。

公元1928年,"新月派"代表诗人徐志摩第三次去欧洲旅游,在拜访完英国大哲学家罗素后,他独自前往剑桥故地重游。

剑桥边熟悉的场景勾起了他对往昔的回忆,徐志摩的眼眶湿润了,他耳边仿佛又听到了那句清脆的笑语:"徐先生好!你看起来和我也差不多大呀!"

当年林徽因十七岁,徐志摩二十四岁,两人的相识源自徐志摩对林徽因父亲林长民的上门求访。

林长民是著名的书法家兼诗人,也是一位自由民主的父亲,当他发现身为人父的徐志摩已对自己的女儿产生了炽热的情感时,并没有暴跳如雷,而是平静地给徐志摩写了一封信,表示能够理解对方的感情,但是女儿太年轻,不知道如何应对,就由他来代女儿向徐志摩解释。

泰戈尔在公元1924年访华时与徐志摩(右一)、林徽因(右二)、梁思成(左一)等合影

徐志摩是文人,文人多情,且又在充满浪漫气息的剑桥旁,他隐忍良久,终于还是按捺不住,热情像火山一样地剧烈喷发了。

林徽因毕竟是个未经世事的少女,只是朦胧地感觉自己对徐志摩有一些莫名的好感。当时,她正值少女春心萌动,就任恋情发展。

娴静的剑桥边留下了二人的很多欢声笑语,徐志摩常给林徽因咏诗,在诗人的熏陶下,林徽因也逐渐对文学产生了兴趣,经常和徐志摩探讨文学知识。

由于二人越发心意相通,最终导致徐志摩向妻子张幼仪提出了分手。

不过林徽因也不是自由身,她早就被许配给了梁启超之子梁思成,经过一番慎重思考,林徽因不辞而别,回国后她迅速和梁思成订了婚。

徐志摩是梁启超的学生,无法再明目张胆地对林徽因示好,他只能时常出入梁思成家里,保持着礼貌看望日思夜想的林徽因。

后来,徐志摩与陆小曼结婚,婚后却不幸福,经常找林徽因诉苦,而林徽因与梁思成夫妇也经常小摩擦不断,林徽因也经常写信给徐志摩。这种孩子气般的寻求安慰,也许并不是真正的爱情,可是徐志摩当真了。

当徐志摩多年后回到剑桥,与林徽因的过往敲打着他的心,让他在回国的路上写下深情而忧伤的诗篇《再别康桥》。民国时期,"剑桥"被音译成"康桥",所以《再别康桥》实际是《再别剑桥》。

《再别康桥》的开头和结尾,均表达了告别之情,那句"悄悄的我走了,正如我悄悄地来;我挥一挥衣袖,不带走一片云彩"不知迷倒了多少渴求浪漫的红尘男女。

可惜,这句话竟成为谶语。

公元1931年,徐志摩搭乘飞机去听林徽因的演讲,不料遭遇坠机事故,年仅三十四岁就不幸辞世。

得知噩耗的林徽因如遭雷击,她始终不敢相信这个消息。当时的飞机有一些部件是用木头做的,梁思成就去坠机现场捡了一片烧焦的木头残骸回来,林徽因将这片木头挂在自己的床头,一直到她逝世,都没有将木头取下来。

在徐志摩遇难的第三年,林徽因在春天写了一首诗——《人间四月天》,诗中说:"你是一树一树的花开,是燕在梁间呢喃,你是爱、是暖、是希望,你是人间的四月天!"

那剑桥边的淡淡情愫,如这明媚的四月天,永远在纸上灿烂着,任由世事变迁,永不褪色。

【说文解惑】

徐志摩是现代诗人和散文家,曾留学欧美,主攻政治经济学。他的家族名人辈出,他父亲徐申如是清末巨商,他的表叔是著名政治家沈钧儒,他的姑表弟是金庸,表外甥女是琼瑶。

在英国求学时期,徐志摩深受欧美浪漫主义和唯美派诗人的影响,回国后创立了新月诗社,代表作有《再别康桥》、《沙扬娜拉》、《偶然》。

他的诗句清新飘逸,想象力丰富,他在短暂的生命中致力于诗歌的创新,对中国的新诗发展史产生了一定的影响。

59 两大才女的惺惺相惜
南张北梅

中国自古有句老话——文人相轻，然而在民国时期，中国文坛上的两大才女之间却始终萦绕着一股惺惺相惜之情，虽然她们因机缘巧合错失见面机会，却从未忘记彼此。

这两位奇女子便是有"南张北梅"之称的张爱玲和梅娘。

当年，北平和上海的两家书店联合举办一场颇为时尚的评选活动，名为"谁是读者最喜欢的女作家"。

调查结果出炉后，上海的张爱玲与北平的梅娘并列第一，被热心的读者们誉为"南张北梅"。

因此次评选，张爱玲与梅娘这两位从未有交集的才女都听说了对方的名字，好奇感油然而生。

张爱玲外冷内热，不太擅长交际，她长期在上海、香港和天津居住，只跟熟悉的人交往，行为举止十分神秘。

张爱玲或许对梅娘有些印象，但她只跟自己圈子中的一帮朋友联系，如苏青、炎樱等，她对梅娘究竟怀有怎样的一种感情，现在无从得知。

梅娘则不同。梅娘是热情的，她一听到南方有个叫张爱玲的才女与自己齐名，立刻就兴奋起来，开始找对方的作品来研读，希望能从字里行间了解到一个真正的张爱玲。

梅娘与张爱玲一样出生于富庶人家，童年也均命途多舛。梅娘之母早逝，梅娘在少女时代为追求真爱还被族人赶出家门。尽管生活一直让她失望，她却始终坚强而温暖。梅娘的性格在她的文字中一览无遗，她满怀革命热情，渴望解除妇女身上的桎梏，因而一开始对张爱玲笔下所表现出的幻灭风格并不喜欢。

后来，梅娘才看出张爱玲的真正意图。她领悟到张爱玲之所以不憧憬未来，是因为对方有足够的勇气去揭露这个民族的痼疾。张爱玲是勇敢的，她无需用任何幻想来满足自身的希冀，她需要真实，哪怕真实得丑恶。

渐渐地，梅娘渴望与张爱玲见面。

1942年的一个初夏，梅娘忽然听说张爱玲来中南海了！她顿时欣喜若狂，急匆匆去找对方。当日花园里人山人海，梅娘远远望去，只见一个女子穿着颜色鲜艳的绛红配大绿云头上衣，被众人众星捧月似的团团围住。梅娘不愿挤入人流中，因而没有搭讪成功。

不过有人说张爱玲从未来过北京,所以梅娘想见的该名女子并非张爱玲。

两年后,梅娘才有与张爱玲见面的真正机会。那一年冬天,正值张爱玲改编的话剧《倾城之恋》在上海兰心大戏院彩排。张爱玲一袭绛红色旗袍,被众名人簇拥着向外走,梅娘是有些骄傲的才女,她并没有上前去搭话。

不能与张爱玲交谈的遗憾在梅娘心上缠绕了好多年。

时光荏苒,到了1995年,梅娘来到美国,当她得知张爱玲也在美国后,又勾起了与对方见面的心思,就委托朋友联系张爱玲。

此时的张爱玲已经深居简出很多年,她虽生活窘迫,却始终保持着孤傲的脾气,她直接予以拒绝:"陌生人一概不见!"

可惜梅娘是个心思敏感细腻的才女,她沮丧不已,是啊,她和张爱玲当然是陌生人了!

不久,张爱玲逝世,梅娘遗憾终生,两大才女在有生之年,始终未曾有过一次面对面的深入交流。

【说文解惑】

张爱玲与梅娘起点相同,两人均有着不幸的童年,因而都比较早熟。只是张爱玲沉浸在蔓延着殖民地气息的贵族生活中不能自拔,而梅娘却已在沦陷区接受着农业文明的熏陶,生活环境的不同导致了两个才女创作风格的迥然不同。

梅娘评论张爱玲过于"阴冷",但她不得不承认对方的深刻洞察力和磅礴才气,她也遗憾自己写不出《倾城之恋》那般的浪漫故事。是的,沦陷一座城而成全一对人,这是梅娘想都不敢想的,在时代的洪流下,她只会默默牺牲个人,不过这也正展现出她的善良品格,让她无愧于德艺双馨的才女名号。

【朝花夕拾】

梅娘简介

梅娘是东北一个富商的私生女,其母早逝,于是她取名为梅娘(没娘)。十六岁时,梅娘的父亲病逝,从此梅娘成为孤儿。十七岁时,梅娘赴日本留学,与中国留学生柳龙光不顾家庭反对自由恋爱,结果失去了家族的经济支持。五年后她学成归国,创作了《蚌》《鱼》《蟹》等大量知名中短篇小说集。新中国成立后,她担任过教员、编辑等职,"文革"期间被打成右派,停止了创作。"文革"后她重新拾笔,写下大量散文和回忆录。20世纪90年代起,她的作品得以重新出版,并赢得了世人的关注和喜爱。

第二卷

波澜壮阔的外国文学

第一章

英雄颂歌宛如阳光
——史诗与神话

60 诗歌是他的明亮眼睛
古希腊最伟大的作品《荷马史诗》

公元前8世纪末,在爱琴海东岸的温暖海风吹拂下,一位中年男子正由一个男童搀扶,拄着拐杖游走在各个村落里。

他天生有着优美的歌喉和聪明的头脑,会将各种神话故事唱成扣人心弦的歌曲,因此很受村民们的欢迎,每日赚来的钱也能解决吃饭问题。

这名男子叫荷马,是位行吟诗人。在当时的希腊半岛上,随处可见这种诗人,他们大多失明,没有别的生活来源,只能依靠到处吟唱诗歌来养家糊口。上天为了补偿他们,就特别赐给他们动人的歌喉,让他们虽然落魄,却可以在民间得到百姓的赞誉和同情。

不过,荷马的心中仍有阴影,他为自己的黑暗世界而懊恼,他痛苦地抱怨着:"追寻影子的人,自己也是影子。"

他觉得自己也是黑暗的,因此在相当长的时期内,他的心都沉浸在悲愤之中,这也导致了他喜欢悲剧的心理。所以他往往吟出带悲惨结局的神话故事,让听众听后泣不成声。

有一天,他在一个村庄里唱诗,意外地唱了一段振奋人心的故事——特洛伊战争。这是一场四百年前希腊人对抗特洛伊人的战役,历经十年艰苦卓绝的战争后,希腊人凭借一只巨大的木马攻破特洛伊城,取得了最终胜利。

当荷马唱完最后一个字时,围观的人群压抑不住雀跃之情,高举双臂振奋地欢呼:"万岁!万岁!"

荷马惊讶于人们的反应,他也被这热情所感染,长期阴郁的脸上展露出难得的笑容,随即跟大家一起唱起庆祝歌曲来。

木马屠城

这次的经历让荷马开始反省自身:自己是不是应该抛开个人情绪,为希腊人民带来希望?尽管他是个流浪的盲人,但他有着深刻的思想觉悟,他意识到希腊半岛有着悠久灿烂的文明,作为一个艺术家,他有义务把这些史前文明传承下来。

一份全新的使命感在荷马的心中激荡,他感觉到生命之树焕发了新生,在明亮的星空下,他忍不住张开双臂,对着天空众神大喊:"神啊!请将你们的英雄赐给我吧!"

"英雄就在你心里。众人皆是,你也是!"他的耳边幽幽地飘来沧桑的话语。

从此,荷马开始收集各种神话故事,并整理成两部长篇史诗《伊利亚德》和《奥德赛》。这两部史诗均围绕着特洛伊战争而写,前者写战争原因与战时场面,后者写战后英雄奥德修斯的归国历程。

他铭记着神的旨意,骄傲地认为诗中的英雄属于自己,于是将两部长诗统称为"荷马史诗"。

从此,他四处传播《荷马史诗》,并获得了人们的热烈欢迎,百姓们都喜欢这个身着白色长袍,清瘦却又充满活力的老人,而《荷马史诗》真如诗人所愿,将希腊的文明保存了下来。

【说文解惑】

史学家怀疑《荷马史诗》并非荷马一人所作,而是古希腊行吟诗人的集体成果。不过,荷马这个人确实存在,正是因为他,希腊战争的胜利才成为让人耳熟能详的诗歌。

荷马和他的乡导

这部伟大的史诗以扬抑格六音部写成,讲述了公元前11世纪到公元前9世纪的迈锡尼文明,若没有它,古希腊迈锡尼地区在这段时间的历史将会是一片空白。

《伊利亚德》和《奥德赛》的篇幅都为二十四卷,全诗总行数将近两万八千行,是一部浩瀚之作。它追求自由主义精神,歌颂实现自我价值的伦理观,为西方的道德观念奠定了基础。

正如荷马所认为的,每个人都是英雄,《荷马史诗》在民间流行后,希腊许多城邦的领主纷纷认定史诗中的英雄为自己管辖地的英雄,有意思的是,连荷马都成了守护城堡的英雄。

荷马的愿望终于实现,他不再是一个漂泊的盲人,而是引导人类文明发展的伟大导师。

61 君王的命令
罗马文学的最高成就《埃涅阿斯纪》

在遥远的古希腊时代,出现了一位一千年才降临的大才子,他就是盲诗人荷马,而在文明不及希腊的罗马,是否也有一位荷马的继承人呢?

答案是肯定的,他就是罗马诗人弗吉尔。

其实,弗吉尔出生时并非罗马人,后来他的故乡被罗马第一位皇帝屋大维的军队占领,他被迫去了意大利南部,成为屋大维的外交官该尤斯·梅赛纳斯的幕僚。

四年后,屋大维统一了罗马并登上王位。从此,罗马进入军人掌权时期,罗马帝国的独裁时代开始了。

屋大维当上帝国的最高领袖后,不禁有些飘飘然,一方面,他需要颂歌来巩固自己的统治;另一方面,他也想感受一下文人那些华丽至极的赞美。

于是,他命令该尤斯·梅赛纳斯去寻找一批能说会道的诗人,希望能尽快写出一些称颂自己功绩的诗歌给百姓看。

梅赛纳斯第一个想到的就是弗吉尔。当时弗吉尔已经写出《牧歌集》、《农事诗》这两部出色的诗歌集,是一个才华横溢的诗人,若由他来写颂歌,定能不辱使命。

《埃涅阿斯奔离燃烧的特洛伊城》,菲德里克·巴洛奇在公元1598年所画,现存于罗马的波各赛美术馆。

事实上,弗吉尔也很愿意为皇帝创作,他对具有极高军事才能的屋大维十分敬佩。当梅赛纳斯让他写颂诗时,他立刻就同意了。

可是,写什么内容好呢?

弗吉尔是个要求很高的人,他绝不容许自己的作品像普通诗人那样只是单纯为了称赞而称赞。他翻阅典籍,精心挑选素材,终于将目光定格在了罗马神话中的英雄埃涅阿斯上。

他决定写一部关于埃涅阿斯的史诗,在神话中,埃涅阿斯是罗马人的祖先,当他驻守的伊利昂城被攻陷后,他在天神的庇护下与父亲和儿子一起来到意大利,并娶当地的公主为妻,重新建立了王朝。

当屋大维听到这个思路后，不禁喜上眉梢，连连叫好。

的确，弗吉尔将罗马统治者比作英雄，且有神的保护，意味着帝国肯定能福寿绵长。

在得到皇帝的大力支持后，弗吉尔就信心满满地开始了创作。他非常认真，花费十年的心血才完成了初稿，结果还未来得及修改就已生命垂危。

在临终前，他对朋友千叮咛万嘱咐："一定要把我的这部《埃涅阿斯纪》焚毁，我写得太糟糕了，根本无法发表！"

他的朋友却不认为这部史诗很糟糕，而屋大维在得悉诗歌完成后就立即要求将《埃涅阿斯纪》上交到宫廷，因此这部流芳百世的作品得以流传下来，成为今世最伟大的史诗之一。

名画《维吉尔对奥古斯都和屋大维朗诵埃涅阿斯纪》，现藏伦敦国家美术馆。

【说文解惑】

弗吉尔是古罗马著名诗人，他在生命的最后十年里书写的《埃涅阿斯纪》是其最重要的作品，也是西方文学史上的第一部"文人史诗"。全诗分十二册，一共近九千行，弗吉尔凭此诗被誉为古罗马最伟大的诗人，且在中世纪被当成圣人，他的《埃涅阿斯纪》竟也变成了可用来占卜的神奇书籍。

弗吉尔的诗歌影响了后世的很多文人，如罗马诗人贺拉斯和奥维德、意大利诗人但丁、英国作家伊丽莎白等。但丁还直接在《神曲》中将维吉尔比作引领大众走向光明的神，对这位艺术大师表达了无比的崇拜和敬仰。

【朝花夕拾】

古希腊与古罗马的关系

古希腊的地理位置包括今日的巴尔干半岛南部、小亚细亚半岛西岸和爱琴海中的许多小岛；古罗马一般认为在意大利半岛的中部。

公元前5至6世纪，古希腊文明发展到顶峰，可惜在三百年后被罗马所灭。不过罗马虽吞并了希腊，却在文化上开始被同化，有句名言说：罗马人用武力征服希腊，希腊人用文化征服罗马。

62 生命是一场悲剧
"悲剧之父"埃斯库罗斯

"妈妈,我梦到酒神狄俄尼索斯了,他向我传授悲剧的创作之法!"

在雅典的贵族势力中心厄流西斯,有着黑色头发和明亮眼睛的少年兴奋地将昨日的梦境告诉母亲,酒神让他在戏剧中增添人物和冲突,他觉得非常有用。

可是美丽的母亲听后却没有他想象的那么高兴,只是叹息道:"酒神是个悲惨的神,他被赫拉天后追杀,只能四处流浪,神保佑他不会再来找你!"

少年听到如此扫兴的话,只得暗暗地吐了吐舌头,但他并没有把母亲的话放在心上,而是专心致志创作起戏剧来。

这个少年就是日后的"悲剧之父"埃斯库罗斯,此时的他觉得自己的艺术生命刚刚萌芽,以后必定会走向辉煌。

他从小就喜欢戏剧,尤其喜欢暴君希庇亚斯的诗,每当他读起后者的作品,家人们都会吃惊地阻止他:"别读啦!读他的诗会被诅咒的!"

尽管不被祝福,埃斯库罗斯却从未放弃过梦想。二十五岁时他首次登上了雅典诗人比赛的舞台,不过很可惜,他落选了。

古罗马时期的狄俄尼索斯雕像

公元前490年,希腊与波斯之间爆发了著名的马拉松战役,希腊人获得了压倒性的胜利,不幸的是,埃斯库罗斯的兄弟却阵亡了。十年后,埃斯库罗斯又参加了萨拉米斯海战,这场战役虽然也以希腊人的胜利告终,可是埃斯库罗斯的家园雅典已被波斯人摧毁,他不得已来到西西里岛。

一晃八年过去了,埃斯库罗斯回到雅典,他根据战时经历写出了剧本《波斯人》,并夺得了诗人比赛的桂冠。

综观埃斯库罗斯的一生,他一共赢得了十三次雅典诗人比赛的冠军,他的悲剧大师名号日益响亮,成为希腊人心目中可与酒神相媲美的人物。

也许是悲剧写得过多,埃斯库罗斯的死也极具悲剧色彩。六十九岁那年,他再度游历西西里岛,竟被高空落下的一只乌龟砸死,没有人知道那乌龟怎么上天的,也许只有天后赫拉最清楚。

【说文解惑】

埃斯库罗斯，古希腊最伟大的悲剧大师之一，享有"悲剧之父"、"有强烈倾向的诗人"的美称。他一共创作了九十部戏剧，可惜最著名的二十部作品已失传，仅剩七部剧流传至今：《被缚的普罗米修斯》、《波斯人》、《乞援人》、《七将攻忒拜》、《阿伽门农》、《阿慕莫内》和《斯芬克斯》。

埃斯库罗斯的剧作多取材于古代神话，他喜欢用三联剧形式创作，情节紧凑且不复杂，戏剧性很强，剧中的正面人物都很伟大。他还首创地让演员从一个增加到两个，以便于对话的展开，从而被誉为"希腊悲剧的创始人"。

【朝花夕拾】

"山羊剧"

希腊人为纪念酒神，就在每年葡萄收获的季节举行化装舞会，向酒神献上自己的祈祷和祝福。人们推选出一位表演者，让表演者披上羊皮、戴上面具，然后大家一起围绕着"羊人"饮酒、唱歌，形成希腊最初的戏剧雏形。后来，人们又从唱歌跳舞演变成戏剧对话，并增添了很多情节，希腊悲剧从此起源。

悲剧一词，在希腊语中原意就是"山羊剧"。

63 悲伤并快乐着
幸运的悲剧大师索福克勒斯

索福克勒斯可能算是希腊最幸运的悲剧作家了。

他出身富贵，才艺过人，且又有着惊人的美貌，不仅如此，他还在国家政权中身居要职，且是靠自己的能力赢得地位。

索福克勒斯擅长作战，指挥过镇压萨默斯人的海战；担任过祭司，并以七十六岁的高龄在欧里庇得斯的葬礼上率领唱诗班为他的竞争对手唱挽歌。二十八岁那年，他参加了雅典的诗人比赛，与他一同参赛的一些选手紧张万分，沮丧地说："完了，在埃斯库罗斯面前，我肯定赢不了的！"

索福克勒斯撇撇嘴，他虽然对埃斯库罗斯的名望早有耳闻，但他并不认为名誉是夺得比赛的关键要素，他仍旧信心十足地将自己的四部作品呈交给评审，并耐心等待最终的评判结果。

那一年，幸运之神再度眷顾索福克勒斯，他击败了伟大的埃斯库罗斯，取得了戏剧比赛的冠军。

此后，索福克勒斯一发不可收拾，连续六十年坚持创作，并多次参加诗人比赛。他一共夺得了二十四次冠军，相较之下，悲剧之父埃斯库罗斯只拿到了十三次殊荣，而后起之秀欧里庇得斯只斩获了四次桂冠。

不过，随着索福克勒斯在政坛上的举重若轻，他的地位不可避免地影响到了评审们的判断，从最初的才华比拼，到要给高官"一个面子"，索福克勒斯每次参加比赛，至少都能拿到第二名的好成绩，这使得无数选手一看见他，就忍不住大倒苦水："完了完了，那个索福克勒斯又来了！"

话虽如此，索福克勒斯的成就仍是毋庸置疑的，很少有人能超过他，而他也幸福快乐地度过了一生。

希腊早期的喜剧代表阿里斯托芬就这样称赞他："生前完满，身后无憾。"甚至连他的去世都是那么幸运：当他离世时，正值雅典和斯巴达交战，索福克勒斯的遗体无法下葬，斯巴达将军竟命令军队先停止作战，等雅典人将诗人安葬好之后再开战。

就在索福克勒斯逝世两年后，雅典向斯巴达投降，诗人安逸了近一个世纪，直到临终前也没有受到一点磨难。

【说文解惑】

索福克勒斯出生在雅典西北郊的克罗诺斯,从小就受到音乐、体育、舞蹈等全面的教育,因而多才多艺。十六岁时,他凭借俊俏的容貌而被选为颂诗班领队少年。随后开始在政界担任要职,并在戏剧界开始散发光芒。

索福克勒斯像

他一共创作了一百二十三部悲剧和滑稽剧,不过至今只有七部流传下来,《安提戈涅》和《俄狄浦斯王》是他的代表作。他在借鉴埃斯库罗斯风格的基础上,开创了戏剧的新领域。他将戏剧人物增添为三个演员,并增加了戏剧的对话和动作,还首次引进了许多可怕的场景,如埃阿斯当众自尽、俄狄浦斯刺瞎双目等。

索福克勒斯的一生平静而幸福,当他死后,人们在他的坟头上安了一尊擅长歌唱的人头鸟雕像,充分肯定了他那伟大的戏剧成就。

【朝花夕拾】

希腊三大喜剧大师

在公元前5世纪,雅典产生了三大喜剧大师:克拉提诺斯、欧波利斯和阿里斯托芬,但唯有阿里斯托芬的十一部完整作品流传至今。阿里斯托芬的作品成为存世最早的希腊喜剧,代表作有《鸟》、《阿卡奈人》等,因此阿里斯托芬也被称为"喜剧之父"。

64 智者无惧流言蜚语
批判大师欧里庇得斯

公元前455年,雅典新一轮的戏剧节比赛拉开帷幕,所有观众和选手都兴致勃勃,除了最后一名——一个二十五岁的年轻人欧里庇得斯。

他拿到了比赛的最后一名,不仅如此,观众还对着他的歌队狂扔鸡蛋和菜叶,怒骂道:"这是什么戏剧!简直烂透了!"

一时间,欧里庇得斯有点沮丧,他难过地想,难道自己真的缺乏创作能力吗?

此后的二十年里,他几乎没有动过笔,而是在潜心研究戏剧的创作。他用祖上的遗产购置了一个很大的藏书室,专心学习诗歌与哲学。

他的努力没有白费,三十九岁那年,他再次参加比赛,终于获得冠军。比他年长十六岁的著名悲剧大师索福克勒斯认真地看完了他的戏剧,从鼻子里发出一声冷笑:"这么直接的描写,也能被称为戏剧?他到底有没有身为戏剧家的才艺!"

尽管被前辈批评得体无完肤,欧里庇得斯还是坚持自己的风格,他已不再是当年那个人云亦云的作家了。

为了让自己的作品内涵更深刻,他还师从哲学家阿纳萨戈剌斯。公元前431年,希腊内战爆发,希腊政府给阿纳萨戈剌斯安上了"传播异端邪说"的罪名,将其赶出国门。欧里庇得斯很生气,写下《阿尔刻提斯》来讽刺当局。后来,他又向苏格拉底讨教哲学知识,并将这些知识融入自己的戏剧中。批评家们再次发难,称欧里庇得斯满嘴都是哲学,剧情非常乏味。欧里庇得斯再次充耳不闻。

在希腊内战的二十七年里,欧里庇得斯写下无数作品,他批判雅典的奴隶制,反对战争,关注小人物和妇女的遭遇,他的戏剧里已没有了英雄,即便有,那也是平民化的形象。

戏剧家们不能容忍这种情况的发生,他们集体攻击欧里庇得斯:"他是要毁灭悲剧!"

美狄亚是希腊神话中的科尔基斯公主,伊阿宋的妻子,也是神通广大的女巫。

即便如此,欧里庇得斯仍是微微一笑,不置可否。

随着欧里庇得斯名气的加大,希腊当局恐慌起来,他们害怕诗人将民主的思想传播给民众,就将年迈的诗人赶出了希腊。欧里庇得斯不得不前往马其顿,并在那里善终。他死后,人们才真正意识到他那些作品的价值,并为其中所展现的深刻含意而深深动容。

【说文解惑】

欧里庇得斯、埃斯库罗斯和索福克勒斯并称为希腊三大悲剧大师,他一共创作了九十多部作品,其中有十八部流传至今,代表作为《美狄亚》。

欧里庇得斯不喜欢在戏剧中添置曲折的情节,他的戏剧普遍以直接的描述为主,但他擅长人物的心理描写,这在早期的希腊戏剧史上是罕见的。

在后世的评价中,欧里庇得斯是个极具争议性的人物,有评论甚至说悲剧在他手中灭亡。但是,他的作品揭露出深刻的社会问题却开创了世态戏剧的先河,因而备受后人的赞誉。博学家亚里士多德曾夸赞他"最能产生悲剧的效果",但丁在《神曲》中讲述希腊悲剧,也只提到欧里庇得斯一人。

【朝花夕拾】

《美狄亚》的内容与寓意

在希腊神话中,美狄亚帮助伊阿宋取得金羊毛后,两人一起逃往希腊。他们流亡到科林斯时,伊阿宋想娶科林斯国的公主,还任由国王将美狄亚驱逐出境。美狄亚恼恨万分,毒死国王和公主,又杀死自己的两个儿子,然后逃往雅典。欧里庇得斯透过改写神话来控诉男女间的不平等。

65 修道院里的平凡与伟大
史学家比德与《圣经》

"神父,我不是很明白,您所说的纪年方法是怎么计算的?"在英国森伯利亚的一所修道院里,一位修士正一脸虔诚地向讲坛上的神父提问。听他这么一说,其他修士也纷纷好奇地盯向儒雅的神父。

这名叫比德的神父微微一笑,为学生们娓娓道来:"这套纪年法是我独创的,在圣主耶稣诞生之年为基准年,往前推就是'主前',往后推就是'主后',这样便于大家记录从古至今的大事。"

"原来如此!"修士们顿悟,纷纷点头。

八百多年后,意大利医生兼哲学家利乌斯改革了古罗马历法,并提出了和比德一样的想法,不过未免让没有宗教信仰的人反感,他将"主前"与"主后"改名为"公元"。随后,教皇格里高利十三世将公元历法公之于世,成为欧洲通行的公历。

从这件事情上可以看出,比德的学识是惊人的,他严谨治学、一丝不苟,在修道院里做了一辈子研究。

这在别人看来是很平淡很无聊的生活,在比德眼里却是甘之如饴。

每一天,他会读几个钟头的书,多亏了修道院院长的收藏,图书室里成为书籍的海洋,柏拉图、亚里士多德、弗吉尔等人的著作日后均成为比德引用的重要数据。

他还是修道院所属一所学校的老师,每日给年轻的修士上课也要占用他很大精力。

除此之外,有一项最重要的工作,就是写作。作为神学家,比德对《圣经》的兴趣极大,他精通希腊文、拉丁文,还略通希伯来文,可以藉图书室里的古籍对《圣经》进行研究。

他就像一台不知疲倦的机器,将一本《圣经》从头到尾阐述了一遍。他的研究获得了丰硕的成果,使得《圣经》通俗易懂,从而推动了基督教在全世界流传。他用一辈子的孤单,为后世做出了杰出的贡献,应该为人们所永远铭记!

【说文解惑】

比德诞生于公元672年左右,他七岁进入修道院,三十岁成为神父,从此就以修道院为家,再也未离开过一步。他是英国著名的史学家,有"英国史学之父"的美誉。

他早年的成就主要是对《圣经》的注释,另外也包括对天文、医药、语法、历法、音乐、哲学等方面的研究,他后期的著作主要是两本书——《英吉利教会史》和《修道院长列传》。其中《英吉利教会史》是他最重要的著作,该书保存了英国的大量史料,对后人的研究具有极大的帮助。

比德画像

【朝花夕拾】

欧洲几种古语的发展

希腊文源于巴尔干半岛,《荷马史诗》便是用希腊文写成。希腊文促成了共同语的产生,而如今《新约圣经》即用共同语所著。如今希腊、赛普勒斯、意大利、土耳其和埃及、非洲及美洲的一些地区都在使用希腊文。

拉丁文起源于意大利中部,后成为欧洲通用语言,不过随着欧洲各国的兴起而逐渐没落。如今只有宗教国家梵蒂冈在使用拉丁文。

希伯来文起源于阿拉伯半岛,是犹太人的语言,后因为罗马人将犹太人赶出了耶路撒冷,希伯来文被他国语言所同化,正在逐渐消亡。

66 藏于军队中的英雄史诗
德国《尼伯龙根之歌》

公元791年,法拉克国王查理大帝率军东征阿瓦尔,照理说,查理发动了很多次战争,士兵们应该习以为常,可是这一次,大家明显有点萎靡不振。

在队伍里,一些不满悄悄地蔓延。

一个步兵嘟囔着:"也不知这次和匈奴人的战役好不好打,听说他们非常骁勇!"

另一个步兵瞪了对方一眼,斩钉截铁地说:"怕什么!我们日耳曼民族力大无穷,谁都比不过我们!"

"可是……"第三个步兵犹豫道,"我们的力气是大,耐力却很差,比起匈奴人,我们也许不占优势。"

正当步兵们窃窃私语时,骑兵们也在讨论这场战争。

"听说是巴伐利亚的柳特备嘉王后唆使匈奴王开战的!"一个骑兵俨然得到了小道消息。

另一个骑兵直摇头,不屑地说:"还是个国王呢!这么好骗!"

可是无论大家怎样地紧张、担忧、惶恐,战争一触即发,由不得大家再产生任何的负面情绪了。于是,下一次对话,就变成了这样:"听说古时候有个勃艮第武士,他孔武有力,拥有尼伯龙根宝藏!"

"尼伯龙根宝藏?那是个什么玩意儿?"

"不知道,反正是一大笔财富。那武士据说有三件宝贝:魔戒、隐身盔和魔剑,他靠着这些宝贝帮助国王打败了很多敌人!"

渐渐地,士兵们对"尼伯龙根宝藏"的故事感兴趣起来,纷纷你一言我一语地拼凑起情节来。

因为厌恶柳特备嘉王后,他们就虚拟了勃艮第公主的形象,并让武士与公主结婚,且在婚后被恶人暗杀,结果公主嫁给了匈奴人,还让匈奴人杀掉她的哥哥和恶人。

那恶人自然就是匈奴可汗了。

士兵们借此讽刺可汗听信谣言,以致惹祸上身。

而勃艮第人征讨匈奴的行军路线,也与此次征讨阿瓦尔的路线基本一致,法兰克王国的军人们希望此次能旗开得胜,成功占有"尼伯龙根宝藏"。后来,查理的军队果然胜利,而由军人们创作的《尼伯龙根宝藏》也成了中世纪著名的叙事史诗,一直被后人传颂。

【说文解惑】

英雄史诗《尼伯龙根宝藏》用德语写成,全诗共三十九章,近一万行,人们将其称为德语的《伊利亚德》。它以神话故事和神话人物为基础,讲述了邪不胜正的真理,不过其悲剧性却比《伊利亚德》要强,而结局也以所有人都倒在血泊中告终。

这部史诗展现了日耳曼民族的伟大品格,是中世纪流传最广的德语文学,虽然具有浓厚的封建意识,但至今仍当之无愧地位列世界史诗代表作之一。

【朝花夕拾】

齐格弗里德的肩膀和阿喀琉斯之踵

《尼伯龙根宝藏》因为是取材自神话,所以与《荷马史诗》有很多相似之处,例如主角齐格弗里德刀枪不入,全身上下只有一处致命伤,与英雄阿喀琉斯只有脚踝是弱点非常相像。齐格弗里德在龙血里沐浴时,因一片菩提叶飘落至肩胛,使此处没有浸上龙血,因而肩膀成了他全身唯一的要害,最终他被恶人哈根所杀。

67 金翅鸟的传说
印度最初的史诗《罗摩衍那》

悠久的文明孕育出古老的史诗,在遥远的佛国印度,就有两本重量级史诗——《罗摩衍那》和《摩诃婆罗多》。

《罗摩衍那》是印度的第一部史诗,因而意义非凡。相传它由一位婆罗门子弟写成,而这位作者的真名,竟没有人知晓。

在印度,婆罗门属于最高阶层,可是有一个婆罗门的男孩子非常不幸,他在很小的时候就被家人遗弃了,不得不想尽办法自食其力。

缺乏衣物并不是最重要的,没有食物果腹才是经常困扰这个男孩的问题。为了生存,他不得不当起了小偷,干起了盗取路人钱财的勾当。

正当他"技艺"越来越精湛、道德感也越来越淡漠时,有一天,他在得手之后看到被他偷走钱袋的妇女蹲在路边大哭起来。

那妇女边哭边说,自己的女儿生了重病,那些钱是用来给孩子治病用的,如今钱没了,孩子的一条命恐怕是保不住了。

男孩受到了极大触动,他不愿世上再多一个不幸的孩子,良心督促着他将钱袋扔给妇女,然后风一般地逃进了密林中。

印度传统认为罗摩是毗湿奴的化身,他杀死魔王罗波那,确立了人间的宗教和道德标准,神曾经答应蚁垤,只要山海还存在,人们就仍然需要阅读罗摩衍那。

今后的他,决定静坐修行,以磨砺自己的灵魂。于是,他开始打坐,且稳如泰山,一坐就是好几年,从来不曾动摇过。

无数的蚂蚁将他的身体当成了山丘,开始筑窝,最后他的身上爬满了蚂蚁,并获得了一个特殊的名字——蚁垤,即蚂蚁洞口的小土堆。

就在蚁垤修行的数年时间里,忽然有一只金翅鸟飞到他身边。这种鸟有着一对如黄金般闪闪发光的翅膀和金属敲击般清脆悦耳的鸣声。

虽然蚁垤从未睁开眼,但他的内心已经牢牢记住了金翅鸟的悦耳声音。有一天,他忽然开悟,原来金翅鸟鸣唱的,竟是一则关于英雄罗摩的故事!可是他的语言功底实在太薄弱了，竟无法将故事记录下来。

　　直到一个黄昏，一个猎人射死了一只雌麻鹬，鸟儿在临死前凄厉地哀号，那声音刺激着蚁垤的心脏。突然间，那些押韵且优美的话语从蚁垤口中不断地飘出，印度史上最伟大的诗歌就此诞生了！

【说文解惑】

　　《罗摩衍那》是一部梵文史诗，意思为"罗摩的历险经历"，它对整个南亚地区产生过重大影响。全诗用输洛迦体系写成，每节诗有两行，每行又有十六个音节。整部史诗分七章，一共有两万四千对对句。

　　印度人认为史诗的主角罗摩是印度教最崇高的神"毗湿奴"的化身，因此将这部史诗当成圣文来崇拜，其实罗摩是古代英雄人物，后逐渐被神化。

　　《罗摩衍那》被称为印度"最初的诗"，其中的一些诗篇已呈现华丽的诗风。史诗描写了四大要素：政治、爱情、战争和风景，对印度文学的创作具有极大的借鉴意义。

【朝花夕拾】

《摩诃婆罗多》

　　《摩诃婆罗多》与《罗摩衍那》同为印度梵文史诗，且前者的长度是后者的四倍，为印度最长的史诗。《摩诃婆罗多》被誉为印度"最初的历史传说"，描写婆罗多族的两支后裔的王位之争，穿插有大量的传说故事。该部史诗介绍了印度的民族文化，因而有"印度的灵魂"之称。

第二章

理性光辉终将闪耀西方——中世纪到文艺复兴时期的文化之旅

68 学院派的眼中钉
古典主义戏剧雏形《熙德》

在12世纪的西班牙，出现了一些四处流浪的卖艺人，他们孤苦无依，靠吟唱自己编写的诗歌来赚取微薄的生活费。

当地居民普遍是文盲，因此对唱诗的艺人非常欢迎，于是这帮艺人的名声渐长，还被人们冠以"吟游诗人"的美名。

吟游诗人虽是个养家糊口的职业，但其中有很多有才之士，西班牙最早的一部史诗《我的熙德之歌》就是出自某个不知名的吟游诗人之手。这部史诗围绕西班牙著名民族英雄唐罗狄克的生平事迹展开，全诗长达三千七百多行，是迄今为止欧洲保留最完整的吟游诗。

"熙德"源自阿拉伯文，是对男子的尊称，"我的熙德"便是"我的先生"。到了17世纪，西班牙剧作家卡斯特罗将《我的熙德之歌》改编成了一部戏剧《熙德的青年时代》，随后法国剧作家高乃依根据卡斯特罗的剧本又改编出了一部五幕诗剧《熙德》，并在公元1636年进行了公演，没想到却惹来一场轩然大波。

高乃依的《熙德》轰动了整个巴黎，却让当时巴黎的红衣主教兼首相黎塞留恨之入骨。因为高乃依曾是黎塞留组建的五人创作团体中的一员，专门为黎塞留进行创作，凭借这份职业，高乃依不仅可以领取丰厚的年金，还能跻身于上层社会。黎塞留觉得自己是高乃依的恩人，而高乃依居然"背叛"了他，这自然令他怀恨在心。

为了报复不懂知恩图报的高乃依，黎塞留找来由他一手创建的法兰西学院的教授，授意对方攻击高乃依。

于是，经过一番"研究"，学院创始人之一的沙波兰亲自执笔，洋洋洒洒书写了一篇《法兰西学院对〈熙德〉的意见书》，用满腔学术用语结结实实地把高乃依臭骂了一顿。

沙波兰指责高乃依不遵守古典戏剧的"三一律"，不重视"以理性为根据"的娱乐作用，是彻彻底底的失败作品。

法兰西学院的论调在法国文坛上传得沸沸扬扬，大家似乎都忘了《熙德》演出之时备受欢迎的事实，转而开始跟着鸡蛋里挑骨头。

高乃依受此打击，变得疑虑重重，他沉默了好几年才敢再度写作，而自《熙德》后，他再也没有创作出一部违背"三一律"的作品。

但此事还没完，在沙波兰发文批评高乃依的第六年，法兰西学院的院士布瓦洛又发表论文阐述戏剧创作原理，并总结亚里士多德、贺拉斯等学者的意见，要求剧作家严格按照古典戏剧的套路来创作，这在后人看来，实际是有点过于刻板了。

高乃依也无法摆脱强大的舆论压力，他后来的剧作始终陷于"三一律"的桎梏，不得不在情节和布景上追求突破，却疏忽了对人物性格的塑造，结果更加失败。最终，高乃依退出了戏剧界，在孤独和贫困中凄然离世。

高乃依是17世纪上半叶法国古典主义悲剧的代表作家，法国古典主义悲剧的奠基人，与莫里哀、拉辛并称"法国古典戏剧三杰"。

【说文解惑】

《熙德》是欧洲古典主义戏剧的奠基之作，它引发了学术界对于古典主义戏剧理论的思考，并促使古典戏剧走向高潮。古典戏剧在17至18世纪处于巅峰，在法国发展得最为完善，至19世纪才逐渐被浪漫主义戏剧所取代。

《熙德》的作者高乃依是一个悲剧作家，他一共写出了三十余部作品，其中《贺拉斯》《西拿》和《波里厄克特》是他的三部比较出色的悲剧。他还在晚年与年轻作家拉辛竞争过，最终因为自己的作品太过光怪陆离而遭观众嫌弃，在完成最后一部悲剧《苏莱拿》后，黯然退出了戏剧舞台。

【朝花夕拾】

"三一律"

三一律，也称三整一律，属于西方戏剧结构理论，要求剧作者创作一出戏时，让故事在一天之内，在一个场景下完成，且要保证只有一个主题。它的优点是剧情集中紧凑，缺点也不言自明，因场景单一，人物个性不鲜明，很容易使观众产生疲惫感。

69 被逼无奈的辩护
西方第一部自传《忏悔录》

公元1762年的一个晚上，法国教育家、思想家、作家让-雅克·鲁索正悠闲地躺在床上看书，他的仆人突然敲门进来，递给他一封没有署名的信。

鲁索见这么晚还有人给自己写信，不禁有些好奇，他慢慢展开信笺，开始读起来。

这一读不得了，他立刻冷汗直冒，原来这竟是一封揭发信！信里详细历数了鲁索的罪行，比如：鲁索和他的女仆私通，并将所生下的五个子女全部送去修道院；鲁索是个暴露狂，他喜欢躲在暗处向年轻女孩暴露他的臀部……

这封信通篇都是粗话，又句句切中要害，看得鲁索触目惊心，他连连摇头，惊恐地说："不！不是这样的！"

他确实与多位女性有过不正当的关系，最著名的是华伦夫人，他迄今都记得初见华伦夫人时，对方那沉鱼落雁的容颜，而他原先竟还以为这位夫人是一位年迈的老太婆。

华伦夫人后来成了他的知己和情人，她帮助他成名，照顾他生活上的一切，直到她死去，鲁索也没有回报她一丝半毫，这成为鲁索心中永远的痛。

后来，鲁索与女仆瓦瑟同居，可是他对对方并没有多少情意，他还是惦记着华伦夫人，他把自己的五个孩子送去修道院，因为怕将孩子送入教养欠佳的家庭后误入歧途，这也让晚年的他深深忏悔。

他确实有暴露癖，因为在他八岁那年，他被年轻的女教师用鞭子打过，这让幼小的他心灵扭曲，渴望被年轻女孩鞭打。他痛恨自己的癖好，可是没有办法，他就是无法改变。

但是对鲁索罪行的控诉还不算最关键的，让鲁索震惊的，是信中说法院已判决将《爱弥儿》焚毁，并于明天逮捕他。

鲁索身上的每根神经都绷紧了，他不知如何是好，他万万没想到，两年前他所写下的一本关于人类教育的书籍《爱弥儿》会惹怒法国当局，并遭到一再的迫害。

不得已，他逃往英国，投靠哲学家休谟，可是又跟休谟发生了分歧，不得不再度回到法国，过着隐居的生活。

人们对鲁索的谩骂并没有结束，鲁索成了一个邪恶之徒，一个犯下滔天罪行的疯子。

鲁索痛苦万分,为了弥补自己的罪过,他终于与同居了二十五年的女仆瓦瑟结婚,并领回了自己的一个孩子。他决定写一本书,解释自己的一生,于是,《忏悔录》应运而生。

　　在这本书中,鲁索虽然阐述了自己的很多罪过,却也为他的名誉作出了最后的辩护,这本书成为名垂千古的著作,奠定了鲁索的文学地位。

　　鲁索的晚年极其凄苦,他后来才知道那封信是他的死敌伏尔泰所写,于是给对方写了一封充满怨念的信:"是您使我在自己的家乡无法立足,是您使我将客死他乡……我恨您,这是您自找的……永别了,先生。"

　　不久后,他在贫困和痛苦中遗憾地离开了人间。

【说文解惑】

　　鲁索在童年时期因为贫穷,当过学徒、杂役、家庭书记等卑微的职业,好在他受到华伦夫人的庇护,因而得到了良好的教育。后来他被通缉,只得只身前往法国,他参与了《百科全书》的撰写,并先后发表了一系列论著,还创设性地用数字来代替音乐的音阶,这一切的努力终于使他成为巴黎社交圈里的名人。

　　公元1761年是鲁索最辉煌的一年,他的书信体小说《新爱洛绮丝》名满天下,可是随后的一年却成了他的灾难年,也就是在公元1762年,他完成了生命中最重要的两本著作《社会契约论》和《爱弥儿》。

　　当初,出版社好心劝鲁索匿名发表《爱弥儿》,可是鲁索坚持认为身正不怕影子歪,追求幸福和真理没有错,就仍用真名出版,结果遭到二十多年的人身攻击。

　　不过鲁索在死后却突然备受尊敬,人们将他的灵柩请进先贤祠,置于他的死敌伏尔泰的灵柩旁。两个仇人也许仍在天堂恶斗,而世人却在人间祈祷他们长眠。

【朝花夕拾】

鲁索与伏尔泰交恶

　　鲁索反对伏尔泰在日内瓦建立一家剧院,指出剧院是伤风败俗的学校,结果导致他和伏尔泰反目,成了终生的仇敌。

鲁索是18世纪法国大革命的思想先驱,启蒙运动最卓越的代表人物之一。

70 落魄之际的打油诗
英国最伟大的诗人乔叟

14世纪末期，恢宏的伦敦塔内迎接了一位新上任的国王——亨利四世。此时正值前任国王理查德的余党负隅顽抗、新政权还未完全巩固之际，整个英国依旧战乱频繁，镇压和反抗成为时代的主旋律。

这一天，亨利四世接到一封奇怪的信，信的开篇便是一首打油诗，还取了个奇怪的名字——《致空囊》。信的大意是说自己有多贫穷，想当年自己身为宫廷大臣，为王室立下汗马功劳，如今却连年金也没有，恳请亨利看在昔日的情分上给自己施舍一些钱财，信的落款是杰弗雷·乔叟。

亨利看完信，轻蔑地冷笑："不过是个理查德的宠臣罢了，居然敢讨债讨到我的头上！"

他唤来侍从，问："那个杰弗雷·乔叟是谁？"

侍从小心翼翼地观察主人的脸色，发现亨利并不像生气的样子，就坦诚相告："他是前朝的王室建筑工程主事和王室森林副主管。不过他也是个诗人，翻译过《玫瑰传奇》，还写过其他一些作品。"

"《玫瑰传奇》！看来他还真是个了不起的人物！"亨利四世饶有兴趣地说。

结果，他并不追究乔叟的身份，反而还派侍从给乔叟送去一大笔钱。亨利四世对政敌的这种宽容态度让他的父亲十分恼火，但也正展现出文人的特殊待遇，有才之士能获得社会的尊重。

靠着这笔钱，乔叟得以全心投入到短篇小说集《坎特伯里故事集》的创造中来。他花了十五年时间完成了这一辉煌著作。

乔叟深受薄伽丘《十日谈》的影响，讲述一群朝圣者前往坎特伯里去朝拜圣人的故事。旅途漫长而疲乏，便有人提议每人每天讲一个故事，于是处于社会各阶层的人纷纷把自己所知晓的有趣见闻绘声绘色地描绘出来，组成了一部内容丰富而又寓意深刻的故事集。这本书是乔叟的巅峰之作，成为他一生中最重要的作品。

乔叟并没有把《坎特伯里故事集》写完，因为按照目录，此书应有一百二十个故事，但乔叟只写了二十个完整故事和四部残剧，不过这无损乔叟在文坛上的威望。

【说文解惑】

　　《玫瑰传奇》是 13 世纪的法国寓言长诗,在法国文学史上享有崇高的地位,尽管乔叟不是原作者,但他用伦敦方言翻译了这本书中的一部分诗歌,对推动英国诗学的发展有着重要作用。

　　乔叟在历史迈进 15 世纪的那一年去世,被安葬在英国的威斯敏斯特大教堂的"诗人之角"。他是第一位葬于此的诗人,在此之前,教堂里历来安葬的都是王室成员。此后,来到"诗人角"的还有丁尼生、布朗宁、亨德尔、狄更斯、著名小说家哈代和公元 1907 年诺贝尔文学奖得主吉卜林,此外还有无数的物理、生物、政治家也长眠于此。教堂因而被誉为"荣誉的宝塔尖"。

　　乔叟的陵墓周围围绕着一圈"纪念窗",不朽之作《坎特伯里故事集》里的情景以图文的形式予以呈现,千百年来向世人倾诉着诗人的卓越功勋。

乔叟画像

【朝花夕拾】

英雄双行体与英国诗歌之父

　　乔叟被誉为英国诗歌之父,因为他是首位大量运用"十音步双行体"这一诗歌形式的诗人。这一诗体被日后的英国人广泛使用,包括后来的大诗人莎士比亚。这种诗体与英雄双行体很像,即一首诗中的多行诗歌有五个音步,每个音步有两个音节,第一个为轻音,第二个为重音。不过,无论是乔叟还是莎士比亚,他们都不是英雄双行体的创造者,因为他们不可能每行诗都做到严格押韵。真正创造英雄双行体的,是英国十七世纪的桂冠诗人约翰·德莱顿。

71 强摘的瓜也甜
薄伽丘与《十日谈》

上帝在关上一扇门的同时,终究会打开一扇窗。

晚年的乔凡尼·薄伽丘对此深有体会,在童年时代,他做梦也没想到自己会有机会做自己想做的事,更没想到有一天他能出人头地。

薄伽丘的父亲是佛罗伦萨的一个商人,在那个时代,几乎每个富商都会有一些风流韵事,然后就生下一些私生子。这些私生子的命运大多比较悲惨,而且因为感受不到父母的关爱,所以也非常孤独。

薄伽丘也不例外,他因生母早逝,只能与父亲生活。不过其父很快就结了婚,而后母又是个狠角色,经常打骂薄伽丘,薄伽丘过得很辛苦。

上天唯一厚待薄伽丘的,是给予了他优越的物质条件,使他能读得起书。薄伽丘从小就喜爱文学,他曾暗暗发誓:以后一定要当个作家!

可是他的父亲并不赞成儿子的想法,父亲希望子承父业,壮大家族产业。在薄伽丘成年后,父亲便把他送往意大利的港口城市拿波里,让儿子在自己投资的一家商社学习。

薄伽丘不想经商,因而十分抵触,他那敏感多情的神经一碰到细致精准的计算就乱成一团,他毫无前瞻性,搞不清如何才能盈利,他只注重琐碎的事物,完全没有继承父亲天才的商业头脑。

父亲没有办法,只好让薄伽丘改学法律。孰料,薄伽丘也不是学法律的料,他只对文学感兴趣,却无法施展自己的长处,这令他非常苦闷。他开始自学诗歌,并博览群书,希望有一天父亲能网开一面,让他走上文学之路。

拿波里是个民风粗犷的地方,各种人物鱼龙混杂。薄伽丘一边学习,一边在民间与商人的生活中行走,不知不觉收集了很多有趣的故事和经历,而这些竟成为他日后的不朽名著《十日谈》中的重要组成部分。

不仅如此,薄伽丘还获得了进入安杰奥的罗伯特国王宫廷的机会,因而结识了很多诗人、学者、神学家、法学家。年轻的薄伽丘大开眼界,他那干涸的灵魂终究感受到知识溪流的滋润。

同时,他也接触到贵族生活,这不禁又丰富了他的视野,令他的创作更趋百科全书化。后来,《十日谈》中的故事涵盖了整个社会阶层,对教会和贵族进行了无情的披露和鞭挞,不得不说,在拿波里的那段生活对薄伽丘的帮助巨大。

在宫廷中,他还邂逅了罗伯特的私生女玛丽娅并爱上了对方,浪漫而美好的爱情让薄伽丘的心每天都在飞扬,即便后来他回到佛罗伦萨,那最初萌生的情愫也依旧深藏心底,挥之不去。在《十日谈》中,他讲述了三对男女温暖的恋情,足见与玛丽娅的相遇对他产生的深刻影响。

公元1348年,佛罗伦萨大规模爆发黑死病,短短数月,死亡人数就达到十万以上,薄伽丘的心灵颇受震撼,他决定要用笔记录下人类这一空前绝后的大灾难。

于是,当时意大利的顶级短篇小说集《十日谈》诞生,该书共有一百个故事,揭露教会的黑暗统治,对高洁的爱情进行了热情歌颂,展现出作者的人文情怀,因此被人们称为"人曲"。

【说文解惑】

意大利近代评论家桑克提斯认为,《十日谈》可与但丁的《神曲》齐名,前者论述人,后者阐述神,因而两部著作可并列称为"人曲"。

因《十日谈》对教会进行了无情的抨击,薄伽丘在成书后遭受到了封建统治者的残酷迫害,有一次他恼怒至极,想把自己的所有著作烧掉,幸亏他的好友彼得拉克好心劝说,《十日谈》才保存下来。

薄伽丘与彼得拉克相识二十五年,尽管前者比后者年轻九岁,两人还是结下了深厚的友情。彼得拉克潜心研究古典文学,常将自己的文学成果分享给薄伽丘,他们还支持一位名叫里昂古奥·彼拉多的希腊人把《荷马史诗》全部翻译成了拉丁文。

薄伽丘对彼得拉克有着近乎狂热的崇拜,当彼得拉克逝世时,薄伽丘悲痛欲绝。后来,薄伽丘也离开人世。而十五世纪中叶后,尽管意大利在建筑、绘画方面的成就斐然,却也再未出现过一位能与薄伽丘和彼得拉克媲美的作家。

薄伽丘画像

72 一次美丽而又令人心痛的邂逅 铭记初恋的但丁

诗人的情感总是丰富的,可是但丁的暗恋比任何人都纯粹,他完全是柏拉图式的恋爱,而且对方完全不知情,甚至可能对但丁毫无印象。

这个幸运的女子便是但丁的初恋贝特丽丝。在她八岁那年,但丁遇见了她,惊为天人,从此,但丁将贝特丽丝视为自己的精神伴侣,直到他死去。

但丁惦记着贝特丽丝明亮如星辰的双眸和淡粉如樱花的双唇,一晃九年过去了,他依旧没有忘怀这个美丽的姑娘。

在一个春意融融的日子里,但丁去城中走访亲友,他来到波光粼粼的阿尔诺河河畔,准备穿过河面上那座古罗马时期遗留下来的木质廊桥。

突然,宛若一道霹雳击中了他的心脏,但丁浑身的血液都沸腾起来。

在他的前方,出现了一位迷人的淑女,她手捧一束鲜花,由侍女陪伴着,正从廊桥的另一头款款走来。

但丁激动得浑身颤抖,他想喊贝特丽丝的名字,却发现自己无法喊出口,他想朝着心爱的人儿迈出步伐,却发现自己如石像般不能动弹。

后来,但丁在诗集中这样写道:"啊!天下玫瑰三千,我只对这一朵钟情。你的微笑是我永远的风,只因为那一瞬,信仰和力量无穷地产生!"

贝特丽丝并不知自己眼前的诗人内心正汹涌着巨浪,她嘻嘻地笑着,与侍女边走边聊,很快从诗人的身边过去了。

诗人只能痛苦地转头,看着心爱的人轻盈地向前走去,渐渐离开自己的视线。他太爱她了,以至于不敢告诉她,在她面前,他仿佛是一粒尘土,微不足道。

后来贝特丽丝遵从父命嫁给了一位伯爵,不幸的是,她二十四岁即离开人世,直到死去都不知背后有个叫但丁的男人在默默关注着她,并爱她爱得肝肠寸断。

但丁为贝特丽丝的逝世痛不欲生,他创作了诗集《新生》。在诗篇里,诗人将贝特丽丝描绘成一个纯洁的天使,她在

这一幕,后来被名画家亨利·豪里达画进了自己的油画里,取名为《但丁与贝特丽丝邂逅》。

追求真理的过程中飞入天国,重获新生。《新生》中共有三十一首诗,讲述的都是对贝特丽丝的怀念之情。

但丁对贝特丽丝的爱矢志不渝,即使到了晚年,他也仍思念着对方。在史诗《神曲》中,他又将贝特丽丝比作集真、善、美于一身,引领他进入天堂的女神。他是如此渴望贝特丽丝仍在人世,于是不断用诗歌寄托自己的哀思,若真有灵魂和天堂,相信他们来一世定能再度重逢。

【说文解惑】

提到欧洲文艺复兴,不能不提及但丁。但丁是13世纪末的意大利诗人,他以一部长诗《神曲》敲开了文艺复兴的大门。他被认为是西方最杰出的诗人及作家之一,恩格斯曾给予他高度评价:"他是中世纪最后一位诗人,同时又是新时代的第一位诗人。"

提起但丁,就不能不提及他的《神曲》。《神曲》讲述了三十五岁的但丁在一座黑暗的森林中被三只分别代表贪婪、野心和享乐的野兽拦住,情急之下,他意外唤出了古罗马诗人弗吉尔的灵魂。弗吉尔的魂魄引领但丁穿过地狱、炼狱,来到贝特丽丝的魂魄面前。贝特丽丝带但丁飞上天堂,最后见到了主宰真理的上帝。这部诗代表了中世纪文学的最高成就,启发人们不断追求人间的真、善、美。

【朝花夕拾】

阿尔诺河上的廊桥

阿尔诺河贯穿佛罗伦萨,河面上横跨着许多造型优美的古桥,其中位于三圣桥下的"旧桥"最为闻名。"旧桥"也是阿尔诺河上唯一的一座廊桥,此桥在公元1345年重建,桥身两侧建有三层错落有致的楼房,桥中段长约二十米,可作为观景台。在第二次世界大战中,阿尔诺河上的十座古桥中有九座被纳粹炸毁,唯"旧桥"安然无恙。

73 暗恋让他成为诗圣
人文主义之父彼得拉克

彼得拉克推动了十四行诗的发展，并独创了自己的诗歌形式，普天之下唯有莎士比亚能与他齐名，被人们冠以"诗圣"的美誉。

让彼得拉克驰名中外的是他的一部诗歌集——《歌集》，在这部作品中，他怀着火热的激情赞美了他所暗恋的一位年轻贵妇劳拉。正是《歌集》，使彼得拉克的诗歌迅速掳获了大批读者的心。

劳拉是个怎样的女孩呢？彼得拉克对她的描述很少，人们只能从诗歌中获悉这是一个有着金色头发和谦虚笑容的贵妇，但这不妨碍劳拉成为广大青年的梦中情人。

在彼得拉克二十三岁那年，他去阿维农的一所教堂做礼拜。当时是夏天，天空很蓝，周边除了绿树再也无其他，彼得拉克却突然闻到了雏菊的香气。

这股如阳光般的金色气息，跳跃着，在诗人的眼前徐徐绽放。劳拉的笑容跳入诗人的视线，她那张美好而妩媚的脸庞瞬间让彼得拉克的心跳停滞。

彼得拉克被迷得神魂颠倒，可是他内心存着骄傲，他认为男人追女人的行为是可耻的，于是他只能旁敲侧击地打听到劳拉的名字，并得悉她是一个骑士的妻子，年方二十，除此之外，他竟只能默默地在远处关注对方了。

同一年，一个也叫劳拉的女士在阿维农的教堂里演出戏剧，她也有着和彼得拉克所爱慕的劳拉一样的金发，也有着同样迷人的微笑和高贵气质。

彼得拉克凝神注视着舞台上的劳拉的一颦一笑，他心潮澎湃，再也按捺不住创作的欲望，回家之后，他着手写诗，前后一共写下三百六十六首诗歌，其中大部分是为劳拉而写，且大多数诗歌是十四行诗。

他把劳拉比喻成圣母，用尽赞美的词汇赞颂劳拉的美丽与高贵品格。他的诗歌格调清新，相当能打动人心，以至于《歌集》发表后，无数年轻人为劳拉所倾倒，不惜长途跋涉来阿维农探望这位绝代风华的佳人。

此时，劳拉已经四十岁了，她的眼尾生出了密集的细纹，嘴角也开始下垂，她不解地看着那些陌生人，看到他们的表情由喜悦变为沮丧，她不明白究竟发生了什么事，让自己成了焦点人物。

她更不知道，其实有个叫彼得拉克的诗人一直在关注她，尽管岁月夺走了她的美貌，诗人仍对她爱慕有加，甚至这份爱意如贮存的酒，越发醇香。

彼得拉克这一生都没有与劳拉说过话,但他始终忘不了对方。他终生未婚,七十岁死于一个名叫阿克瓦的小村庄。当人们发现他时,他已经埋首在弗吉尔的手稿中,停止了呼吸。

【说文解惑】

十四行诗是意大利民间流行的一种抒情诗,诞生之初可作为歌曲吟唱,因此普遍流传。彼得拉克改良了十四行诗,将其分成四个诗节,即前两个诗节四行一节,后两个三行一节,韵脚为:一二二一二三三二四五四五四五(同样的数字为同一韵脚)。

"诗圣"彼得拉克

彼得拉克的诗体被后人广为效仿,如英国诗人乔叟、莎士比亚都学过他的诗。因为诗歌上的伟大成就,彼得拉克在三十七岁时被罗马元老院授予"桂冠诗人"的称号,而这个名号在此之前已经中断了一千三百年之久。佛罗伦萨学者布鲁尼在《彼得拉克传》中这样夸赞这位诗人:弗吉尔能诗不能文,西塞罗能文不能诗,唯有彼得拉克两者兼备,是当之无愧的全才之人!

【朝花夕拾】

"阿尔卑斯主义之父"

彼得拉克不仅是个诗人,还是一位独具开创精神的冒险家。他在1336年4月26日与自己的亲兄弟等三人登上了法国南部阿尔卑斯山近两千米的Mont Ventoux山顶,他将此次旅行记录了下来。在当时,不为任何目的而登山在人们眼中是另类的行为。于是,1336年4月26日就成了"阿尔卑斯主义"诞生日,彼得拉克也被称为"阿尔卑斯主义之父"。

74 浪漫的灵魂现实的身
莎士比亚的爱情悲剧

人生，为什么就不能十全十美呢？

这是困扰英国大文学家莎士比亚一生的问题，他时常感到遗憾，最后不得不认为，也许遗憾就是上天的旨意。

他出生在一个富商之家，父亲曾是镇长，因此他在童年时受到了良好的教育，不仅掌握了写作技巧，还学会了拉丁语和希腊语。

在莎士比亚的故乡，经常有剧团来演出，莎士比亚很快对戏剧着了迷。可是，父亲没多久破产了，年仅十四岁的莎士比亚只好辍学，替家里打工。

十八岁那年，莎士比亚结婚了，对方是一个贫困的农家女，且比莎士比亚大了八岁。妻子三年给丈夫生了三个孩子，每天除了带孩子就是做家事，与丈夫毫无共同语言。

年轻的莎士比亚感觉到心底深深的空虚，他叹息："女人应该与比自己大的男人结婚。"他渴望爱情，可是他已为人夫、为人父，似乎丧失了恋爱的权利。

不过，他没有忘记自己的责任，始终对妻子礼遇有加，尽自己最大的能力去养活家人。他摆脱不了现实的束缚，只能把感情深藏心底。

后来，莎士比亚去了伦敦，在那里，他成了剧院的马童，虽然工作和戏剧不搭边，但他因此得到了实地学习的机会，并趁着剧团需要临时演员的时机毛遂自荐，一展其表演才华。

莎士比亚戏演得好，态度也很认真，终于成为正式演员。

同时，他开始将精力投入到戏剧创作中。

在当时的英国，一个好的编剧其实比好演员更稀缺，因为一场戏若得不到观众的认可，就得马上停演，这势必会造成人力和财力上的浪费。

莎士比亚非常聪明，他很快掌握了戏剧创作的技巧。二十七岁时，他创作的历史剧《亨利六世》大获成功，他终于实现了自己的梦想。

与此同时，一份爱情也悄然闯入莎士比亚的生活。虽然对方的姓名不可知，但莎士比亚在自己的《十四行诗》中袒露了心迹，称对方为"黑女郎"。

这是个有着乌黑头发和眼眸的性感女人，有着年轻的身体和活跃的气息，一度让莎士比亚心醉神迷。

可是不久后，莎士比亚就察觉出自己喜欢的只是黑女郎的肉体，而当他短暂地离开后,黑女郎又与其他人私通,完全没有专情的迹象。

莎士比亚痛苦至极,在诗中怒斥对方,他断绝了与黑女郎的关系,用写作来转移自己的注意力。

1595年,他写出了一部充满浪漫色彩的悲剧《罗密欧与朱丽叶》,此剧轰动了整个伦敦,收获了无数观众的泪水。

在这部剧里,莎士比亚热情歌颂了一场自由恋爱,并将自己心中理想的爱情模型描绘成男女主角。

这恰好与他自身的爱情截然相反,他再也不敢越雷池半步,只能透过戏剧来寄托浪漫情怀。他离开妻子二十多年,终于在将近五十岁时回到故里,也许此时他已知自己命不久矣,最终还是要走到落叶归根这一步。

莎士比亚始终没有逃离内心的束缚,却又拥有了文人的浪漫思想,最终只能是一声叹息。

莎士比亚之墓

【说文解惑】

英国文豪莎士比亚,全名为威廉·莎士比亚,是文艺复兴时期最重要的作家、戏剧家和诗人。他驰名世界文坛,有着"人类文学奥林匹克山上的宙斯"的美誉。

他的传世之作包括三十八部剧本、一百五十四首十四行诗和两首长诗。他的戏剧大都取材于民间,且不遵循古典主义的三一律,他的四大喜剧——《仲夏夜之梦》《皆大欢喜》《第十二夜》《威尼斯商人》和四大悲剧《哈姆雷特》《奥赛罗》《马克白》《李尔王》是世界风靡的戏剧,至今仍热度不减。

莎士比亚对文坛后辈的影响深刻,雨果、司汤达等作家就称莎士比亚的光芒照耀着人类前进。歌德、巴尔扎克、普希金、屠格涅夫都说莎士比亚是自己的榜样;而马克思因为痴迷莎士比亚,竟在著作中引用莎士比亚的语句有三四百处之多。

75 数度入狱的倒霉作家
"现代小说之父"塞万提斯

在西班牙文学史上,有一位不能被忽视的巨著——《堂吉诃德》,此书讲述一个没落贵族的悲惨故事,但请相信,这本书的作者塞万提斯绝对比堂吉诃德惨,他的一生,简直可以用惨烈来形容。

公元 1547 年的一个秋日,小塞万提斯出生。他的父亲是一个理发师兼外科医生,也算是一个没落的贵族,但离奇的是,时至今日,人们始终没有找到塞万提斯的出生纪录。

二十二岁那年,塞万提斯崭露出其文学天分,发表了几首诗,还在马德里担任教师之职,可惜战争随即爆发,他被迫开始了自己的军队生涯。两年后,他在参与对战土耳其的战役中胸部中弹,使得左手终生残疾,获得了"勒班陀残臂人"的外号。

更惨的事情还在后头,塞万提斯征战多年,对战争感到厌倦,他与弟弟决定返回家乡,没想到在归途上遭遇海盗袭击,一帮人均被俘虏,后来又被当作奴隶卖掉。

此后就是长达五年的奴隶生涯,塞凡提斯不堪受辱,花了一年时间计划逃跑,可是他运气太差,无一例外都被抓回到暴跳如雷的奴隶主面前,而等待他的,是一次又一次无情的鞭笞。

因为不听话,塞万提斯被押解到开往君士坦丁堡的船上服苦役,这是一次夺命航行,没有人能从船上活着回来。

也许老天不忍心再折磨塞万提斯了,让一位叫胡安·希尔的修士花了大量金钱救下塞万提斯。这段被奴役的经历让塞万提斯心有余悸,也成为他在《堂吉诃德》等书中的素材。他在小说中感叹道:"自由,是上天给予人类最美丽的赠品!"然而,他越想得到自由,却越是要承受牢狱之灾。

四十五岁那年,他已成为皇家军需官,为无敌舰队和陆军采购军需用品,却被诬告账目有问题,因而入狱。五年后,他担任税史,又被指控贪污,再度身陷囹圄。

赛万提斯肖像画

时隔一年,他才出狱,并开始创作《堂吉诃德》。在书中,塞万提斯颇具讽刺意味地以"堂吉诃德"这个主角来抨击社会信仰的缺失。当然,这个人物也象征了他自己,一个总遇到倒霉事的落难贵族。

公元 1605 年,《堂吉诃德》上卷开始销售,并取得轰动效应,各地很快出现大量盗版,发行仅三个月就开始了第二次印刷。

没想到等待塞万提斯的,竟又是一次监禁。

这一次,他不仅自己吃了官司,还连累姐妹、女儿和外甥女一起坐牢,所幸几日后误会被澄清,塞万提斯一家得以重获自由。

此后,《堂吉诃德》被翻译成多国语言,并风靡世界,成为最受欢迎的书籍之一。

一晃十年过去了,塞万提斯终因重病不治,在马德里与世长辞。离奇的事情再度发生,他的坟冢至今未被人们找到。

生亦无踪,死亦无影,他仿佛从未留在人间,唯有一本《堂吉诃德》至今仍在世间流传。

【说文解惑】

西班牙著名小说家、戏剧家、诗人塞万提斯,全名为米格尔·德·赛万提斯·萨维德拉,他因一部《堂吉诃德》而被誉为"现代小说之父"。

《堂吉诃德》分上下两卷,被称为世界文学史上的第一部现代小说,该书诞生于文艺复兴时期,此时正是旧信仰解体而新信仰未形成之时,塞万提斯藉堂吉诃德这个疯疯癫癫的人物讽刺了当时社会的可笑之处。这和鲁迅的小说《风波》有异曲同工之妙,鲁迅也是透过小说揭露了辛亥革命后社会沉渣泛起、新思潮尚未成形的畸形社会现象,深具时代特有的忧患意识。

《堂吉诃德》插图

76 当荣耀成为噩梦
"波斯的荷马"菲尔多西

灿烂的中东文化孕育出一大批充满异域魅力的文人，在公元 1000 年左右，波斯土地上出现了四位重量级的诗人，他们便是"波斯诗坛四柱"，其中最著名的一位即是菲尔多西，他享有"伊朗最著名的诗人"的美称。

因一部《王书》，菲尔多西成为古代伟大的诗人，甚至与荷马相提并论，被称为"波斯的荷马"。

可是这部史诗却为菲尔多西带来了无尽的噩梦，成为他生命中最辉煌的涅槃。

公元 7 世纪上半叶，阿拉伯军队推翻伊朗萨珊王朝，带给伊朗人民长达两个世纪的屈辱与压迫。波斯人被迫学习阿拉伯语，原有的宗教拜火教也被伊斯兰教取代，整个民族的文化到了岌岌可危的程度。

于是，波斯的诗人们肩负着使命出动了，他们要用手中的笔挽救波斯文化。菲尔多西踌躇满志，他的眼中充满自信："我要用一部史诗拯救一个国家！"

他开始研读波斯古籍，搜集各种民间传说，花了二十九年时间创作出一部带有神话色彩的波斯民族史诗《王书》。

在书中，他不仅生动描写了萨珊王朝的光辉事迹，还将笔触延伸至民间，栩栩如生地描绘了农民起义领袖卡维和英雄鲁斯坦姆勇杀妖怪、抵御外敌的动人故事。

菲尔多西对自己的这部作品甚为满意，他骄傲地说："这部史诗注定将世世代代流传，凡有理智的人都会对它诵读瞻仰！"

他迫不及待地将史诗献给当时的统治者——伽色尼国王玛赫穆德，本以为国王会对自己大加赞赏，万万没想到玛赫穆德在看过之后勃然大怒，历数《王书》的罪行，甚至想将菲尔多西处以极刑。

原来，菲尔多西刚写《王书》时，伊朗尚处于萨曼王朝的统治下，可是待长诗完成时，萨曼王朝早已归降伽色尼王朝，《王书》中却有大量反抗外侵者的篇幅，使得伽色尼国王十分生气。

再加上这部史诗中用多位王子的遭遇，控诉了国王的专政，让伽色尼国王误以为菲尔多西是王子的幕僚，写《王书》是要推翻自己的统治。

于是，国王大发雷霆，还没看完史诗就派出军队捉拿菲尔多西。

可怜的诗人非但没有拿到封赏，反而还东躲西藏。尽管如此，他仍坚持认为《王书》是自己的骄傲，又花了十一年时间对史诗进行修改。在《王书》成书之前，已有五部波斯王书存世,其中的三部为散文、两部为诗歌。比菲尔多西早出生的塔吉基曾为《王书》写下一千行诗歌,即被仆人杀害,为了纪念这位宫廷诗人,菲尔多西将这一千行诗全部收进了《王书》中。

直到菲尔多西逝世,他也没能获得伽色尼国王的原谅,他的遗体不能葬入公墓,只能被家人偷偷埋在自家的后院里。

直至20世纪30年代,诗人的陵园才正式建成,如今人们时常在他的墓前流连,为他的不朽著作而深深敬佩。

菲尔多西之墓

【说文解惑】

菲尔多西生于霍拉桑图斯城郊,本是一个贵族,他精通波斯语、阿拉伯语和巴列维语。他的《王书》长达六万双行,时间跨度四千多年,从神灵造天地一直写到公元651年波斯帝国灭亡,阐述了五十多个帝王将相的生平事迹。

《王书》语言优美,情节生动,毫不留情地揭露了统治阶级的暴政,热情地颂扬了劳苦大众的反抗精神,并且为后人提供了丰富的创作素材。俄罗斯作家车尔尼雪夫斯基认为《王书》的价值远在《荷马史诗》之上:"《王书》里的章节是如此之美,甚至连《伊里亚特》和《奥德赛》都望尘莫及。"

【朝花夕拾】

《王书》——中伊两国友好的见证

《王书》中多次提及中国的瓷器、绘画和丝绸等特产,可见早在公元1000年前,中伊两国就开展了友好交流。在菲尔多西的陵园内,至今仍留有两位中国穆斯林的挽联:"先生之风,山高水长。"

第三章

百家争鸣
——近现代西方文学的巨匠

77 难以遏止的文学梦想
英国诗人米尔顿

"请容许我告诫您,先生,您不能再夜以继日地写作了!"1649年的一个夏天,一位戴着黑色圆框眼镜的医生在医药室里正严肃地劝导他的病人。

站在医生面前的,是一位神情疲惫的中年人,他的眉头蹙着,双目因无法承受窗外射入屋内的明亮阳光而微翕,他似乎已经很累,声音却依旧铿锵:"我是绝不会弃笔的!"

他如何能放弃写作呢?此时英国已是克伦威尔执政时期,各国政府寄来的书信多如牛毛,他得将信翻译成英文,同时还必须用拉丁语进行回答。另外,克伦威尔的政敌正对新政权虎视眈眈,每天都有无数的人身攻击等待他去反击。

而更重要的是,他不会停止对文学的梦想。

这个人就是约翰·米尔顿,文艺复兴时期一位伟大的英国诗人。

米尔顿从小就爱书如命,他至今都记得十岁那年,自己沉浸在书本的海洋中废寝忘食,还在深夜学写诗歌,常常为一个字一句话绞尽脑汁。当时,他也确实写出了一些不错的诗歌,可是如此勤奋的代价,却把身体搞坏了,从此让他落下了病根。

大学毕业后,米尔顿本来打算当牧师,却正逢国教徒与清教徒的激烈战争时期,米尔顿放弃了传教,但也不知自己将何去何从。

这时,心底隐藏的那个声音开始呼唤他:"做个诗人,做个诗人吧!"

米尔顿听从了自己内心的呼唤,搬到伦敦附近的庄园里生活。在将近五年的隐居时光中,他奋笔疾书,先后有《快乐的人》《沉思的人》《列西达斯》《科马斯》等短诗问世。

不过,米尔顿不是陶渊明,他并不钟爱田园风光,于是他踏上了漫游欧洲之旅,渴望做个吟游诗人。

就在米尔顿旅行的时候,轰轰烈烈的英国资产阶级大革命爆发了。密尔顿感受到时代的召唤,他内心的爱国热情一触即发,就想回国为革命出一份力。

他风尘仆仆地来到伦敦,还未喘一口气就加入了反对保皇党的抗争。在九

英国内战

年的时间里,他发表无数论文,主张革新旧制,为英国革命的胜利奠定了理论基础。

就在米尔顿获得越来越辉煌的成就之时,他的眼睛出问题了。长年的艰苦写作让他的视力迅速下降,医生痛心疾首地警告他,若不停止写作,他就有失明的危险!

可是他怎么停得下来呢?他是如此热爱创作啊!

在不到三年的时间里,他真的失明了,只好用口述的方式让别人帮忙把自己的文字记录下来。当时他的妻子已经病故,给他留下三个嗷嗷待哺的女儿,他活得很辛苦,却从未放弃。

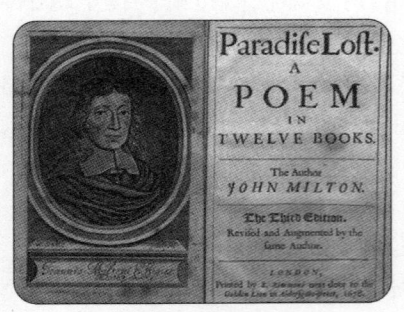

早期出版的《失乐园》

后来,查理二世复辟,米尔顿身陷囹圄,他的书稿也蒙受了焚毁之灾。即便在这样恶劣的情况下,他也仍旧无法阻止自己创作的欲望。

他开始酝酿自己最伟大的诗篇《失乐园》,仍是口述,然后请女儿或朋友帮他记录。这个过程异常艰辛,因为看不见自己的文章,他得凭记忆来润色,或者让亲友帮忙阅读,有时他会忽然大叫一声:"对!就是这里需要修改!"

足足花费了七年时间,《失乐园》才完成,令米尔顿欣慰的是,这本书在文坛上引起了极大回响,很多慕名而来的学者甚至不远千里来找他交流文学、探讨灵魂,他用这一生追寻文学梦想,终于没有荒废。

【说文解惑】

约翰·米尔顿是英国文坛最伟大的六位诗人之一,他的《失乐园》与《荷马史诗》、《神曲》齐名,被人们称为"西方的三大诗歌"。

米尔顿为资产阶级民主运动奋斗终生。他在革命时期写下的拥护民主与自由的小册子在民众中造成轰动,当革命胜利后,狂喜的他又写下大量随笔,让清教徒的领袖们印象深刻。

在写完《失乐园》后,米尔顿又创作出了《复乐园》和《力士参孙》,这三部著作均是米尔顿失明后的作品,可见其坚忍的斗志和对文学的执着。《失乐园》讲述亚当和夏娃受撒旦诱惑而被上帝驱逐,《复乐园》则描写耶稣战胜撒旦从而恢复伊甸园宁静的故事;《力士参孙》中的参孙则像米尔顿一样晚年双目失明,但依旧坚强不屈,具有震撼人心的力量。

78 来自天国的心灵洗涤
约翰·班扬与《天路历程》

1661年的一个酷夏,毒辣的阳光差点刺瞎人们的双眼,树上的鸣蝉仿佛濒死似的发出凄厉的哀鸣,一位名叫伊丽莎白·班扬的妇女正站在法庭上,承受着当权者充满恶意的目光。

"我恳求您,放了我的丈夫约翰·班扬先生!"她一边说,一边紧攥着双拳,手心全是汗。

法官轻蔑地昂起头,傲慢地问她:"如果你丈夫能停止讲道的话,我们可以放了他!"

"不,大人,我的丈夫是不会停止讲道的。"这个可怜的妇女坚决地说。

所有法官都阴沉着脸,回绝道:"他满嘴胡说八道,活该被关起来!"

"不!"妇女浑身颤抖,尖叫起来,"他说的都是神的旨意!"

一位留着长长的白色胡须的法官发怒了,紧皱眉头斥责道:"不能放他四处走动,他会害人!"

妇女几乎要哭出来,她哽咽着哀求:"大人,他是神派来的使者,他做了很多善事!"

这位妇女便是英国著名作家约翰·班扬的第二任妻子,在他们新婚刚两年的时候,约翰·班扬就被政府以无执照布道的罪名抓入牢房,这一关,就是整整十二年。

就在妻子拼尽全力为丈夫申诉的时候,约翰·班扬正在做什么呢?

没想到,他正在监狱里忏悔,并真诚地向神认罪。

他回忆起自己十六岁那年参加的那场清教徒与保皇派之间的战争,他本来要随军队转移,临行前却被一个年轻小伙子拦住了,对方有一双明亮的绿眼睛,微笑着问他:"你能跟我换岗吗?"

约翰·班扬同意了,结果小伙子在站岗时被一颗流弹打中,死于非命。

约翰·班扬觉得自己有罪,那个小伙子代替他送了命,他必须得为自己的苟且偷生而忏悔。

类似的罪行还有很多,比如他在狱中服役,却让妻子伊丽莎白独自养育不是她骨肉的四个孩子,这让约翰·班扬的内心极为不安。

可是,他有着更重要的事情做,就是撰写宗教寓言集《天路历程》。他整整写了十五年,直到第二次入狱时才完成此书。他的内心存在一个理念:如果一个人回首往事,他一定能找到自己饱受磨难的缘由。他把自己的想法诉诸《天路历程》,于是一部日后为万千读者祝福的书就此诞生。

约翰·班扬是个优秀的布道者,他善于抓住听众的心,而在写作方面,他也毫不逊色。《天路历程》出版后,成为世界上仅次于《圣经》的畅销书,这是他从未想到的。

约翰·班扬

《天路历程》第一部,带有约翰·班扬的自传性质,讲述一个男性基督徒离开毁灭城,奔向天国城的故事。后来,约翰·班扬又开始写第二部,描述一个女基督徒和她邻居的故事。

约翰·班扬在六十岁生日前夕,受一位被父亲赶出家门的年轻人委托,冒着大雨去劝父子俩和好,结果染上重感冒,不幸逝世。

也许这也是上帝的旨意,约翰·班扬从不为苦难而后悔,他完成了人生最后的赎罪,可以带着平静的灵魂在天国得到长眠。

【说文解惑】

约翰·班扬是英国著名作家和布道家,他在青年时期曾参加英国内战,从而对战争有了深刻的认识。战争结束后,他回到家乡开始布道,却被复辟的斯图亚特王朝以莫须有的罪名抓了起来,前后监禁了两次,共计十三年。

不过入狱的好处是让约翰写出了风靡全球的《天路历程》,这本书影响了众多读者,包括萧伯纳等文人。迄今为止,该书被翻译成两百多种语言和文字,被誉为"英国文学最著名的寓言"。

【朝花夕拾】

清教徒

清教徒是基督教新教的派别之一。在16世纪60年代产生,该教要求清除英国国教中的天主教弊端,强调所有信徒在上帝面前一律平等,且提倡"节俭清洁"的生活习惯,因而被称为"清教徒"。不过在16世纪末,清教徒因受迫害,大多迁往北美,也有部分流亡至欧洲大陆。

79 生于舞台死于舞台
喜剧大师莫里哀

"他的喜剧接近于悲剧,在他的面前,没有人敢模仿他,他是绝世聪明之人!"

这是歌德对喜剧大师莫里哀的赞誉,表达了一位文学大师对另一位文学名家的崇拜之情。对忠于自己梦想的莫里哀而言,他绝对配得上更多的赞美。

莫里哀以写喜剧闻名,他的一生却似一场悲剧。

他父亲是法国王室的侍从,因而莫里哀一出生就享受到了良好的贵族教育。幼年时,小莫里哀经常随外祖父观看民间戏剧,不知不觉,一颗热爱戏剧的种子在他心里发芽了。

长大后,莫里哀想从事戏剧事业,可是他父亲却觉得伶人卑贱,一定要儿子从商。莫里哀和父亲争吵不休,一怒之下,他宣布放弃"王室侍从"的世袭权利,与同龄人组建了"光耀剧团"。

为了梦想而甘于一辈子落魄,这需要何等的勇气!可叹的是莫里哀的剧团经营得并不好,几年下来欠了一屁股债,让莫里哀承受了牢狱之灾。

家人以此批评莫里哀耽于幻想,让他回去,可是莫里哀固执地拒绝了,他毅然离家出走,过着漂泊的生活。

此后的十多年里,莫里哀从民间汲取创作素材,写出了一系列喜剧。一六五八年,莫里哀的人生发生了转折,他的《多情医生》获得了巨大成功,也吸引了法国国王路易十四的注意。

国王要求莫里哀回巴黎,莫里哀欣然前往,从此他一直在巴黎创作和演出。

尽管能频繁出入凡尔赛宫为王室演戏,可是莫里哀的身份仍是卑微的,他也未获得家人的支持和理解。

正是因为处于社会底层,莫里哀对封建统治有了深刻的体会,一六六四年,他写成了代表作《伪君子》,毫不留情地揭露了封建贵族和宗教团体的虚伪和丑恶面目。

凡尔赛宫的路易十四

也许是知道此剧会激怒王室,《伪君子》第一次登场凡尔赛宫时只演出了三幕,但这已经让上层阶级大为不满。贵族和主教怒气冲冲地面见国王,控诉莫里哀蔑视宗教。

于是,国王下令禁演《伪君子》。莫里哀心急如焚,两次向路易十四求情,甚至以不再写喜剧来换得《伪君子》的演出,均无果。

直到五年后,《伪君子》才得以恢复公演,这部喜剧大获成功,一时间,伪君子达尔杜弗这个名字在欧洲成为伪善的代名词,为很多人所唾弃。

可是,伶人的地位不会随作品的受欢迎程度而提高,莫里哀仍是贫穷的。更可怕的是,长期的辛勤工作已令他患上了严重的肺病,喜剧大师的生命之火即将熄灭。

1673年2月的一个夜晚,巴黎剧院正在上演一部喜剧《无病呻吟》。为节约经费,莫里哀决定带病上场。

"求求你,换别人来演吧!"年轻他二十岁的妻子痛苦地哀求。

莫里哀无奈地摇摇头,一边咳嗽一边说:"如果不演了,剧团里那五十个兄弟就活不了了,我不忍心!"

他不顾妻子的劝阻,脸色苍白地登场了。剧中的他无病呻吟,经常假装咳嗽,而实际上,莫里哀已经咳出了血,他甚至连站立的力气都没有了。

观众为莫里哀的"逼真"表演连连喝彩,演出非常成功。谢幕时,台下一片掌声,可是台上的莫里哀却没有站起来,他永远倒在了自己深爱的舞台上,享年五十一岁。

喜剧大师莫里哀

【说文解惑】

莫里哀是文艺复兴时期的先锋人物,他本名为让-巴蒂斯特·波克兰,后取艺名莫里哀。他创立了古典主义喜剧和芭蕾舞喜剧,为后人留下《唐璜》《吝啬鬼》《愤世嫉俗》等名作。除了创作,他还是一位颇有天分的演员,他以生命的代价换来了戏剧的发展,为世界戏剧作出了巨大的贡献。

在莫里哀生活的时代,封建统治日益衰亡,资产阶级已蓬勃兴起,莫里哀用一种诙谐幽默的笔触抨击了封建阶级的腐朽、宗教团体的坑蒙拐骗和资产阶级的虚伪,他撕开各个剥削阶级的丑恶嘴脸,让这些人在观众的哀哭中受到应有的批判。

80 让拿破仑为之倾倒的日记
《少年维特之烦恼》

1798年,浓重的硝烟在尼罗河三角洲弥漫着,法兰西总司令拿破仑被困在埃及已达数月之久,他的舰队被英国军队摧毁,西征时又遭遇到瘟疫等天灾,让他如热锅上的蚂蚁,急得团团转。

此时的名将,在用什么减压呢?谁都不会想到,答案是一本书——《少年维特之烦恼》。这部书信体形式的小说在二十年前由名作家歌德写成,讲述了一个法国青年维特日夜思慕心上人夏绿蒂,最终忧郁自杀的缠绵故事。在法国军队远征埃及之时,居然被拿破仑阅读了整整七遍。

此时的拿破仑新婚刚两年,且在成婚后不久就奔赴前线,几乎没有和妻子约瑟芬有过幸福的同居生活。长久的分别让这位骁将难耐一颗浪漫的心,他反复念着维特的语句:"我费了多少努力才放弃那件蓝色的外套,那是我第一次与夏洛蒂跳舞时穿的,终于破旧不堪了。于是我重新做了一件,与原先的那件一模一样……"

拿破仑称帝时,在教宗庇护七世旁观下,他替跪下的妻子约瑟芬加冕为皇后。

他想起第一次与爱妻约瑟芬跳舞时,自己穿的也是一件蓝色外套,不禁心潮澎湃,提笔给妻子写信道:"你激发了我的爱,夺走了我的灵魂……我是为你而战……"

一本书居然有如此大的魅力,能让一位驰骋沙场的将军爱不释手,足以见它的魅力所在。

1974年,对歌德来说是生命中重要的一年,他的成名作《少年维特之烦恼》成了畅销书,并引发了无数激烈的话题。

德国年轻人争相效仿维特的装扮和语言,他们以穿蓝外衣、黄马甲和黄裤子为荣,喜欢念叨维特的话语:"我要享受现在,过去的事情就让它过去吧!"

青年们学维特喝咖啡、喝下午茶,在他们身边的茶几上,总摆着一碟小饼干,自从"维特"出现后,喝茶品咖啡被人们认为是一件有情调和品味的事情。

后来,有狂热的维特迷也跟着书中的主角一起自杀,这使得批评家们再也坐不住了。他们指责歌德扭曲了社会的道德观念、公然为破坏家庭的第三者进行辩护且引诱年轻人自杀。

诚然,维特爱上了已有婚约的女子夏绿蒂,但小说的语言实在优美,这使得人们淡忘了畸恋的事实,而将注意力集中在真爱的可贵上。而当时确实有一些青年自杀,但人数远低于教会宣称的数量。对于自己所受的抨击,歌德给予如下反驳:我是维特的原型,我并未自杀,可见这本书并没有教唆人自杀的力量。那十来个愚蠢的人无事可做,若没有我的作品,他们一样可以自己吹熄生命的烛光。

歌德的肖像画

【说文解惑】

如歌德所说,《少年维特之烦恼》是根据他的事迹而写成,书中的女子夏绿蒂是歌德在德国韦茨拉尔爱恋过的一个姑娘夏绿蒂·布甫,而歌德当时和维特一样,想当一名律师,后来歌德始终无法得到夏绿蒂·布甫的心,因为对方已有了婚约,歌德痛苦万分,只得离开了韦茨拉尔。

后来,歌德的一个同事因爱自杀,歌德便将自己和同事的事迹结合起来,写成了《少年维特之烦恼》。其实,作为一个伟大的创作者,歌德的代表作不计其数,但《少年维特之烦恼》是第一部让他蜚声文坛的小说,也是在当年歌德的同辈人当中阅读最多的小说,这对歌德来说,意义重大。

【朝花夕拾】

书信体小说

顾名思义,书信体小说便是用书信组成的小说,故事情节、人物性格和环境背景的塑造都透过书信的形式来呈现。小说以第一人称叙事,以"我"的所见所闻娓娓讲述一系列故事,增添了亲切感。代表人物有英国小说家塞缪尔·理查德森,代表作有歌德的《少年维特之烦恼》,鲁索的《新爱洛绮丝》。

81 从文学新手到创作大师
莫泊桑拜师记

很多人都读过短篇小说《羊脂球》,因而也就对其作者莫泊桑印象颇深。莫泊桑是法国19世纪伟大的短篇小说大师,写下不少脍炙人口的作品,可是又有谁知道,曾经的他也不过是只丑小鸭。

幼年时,莫泊桑就喜欢上了写作,可是他发现自己总也写不好,以为是不够努力的缘故,于是他更加勤奋地去创作,却一直等到成年也没写出一部佳作。

莫泊桑十分沮丧,他听说大文豪福楼拜对创作很有心得,就带上自己的作品求对方指导。在敲开福楼拜的家门后,莫泊桑一脸诚恳地说道:"老师,为什么我书读得很多,小说也写了不少,可是文章却总是不吸引人呢?"

福楼拜似乎对此类问题习以为常,他连眼皮都没抬,不屑地说:"很简单,你的功夫还不到家。"

莫泊桑顿时好奇万分,睁大眼睛问:"请问,我要怎样练习?"

福楼拜慢悠悠地说:"你明天站在家门口,把每辆经过的马车都用文字记录下来,过一段时间我看看你的成绩。"

莫泊桑有点莫名其妙,但他觉得老师肯定是在考验自己,于是第二天就认真地站在门口,聚精会神地盯着街道上的马车看。

可是他一连看了好几天,并未看出什么端倪,倒觉得自己在浪费时间,万般无奈之下,他只好又去请福楼拜指教。

福楼拜摇摇头,说道:"我叫你看马车,你还真的就只看马车啊!我是让你看每辆车的行走状态、装饰、车夫的衣着神态和言语,看来这些你并没有留心。"

莫泊桑恍然大悟,他顿时羞愧不已,赶紧回家继续观察路上来往的行人。

日积月累,莫泊桑对生活有了比较细致的体会,他写了一些作品,满怀期待地请福楼拜指导。

这一次,福楼拜的脸上意外地出现了笑容,他认真地将莫泊桑的稿子看完,夸奖道:"不错不错,你进步很多!要坚持下去!"

不过,福楼拜又指出莫泊桑的不足:"你还没完全学会观察,每个人、每件事物都有它的特点,你得把这种特点写出来,让我一眼就能把它与其他事物区别开来。"

莫泊桑深受鼓舞,加倍努力地去发现事物的特性。后来,他写出了自己的成名作《羊脂球》,在这篇小说中,他将小商人、士兵、官僚和妓女描绘得栩栩如生,写出了法国社会各个阶层的鲜明特征。当他把《羊脂球》给福楼拜看时,福楼拜终于惊喜地点头称道:"这正是我想要的,你可以出师了!"

【说文解惑】

19世纪,世界上出现了三位齐名的短篇小说大师,他们分别是俄国的契诃夫、美国的欧·亨利和法国的莫泊桑。

莫泊桑在中学毕业后就加入了普法战争,两年的军旅生活使他充分认识到战争的残酷与人民的疾苦,这种对人民的同情心对他日后的创作产生了很大影响。他一生共写下三百余篇短篇小说和六部长篇小说,中短篇代表作有《我的叔叔于勒》、《项链》、《菲菲小姐》,长篇代表作有《一生》、《漂亮朋友》等。

福楼拜则因一部《包法利夫人》而广为人知,他在赴巴黎读大学时认识了维克多·雨果,尽管在巴黎有很多朋友,但他却选择了在法国里昂孤老终生。

他要求弟子莫泊桑学会观察,他自己也身体力行,去非洲、中东和欧洲南部累积素材,但各种丑恶的社会现状令他失望,以致他逐渐对人类前途丧失了信心。除了《包法利夫人》外,代表作有《萨朗波》和《情感教育》。《萨朗波》根据历史改编,讲述公元前三世纪迦太基的雇佣军起义遭镇压的故事,《情感教育》则以一个青年因太过贪婪而虚度一生为主线,表现了福楼拜的悲观思想。

短篇小说大师莫泊桑

【朝花夕拾】

《包法利夫人》惹的祸

《包法利夫人》虽然引起轰动,却也给福楼拜招来了灾难。法国当局因这本书对福楼拜进行严厉的指控,罪名为"伤风败俗、诽谤宗教"。福楼拜虽然没有坐牢,可是他仍面临着巨大压力,这使得他后来放弃了现实题材的创作,转而写起了一部历史题材的小说《萨朗波》。《萨朗波》问世后七年,他的第二部现实主义小说《情感教育》才出现在公众的视野中。

82 诗人的浪漫调情
善于抒情的海涅

女人爱诗人，尤其爱诗人海涅，因为海涅擅长写情诗，他的情诗浪漫忧伤，能瞬间击中女人脆弱的心房，无论什么事情，从他的嘴里说出来便宛如一朵徐徐绽放的花，让人不由得心旌荡漾。

海涅自称是"流氓"，喜欢巴黎香榭丽舍大道上顾盼生姿的灰衫女。他爱调情，可谓阅尽无边春色，可是人们仍然爱他，因为他的文采并不比他的情感逊色。

他去爬山，在半山腰的亭子里邂逅一名俊俏的女郎，女郎的棕色头发在阳光下闪烁着明亮的光泽，像极了他的初恋。

海涅与女郎相互看了看，两人的眼里都流露出对彼此的欣赏。海涅看得出来女子对自己有好感，他自然不会放过这个调情的机会，便对女子说："亲爱的姑娘，我们虽然不认识，可是您实在美丽极了，当我第一眼看见您，就如同基督徒看见上帝一样，内心充满喜悦。如果我不把这份喜悦分享给您，就是对您的美丽的亵渎了。"

女郎听到这番话后，有些吃惊，她还是第一次听到男人如此直接地对她表达爱慕之情，这让她既有些得意，又羞涩不已。她的脸颊染上了绯色，手脚也不知该往哪里放，显得十分尴尬。

海涅看出女郎想走，急忙补充了一句："您不要生气，您可以微笑或者就这样静静地坐着，否则就与周围的风景不协调了！"

女郎听他这么说，便不好意思离开，只好低声默许道："您说吧！"

于是，一连串充满了珍珠光泽和玫瑰花香的阳光话语从海涅嘴里流出来，宛若清澈的小溪，令人心醉："美丽的姑娘，我有一个很冒昧却又很合理的要求。"

女郎红唇翕动，好奇道："什么要求？"

海涅没有直接回答，而是接着恭维道："我们并不认识，巧的是，我从很远的地方来，您也从很远的地方来。在一个偶然的时刻里，我们邂逅了，比两条闪电在夜空中相遇还偶然。我知道再过几分钟，我们就要分开了，此生再也不能见。不过，当您在几十年后，回忆起今日这一幕，必定会觉得和我这样时髦的青年能够相遇，必定是上天的安排，您会觉得我很可爱，即便您现在觉得我并不那么可爱，因为，回忆总是那么美好，对不对？"

可爱的姑娘被逗笑了，她饶有兴趣地继续听诗人抒情。

"也许我们的一生,只有这一次见面的机会,这是多么富有诗意的神秘一刻!为了纪念这一刻,我请求在您的红唇上轻轻一吻,为这份神秘再添上一份绚丽的色彩。请您不要拒绝,我们这一吻是飞鸟与花的对话,也是大自然的绝美风景啊!"

此刻,那纯真的姑娘彻底被海涅的说法迷倒了,她果真没有拒绝,而是和诗人进行了一场热烈的长吻。

看到这里,或许大家会觉得海涅不过是个登徒子,但其实每个放浪不羁的人生背后总有一段血泪史,海涅就因为曾经被伤害过,才会变得如此多情。他在少年时爱上了表妹阿玛丽,可虽然阿玛丽与海涅恋得热烈,却转眼便嫁给了富豪,令海涅伤心欲绝。

七年后,海涅又向阿玛丽的妹妹特蕾丝表白,这次更可悲,特蕾丝完全看不上贫穷的海涅,直接予以拒绝。

海涅深受打击,从此流连于圣保利的烟花巷,整日寻欢作乐。他一生激情不断,甚至在临终前一年还恋上了比他小三十岁的女子玛嘉丽特。不过多情的海涅还是结了两次婚,而对他影响最深的就是他那目不识丁的妻子玛蒂德。

玛蒂德同样是灰衫女,她缺乏上流女子的礼仪,在卡尔·马克思等人的眼里是个粗俗不堪的下等女人。可是就是这个女人照顾了瘫痪在床、大小便失禁、双目失明的诗人八年,且海涅死后二十年她再也未嫁,死后仍以海涅妻子的身份下葬。也许诗人始终为得不到理想中的爱情而悲伤,但有这样一位妻子却是他此生最大的幸福。

海涅肖像画

【说文解惑】

海涅是一位有着革命意识的犹太诗人,因为取得德国公民权而皈依基督教,他是德国的第一位专栏记者,还创立了报纸的所有文体。时至今日,《明镜周刊》断言,当今德国超过一半的广告语言的使用都要归功于海涅。

当海涅来到巴黎后,他结识了很多文豪,与马克思、大仲马过从甚密,这一时期是他的创作高峰期。他创作出了很多批判现实主义的作品,他的《诗歌集》在他在世时就再版达十三次,足见其天资过人。

在巴黎的二十年间,海涅的健康状况不断恶化,公元 1948 年他最后一次出门,在罗浮宫观看维纳斯女神像时突然中风,从此以后他一直躺在床上,却咬牙坚持创作,完成了《罗曼采罗》这部诗歌集。

83 两大文豪的兄弟情
席勒的头骨之谜

在18世纪的欧洲,有很多文豪是生死之交,在他们身上,完全看不出文人相轻的影子,有的只是惺惺相惜的深情厚谊。

德国的两大作家歌德和席勒尤其如此。席勒在二十多岁时醉心于文史和美学研究,本已搁笔七年,不料在结识歌德后,受对方的鼓励而焕发出艺术创作的第二春,两人更是合作写下了上千首诗歌,足见这份友谊对二人的重要性。

席勒在三十五岁时认识歌德,从此他摒弃了原有的浪漫主义风格,转而向古典主义靠近。这期间,歌德也写出了《浮士德》的第一部。两人的合作被誉为是德国文学史上的"古典主义"时代。

尽管席勒与歌德在生活习惯上有很大不同,比如席勒喜欢中午起床、晚上工作,歌德很不能理解;席勒还喜欢打牌和抽烟,歌德每次进席勒的房间,都要皱眉抱怨好友不讲卫生,但是这一切都无损他们的友谊,他们如兄弟一般,始终关心对方,视彼此为自己生命中最重要的人。

席勒在四十六岁时不幸早逝,歌德对此悲痛万分,他哽咽道:"席勒的离去,带走了我一半的生命。"

二十年后,席勒的遗骨所在的墓地需要迁移,结果在仓促的动土后,席勒的头骨与其他三十个头骨混在一起无法分辨。

魏玛市市长束手无策,这毕竟是大文豪的头骨,不能有一点闪失啊!后来,他灵机一动,擅自挑了一个最大的头骨,送到了图书馆里。

歌德听说后,非常激动,他迫不及待地去图书馆,花了一番口舌把头骨借回家,然后深信这就是席勒的头骨,便私藏了头骨达数月之久,怀着对好友的思念之情,他还创作了一首诗——《注视席勒的头骨》来缅怀这位挚友。

六年后,歌德因病去世,临终前,他要求将自己的遗体与席勒的头骨合葬在一起。

然而,在一百年后,事情发生了戏剧性的变

位于魏玛的歌德与席勒雕塑

化,科学家又发现了一个疑似席勒的头骨,这一下,大家都有些茫然,不知该如何分清真伪。

这个世纪之谜一直拖到二十一世纪初才得以解决。德国专家组透过DNA检验得出结论,两个头骨的主人均不是席勒,甚至连所谓的席勒的遗骨,也非其本人。

歌德若在天有灵,知晓这一情况,大概会长吁短叹一番,不过他与席勒的交情是有目共睹的,不会随着时间泯灭,而是在一篇又一篇的诗歌中得到升华和永生。

【说文解惑】

席勒是德国有名的诗人、作家、哲学家,也是德国"狂飙突进运动"的代表人物。他在18世纪德国文坛上的地位仅次于歌德,被称为"德国的莎士比亚"。

他自幼热爱写诗,十六岁起就开始进行了抒情诗的创作。青年时期的席勒是轻松而愉悦的,他写出了如《欢乐颂》这样鼓舞人心的诗歌。而当他遇到歌德后,他骨子里已经形成的反专制理念开始表现出来,于是他创造了著名的历史剧《瓦伦斯坦》,这部戏剧将德意志民族在三十年战争中所经历的伤痛袒露无遗。

可以说,歌德对席勒的影响是巨大的,席勒在了解了莎士比亚、鲁索与歌德的作品后,才真正决定献身写作事业。他虽创作时间不长,却为后人留下了大量宝贵的精神财富,也许这就是大师的魅力所在吧!

【朝花夕拾】

狂飙突进运动

18世纪,德国文学界开始反对理性,提倡个人情感至上,在文学风格上由古典主义向浪漫主义转变。参与运动的知识分子都是一些初登文坛并具有反抗封建专制思想的年轻人,他们勇于揭露社会的黑暗,呼吁创新和自由,这场运动的代表人物即为席勒和歌德。

84 他活着却已死亡
幽默讽刺大师马克·吐温

"有人说我能够成功是因为运气,可是你看,我运气那么差,一出生就被淹死了!"

站在演讲台上的美国作家马克·吐温正不乏幽默却又可怜兮兮地对着提问者"哭诉",因为有听众认为他一帆风顺,轻而易举就出了名,似乎从未遭受挫折。

实际上,此时正是他最艰苦的时候。

几年前,他投资的自动排字机产业失败,导致他多年辛苦创作赚下的资金付诸东流。两个女儿一病一死,妻子也重病不起,急需用钱的他才会游历欧洲四处演讲,希望能尽快还清债务。

即便如此,他仍是坚强乐观地应对着一切,他平静诙谐地调侃着自己刚出生时的那场悲剧,仿佛从未恐惧差一点死于非命。

马克·吐温其实有一个双胞胎弟弟,两兄弟出生时长得一模一样,连他们的母亲都分辨不出来。

有一天,保姆带着两兄弟在浴缸里洗澡,结果不慎让其中的一个淹死了,而活着的那个,却不知究竟是哥哥还是弟弟。

于是,母亲就认为活着的是弟弟,并把属于弟弟的名字给了幸存下来的孩子。谁知马克·吐温是活下来的哥哥,于是他在长大后就经常戏称自己已经死去,能活在世上纯属意外。

这也不是马克·吐温第一次"死亡",他原名萨缪尔,而"马克·吐温"是一个离世者的名字,他相当于是替别人又活了一次。

原来,在公元1858年有一位叫塞勒斯的船长用"马克·吐温"为笔名发表了一篇惊人的文章,预言新奥尔良市即将被洪水淹没。萨缪尔一贯爱捉弄人,就模仿船长的风格写了一篇辛辣的讽刺小品。

不料此举大大伤害了船长,老船长从此罢笔,四年后,他离开了人世。萨缪尔得知这一噩耗后,顿时为自己当年的幼稚举动而追悔不已,从此,他一直用"马克·吐温"这个笔名创作作品,以告慰老船长的在天之灵。

经历两次"死亡"之后,马克·吐温已对各种不幸看淡,无论是获取了巨大的名利还是遭受破产和家人离世的双重打击,他都能泰然处之,而将更多的激烈情感投入到对丑恶现实的嘲讽中。

在某一年的愚人节，擅长捉弄他人的马克·吐温反遭人戏弄，其离世讣告刊登在了纽约一家知名报纸上。

马克·吐温的亲戚、朋友听说后哀痛不已，纷纷从全国各地赶往纽约，来为马克·吐温举行葬礼。

谁知，就在大家沉痛地来到马克·吐温家门口，准备替这位杰出的作家打点后事时，却发现当事人正坐在自家窗前专注地写作呢！

这时，众人才知道上了当，不禁怨声载道，怒骂造谣者和报纸没有职业道德、随意发表虚假信息。

马克·吐温见门口聚集了一大帮亲朋好友，有点吃惊，当他弄明白原委后，不由得哈哈大笑，安慰大家："你们都别生气了，报纸上说得没错，我确实有死的那一天，只是死亡日期给提前了。"

幽默大师马克·吐温

众亲朋见马克·吐温都没有生气，也就不再计较此事，大家也趁此机会聚在一起，倒也不失为一大乐事。

在马克·吐温的一生中，发生了很多大大小小的情况，但因为他的乐观和幽默，无论面对的问题是好是坏，马克·吐温总能微笑面对。他是一个有趣的人，经常给人们带来喜悦和欢笑，因而深受人们爱戴。

【说文解惑】

马克·吐温出生平民家庭，在他童年时代，父亲就过早离世，窘迫的生活逼得年幼的他找过很多工作，这些生活经历倒丰富了他日后的写作题材，也算是好事一桩。

马克·吐温是美国批判现实主义文学的创始人，文章以揭露人性丑恶面为主，因语言辛辣尖锐，被誉为"美国文学史上的林肯"。

他在三十岁时娶妻，曾形容婚前三十年都白过了："早知道婚姻生活这么幸福，我在婴儿时期就该去过锅碗瓢盆的生活。"

不过，婚后他的妻女均身体欠佳，加上商业危机，他欠下不少债务，直到他去世前十二年，才把所有负债还清。

马克·吐温一生都在跟资产阶级对抗，喜欢讽刺富人，因而也是富豪们的眼中钉，但这都无损于他身为"美国最杰出的作家之一"的称号。

85 人生最得意的"作品"
大仲马和小仲马

大仲马是19世纪法国著名的浪漫主义作家,他和雨果、维尼等文人齐名,在当时拥有极高的知名度。

很多人都听说过《三个火枪手》,也记住了大仲马的名字,但大仲马的儿子小仲马,相信知道的人会更多。

而在19世纪中叶,小仲马却是无人问津,即便他爱好文学,写出了很多稿子,却始终被出版社拒之门外。

大仲马体谅儿子的辛苦,又自负于自己的名望,便对儿子说:"下次你投稿,就说你是我儿子,那些编辑肯定会重视你的作品!"

谁知小仲马并不领情,反而回绝道:"我不想坐享其成,请让我继续以自己的名义来写作!"

大仲马知道儿子性格倔强,也就没再勉强小仲马,尽管他一直想补偿儿子。

小仲马是大仲马与一位女裁缝师的私生子,当小仲马出生后,大仲马依旧四处拈花惹草且不承认小仲马母子的身份。直到小仲马七岁那年,大仲马才突然心生愧疚,他通过法庭取得了小仲马的抚养权,然后父子俩一起生活了半个世纪。

因为痛恨父亲的朝三暮四,小仲马对妓女的印象并不好。不过当他成年后,他还是对巴黎上流社会的一位名妓玛丽产生了炽热的情愫。

玛丽虽然也喜欢小仲马,可是她却不肯从良。小仲马气愤至极,给玛丽写下绝交信,两人从此老死不相往来。

五年后,玛丽身患肺病,小仲马获悉后,觉得将自己和玛丽的故事写成小说,一定能吸引上流社会的目光,于是他写成了著名的小说《茶花女》,并寄给一家出版社。

皇天不负苦心人,这部小说终于得到了一位资深编辑的欣赏。巧合的是,这位编辑是大仲马的好友,他发现小仲马的地址就是大仲马的家里住址,不禁心生疑惑,以为《茶

传世经典——《茶花女》

花女》出自大仲马的手笔。

然而,《茶花女》的写作风格并不似大仲马一贯的手法,这令编辑百思不得其解。他赶紧找到大仲马询问缘由,这才知道原来小仲马才是真正的作者。

编辑好奇地问:"你为何要取一个其他姓氏的笔名呢?"

小仲马笑着说:"就是怕你们把我和我父亲有所联想,我是想看看我的真实水平。"

于是,《茶花女》顺利出版,得到了法国书评家们的一致称赞,大家都认为这部小说超越了大仲马的名作《基度山伯爵》。

大仲马也为儿子的成绩而骄傲不已,当他在比利时首都布鲁塞尔流亡期间,适逢《茶花女》的话剧在巴黎初演,小仲马给他发了一封电报,说:"演出盛况空前,会让人以为是您的作品!"

大仲马笑着回电:"儿子,我最得意的作品就是你!"

【说文解惑】

亚历山大·小仲马

凭借《茶花女》,小仲马声名鹊起,被选入法兰西学院,这可是巴尔扎克、大仲马可望而不可即的学府。

但小仲马也为此背负了沉重的心灵枷锁,因为该作品是在玛丽病危咯血之时完成的,小仲马相当于是利用将死的玛丽完成了成名的愿望,所以在余生中,他一直良心不安。

为了忏悔,小仲马在写作时加入了很多道德说教,致使他的作品情节平淡,语言比较死板。他大力宣扬家庭和睦、婚姻和谐,对资产阶级的婚姻风气有着深刻的抨击,被后人誉为"社会问题剧的创始人之一"。

【朝花夕拾】

大仲马简介

大仲马全名为亚历山大·仲马,他是法国的小说家和剧作家。一生创作了三百部作品,他的小说以历史背景做基础,加上生动巧妙的语言,组构出惊险刺激的情节,他也因此被称为"通俗小说之王"。

86 丑小鸭的成名之路
童话大师安徒生

很多人从小就熟知丑小鸭的故事,作为童话,《丑小鸭》除了带有浪漫色彩外,还呈现出一种勤勉励志的积极意义,它更像是一部正能量的文学作品。

《丑小鸭》之所以会被写出这种风格,是跟它的作者安徒生有关的。

综观安徒生的童年,便是一部不折不扣的丑小鸭成长史。他出生于丹麦第二大城市欧登赛,父亲是个穷鞋匠,母亲则沦为酒鬼,祖父母性格严重缺陷,而姨母则在丹麦第一大城市哥本哈根开妓院。安徒生生在社会底层,他的童年,便是与贫穷、谎言、欺诈为伍,头顶上覆盖着厚重的阴霾,似乎永远没有阳光普照的那一天。

幸运的是,安徒生的父亲非常喜欢阅读,所以收藏了很多书。安徒生性格孤僻,从不与其他孩子玩耍,就拿父亲的书籍来打发时间,没想到这成了他童年时期的启蒙。

从此,安徒生与书籍结下不解之缘。夜晚,他让父亲在床边给他念《一千零一夜》;夏天,他则在院子里安静地看一下午书,看到眼睛酸疼时,他则抬起头来,凝视着在风中摇曳的醋栗叶子,调节一下自己的情绪。

在他十一岁时,父亲不幸离世,安徒生非常伤心,瘦小的他整日在外面流浪,却没有人关心他。当他到十四岁时,母亲要他去当学徒维持生计,他却胸怀演艺的梦想,坚决不肯。他哭着将那些苦尽甘来的名人发迹史讲给母亲听,最终说服母亲同意了他的想法。于是,他只带着十枚银币,就踏上前往哥本哈根的寻金路。

现实是残酷的。安徒生虽求助那些"贵人",却因平凡甚至可说是丑陋的外貌,始终未获得进入皇家剧院的机会。

他不顾众人的嘲笑,锲而不舍地摸爬滚打,在一年半后好不容易捞到一个角色——扮演一个侏儒。

他以为自己的人生即将展开新的篇章,然而现实总是在冷嘲热讽,他只能当一个不起眼的配角。失望之下,他决定另辟蹊径当一个作家,可是他的小说无法出版,甚至有人劝他死心:"别出书了,如果你想得到我尊重的话。"

安徒生儿时在欧登塞的家

在哥本哈根漂泊的三年间,安徒生始终很穷,他已经长大,却买不起合适的衣服,在人们眼中,他的行为举止异常可笑,是一只不折不扣的"丑小鸭"。

安徒生的监护人不忍看到这个孩子意志消沉下去,就送安徒生去文法学校就读,谁知在那里,安徒生又遭到校长的无理谩骂,还被禁止写作。安徒生跌入了人生的最低谷,他以为自己这辈子就这么完了,甚至想到要结束自己的生命。

幸好,丑小鸭在彷徨之际树立起了信心,勇敢地蜕变成美丽的天鹅,安徒生将对校长的不满写成了一首扬名海外的诗歌《垂死的孩子》。

第二年,这首诗以德语和丹麦语两个版本登在了《哥本哈根邮报》的头版上,而此时,文法学校的校长仍在固执地阻止安徒生写作。

不过此时,安徒生已经逃出了禁锢自己的校园,他在三年时间内创作出一系列为后人津津乐道的童话——《打火匣》《豌豆公主》《小意达的花儿》,并获得了巨大成功。四年后,他出了自传性作品《丑小鸭》,用童话的笔触对自己的童年做出了总结,而此时,他的艺术春天已经真正到来。

安徒生是丹麦著名的童话作家和诗人,被誉为"世界儿童文学的太阳"。

【说文解惑】

当年,安徒生离开欧登赛时,做梦也没想到自己将响彻世界。后来他在欧洲漫游时,见到了狄更斯、格林兄弟、雨果、大仲马父子等多位名家,还享受到丹麦皇家的尊贵礼遇,足见他的成就为世人瞩目。

在安徒生七十岁寿辰时,国家决定在哥本哈根的中央公园为他树立一座雕像,初稿却令安徒生大为不满,因为设计者画了一个孩子在安徒生怀里,安徒生则认为自己不仅仅是个儿童文学家,更是个为所有人写作的作家。后来,设计者按安徒生的意思只雕了他一个人,拿着一本书。

一年后,安徒生因肝癌去世,丹麦全国为失去这样一位杰出的大师而哀痛不已,并为其举办了隆重的葬礼。

87 一个可怜女孩留下的阴影 富有正义感的雨果

维克多·雨果是法国十九世纪享有盛名的大文豪,他富有正义感和同情心,对普通百姓深切关注,并写下很多为人民呼吁平等和自由的巨著。

雨果为何会如此热爱普通百姓呢?这还要从他少年时说起。

在一个炎热的夏日,雨果去拜访朋友,途经巴黎法院门前的广场时,他看到一位年轻美丽的女孩被绑在柱子上。女孩瞪着灰色的大眼睛,吓得瑟瑟发抖,她的身上沾满尘土,衣服也破了好几处,似乎在被绑之前经历了一番凶狠的挣扎。

"看,这就是偷窃的下场!"雨果身旁一位穿金戴银的贵妇傲慢地对她的女仆说。

女仆看一眼柱子上的女孩,低下头去,唯唯诺诺:"是的,夫人!"

雨果这才知道,被当众羞辱的女孩犯了偷窃罪,可是他看着女孩那纯真如雨露一般的面孔,始终无法相信对方是小偷。

这时,一个行刑者狞笑着,从女孩面前的火盆里拿出一根烧得通红的烙铁。

只见那女孩抖得更厉害了,她惊恐地张大嘴,狂叫着:"求求你!放过我!求求你!"

广场上所有的人都无动于衷,甚至带着看好戏的神情等待对女孩的惩罚。

雨果为女孩的遭遇而揪心不已,他无能为力,只能眼睁睁看着行刑者将烙铁毫不留情地按在女孩裸露的后背上。

女孩发出高分贝的尖叫声,两眼翻白,晕死过去。烙铁却仍留恋着她的肌肤,冒出丝丝蒸气。一时间,广场里充斥着皮肉焦煳的味道,仿佛那女孩已成了一只烤熟的小鸟。

雨果不忍再看下去,他转身就走。可是,女孩的惨状仍深深刻在他的脑海里,挥之不去。

名画《自由引导人民》描绘了七月革命的情景。

成年后的雨果成了一个作家,公元1831年,他发表了富有浪漫主义色彩的《巴黎圣母院》。在书中,他以那位被惩罚的女孩为原型,描写了一个美丽又可怜的吉卜赛姑娘埃斯梅拉达。

埃斯梅拉达有惊人的美貌,却也因此蒙受了巨大的灾难。她被巴黎圣母院的副主教弗洛罗觊觎,却拒绝了后者的示爱,结果被诬陷杀人,死于绞刑架下。

雨果藉埃斯梅拉达的故事,表达了对封建制度和教会的强烈不满,他希望民众能够不再受到歧视和压迫,整个社会都能平等和进步。

十多年后,法国掀起了轰轰烈烈的大革命,七月王朝被推翻,可是不久后皇室又搞起了复辟。

雨果遭到迫害,不得不开始了流亡生活。他再出佳作,创作出代表作《悲惨世界》。在这部小说中,广场上的女孩又变成了农村姑娘芒汀,芒汀进城务工时受人诱骗,生下了一个女儿,她把女儿送到一家旅店寄养,却受到店老板的恶毒敲诈。她没有办法,被迫卖掉美丽的头发和牙齿,又当了妓女,却仍无法与贫困和疾病抗争,最后痛苦地死去。

在《悲惨世界》中,雨果对资本主义社会的控诉达到空前激烈的程度,他揭示了不同阶层深刻的矛盾,抨击了资产阶级的虚伪。

雨果终其一生都在为人民而抗争,八十三岁时,他与世长辞,法国议会为他举行了国葬,而饱受压迫的底层民众纷纷前来哀悼,为这位富有正义感的大文豪送上最后一程。

维克多·雨果被人们称为"法兰西的莎士比亚"。

【说文解惑】

维克多·雨果是19世纪浪漫主义文学运动的代表作家,他的一生几乎贯穿了整个19世纪,并对当时的法国和世界产生了巨大的影响。

他致力于反映各阶级之间的尖锐矛盾和贫富差距,因而作品中充满了人道主义的光辉。他一生著作颇丰,六十多年里创作了二十六卷诗歌、二十部小说、十二部剧本和二十一部哲学论著。

著名哲学家萨特认为,雨果可能是"法国唯一真正受到民众欢迎的作家",他的作品饱含爱国热情,风格昂扬、充满斗志,这使他越来越像一个拿着笔的战士。而他还曾用自己的稿费为国家买了两门大炮,充分显示了他的无私奉献精神。

88 无法自拔的艺术人生
法国大文豪巴尔扎克

"现代法国小说之父"巴尔扎克堪比勤劳的啄木鸟，他在19世纪30至40年代笔耕不辍，在短短二十年时间里足足写出了九十一部作品，足见他的认真程度。

凡事有利也有弊，正是因为认真与勤奋，巴尔扎克闹出了不少笑话。俗话说，人生如戏，可是在巴尔扎克眼里，人生就是万千戏剧，他已分不清戏里戏外的差别了。

巴尔扎克喜欢跟朋友们聚会，很多文艺界的朋友会时常来到他的住所闲聊。某一次，巴尔扎克坐在众人的中间，正在兴高采烈地发表观点，突然，他变了脸色，竟从嘴里吐出一连串恶毒的咒骂："你这个混蛋流氓！你该下地狱！我看你怎敢在这里胡说八道！"

朋友们顿时吃了一惊，他们见巴尔扎克双颊潮红一脸严肃，均以为这位好友在骂着在场的某个人。

大家莫名其妙，面面相觑，心里泛起了嘀咕，怕巴尔扎克对自己有所不满，可是又觉得奇怪，自己并没有做错什么啊！

就在众人一头雾水之际，巴尔扎克站起身，充满歉意地说道："各位，非常抱歉，你们继续聊，我得进屋改小说了！"

好友们这才明白来，不由得哈哈大笑。原来，巴尔扎克是觉得不该这样写小说，在骂他自己呢！

后来，朋友们都习惯了巴尔扎克对工作的狂热态度，也就不再在意他骤然异常的言行。巴尔扎克感激朋友们对他的理解，却没有改变自己的性格，越是让自己变得像个文学"疯子"。

有一天，他正准备出门，一个朋友和他打招呼，问他去哪里。巴尔扎克仍在思考自己小说的情节，不禁脱口而出："我要去阿隆松，到戈尔蒙小姐和贝奈西先生所在的格伦诺布尔城去。"

朋友好奇地问："谁是戈尔蒙小姐和贝奈西先生？"

巴尔扎克挥一挥手，不客气地说："谈论他们并没什么好处，还是谈一谈欧也妮葛朗台小姐吧！她是我见过的最善良的女人！"

这下他朋友更惊奇了，因为他根本不知道葛朗台小姐是谁。朋友没有办法，只好与巴尔扎克交谈起来，结果谈了半天，他才又好气又好笑地发现巴尔扎克口中的人全是小说人物!

巴尔扎克正谈得高兴,他忽然一拍脑袋,对朋友喊道:"我送给你的那匹白马还好吗?"

"白马?"朋友一愣,哭笑不得地说,"我怎么不记得有这回事?"

巴尔扎克仔细想了一下,顿时笑起来,向朋友道歉:"不好意思,我在小说中写过送朋友白马,还以为给你送了呢!"

好在朋友已对巴尔扎克的思维习以为常,并没有怪他。也许正是这种对作品的代入感,才成就了一个伟大的艺术家,才能让一部又一部的佳作问世,丰富世人的精神世界。

巴尔扎克肖像画

【说文解惑】

巴尔扎克出生于法国一个中产家庭,因对文学充满喜爱之情,他不顾父母的反对开始写作,可惜最初遭遇失败。灰心的他开始从事商业活动,不料损失更重,让他债台高筑。

塞翁失马,焉知非福,从商的经验为巴尔扎克提供了写作的素材,从第一部小说《朱安党人》开始,他用辛辣的笔触揭露资产阶级的腐朽与黑暗,赢得了社会上的极大关注。后来,他的小说被统称为《人间喜剧》,被誉为"资本主义社会的百科全书"。

【朝花夕拾】

负债终生的巴尔扎克

巴尔扎克之所以会疯狂写书,一定程度上跟他的债务有关。早年他经商失败,欠下大笔债务,加上之他挥霍无度,所以直到他去世,债务仍旧没有还清。因为负债,巴尔扎克不得不经常变更住址,来逃避债主和警察,而他最大的愿望,则是能娶到一个富孀。在笔耕二十载后,他终因过度劳累而与世长辞,享年五十一岁。

89 戏剧双雄的伦敦之争
萧伯纳和王尔德

公元1892年，伦敦上演了一场关于戏剧的戏剧性争斗，城里的人们饶有兴趣地议论着风暴中的两个焦点人物——萧伯纳和王尔德，一时之间为选择去看谁的戏剧而愁破了头。

看萧伯纳，还是王尔德，这是个问题。

这一年，对萧伯纳来说是具有人生转折意义的一年。他的多部剧本，如《鳏夫的房产》《荡子》《华伦夫人的职业》终于问世，并被改编成舞台剧，享誉伦敦。回望之前的八年，他因阶级无名而遭受各种白眼和怠慢，真是一个天上一个地下啊！

与此同时，另一位戏剧家王尔德也是不遑多让。在一年前，王尔德以一部《道连格雷的画像》轰动文坛，而他的戏剧《温夫人的扇子》也为人津津乐道。

比起半路出家的萧伯纳，王尔德可谓顺风顺水，他的家境不错，所以有钱去读书，碰巧他又是个天才，更有资格去彰显个性。

王尔德毕业于牛津大学，以优异的成绩拿到了全额奖学金，而后又出版了第一部诗集，开始在文坛崭露头角。

虽然还是个新人，王尔德却相当自信，他一直以"活得潇洒"作为自身信条，坚持特立独行的风格，竟然意外获得了社交界的认可。

在当时，伦敦的风气还是比较开放的，爱穿奇装异服、一开口就爱嘲讽人的王尔德很快就脱颖而出，一些杂志以登他的讽刺小说为荣。

相较之下，萧伯纳的境况就惨多了，他因家境贫寒而被迫辍学，当移居到伦敦后，他欲投身文艺界，孰料第一部书稿即遭审稿人的断然拒绝。

后来他想从事戏剧创作，并和他人合伙创作，又因双方意见不一致而搁浅。

屡遭挫折的萧伯纳在公元1888年认识了马克思的女儿艾琳娜，因后者而接触到了易卜生的戏剧，从而改变了他以为戏剧作家都是乌合之众的想法。

萧伯纳与鲁迅、蔡元培的合影

从此，萧伯纳对易卜生膜拜至极，积极研究对方的戏剧理论和风格，并受其影响，批评王尔德"为了艺术而艺术"，两位戏剧家的争斗已达到白热化程度。

公元1894年之时，这两位剧作家在伦敦争霸称雄，为英国戏剧界带来新鲜血液，没想到仅一年之后，他们的人生就发生了惊天动地的变化。

王尔德被上流社会指控伤风败俗，随后被判处两年有期徒刑。在他最艰难的时期，他的妻子离他而去，连他的朋友也明哲保身。有意思的是，萧伯纳却挺身而出，竭力维护王尔德的声誉，这也许是文人之间的惺惺相惜吧！

出狱后的王尔德心灰意冷，他去了巴黎，但他的声望已大不如前，仅仅四年后，他就因脑膜炎而离开人世。萧伯纳的声势却扶摇直上，公元1925年，他获得了诺贝尔文学奖，其后他的作品又被鲁迅引进至中国，成为中国家喻户晓的人物。

都柏林王尔德雕像

【说文解惑】

萧伯纳，全名为乔治·伯纳·萧，是爱尔兰剧作家；王尔德，全名为奥斯卡·王尔德，也是一位爱尔兰文学家。爱尔兰虽是个小国，却对世界文学做出了极大的贡献。

爱尔兰文学的范畴包括：诗歌、小说、戏剧。爱尔兰的诗歌最早可上溯至公元6世纪，18世纪后出现了一批杰出的诗人，如乔纳森·斯威夫特、叶芝等。爱尔兰的小说诞生于18世纪，乔纳森·斯威夫特的作品《格列佛游记》是代表作，到19世纪，爱尔兰文坛出现了一位伟大的作家詹姆斯·乔伊斯，他的《尤里西斯》被誉为意识流小说的巅峰之作。

至于戏剧方面，则首推萧伯纳、王尔德和叶芝的作品。萧伯纳擅长爱尔兰式的幽默的讽刺风格，而王尔德则是唯美主义的代表。至20世纪，塞缪尔·贝克特创作出《等待戈多》等一系列存在主义巨作，揭露了荒诞的社会现实，对后来的文学流派产生了重要影响。

90 未完成的绝笔
尾崎红叶和《金色夜叉》

提及日本作家,很多人会想到村上春树、渡边淳一,认为二者是畅销小说的代表。实际上,有一个作家的著作超越了前两人,是日本文坛当之无愧的畅销小说家。

此人就是砚友社文学的创始人尾崎红叶,而他的畅销书,就是他的绝笔之作《金色夜叉》。

金色夜叉是浑身散发着黄金般光芒的恶鬼,这是对小说的男主角贯一的比喻。贯一热烈地爱着女主角阿宫,却遭遇对方的背叛,他愤怒地选择了致富的快捷方式——放高利贷,从而让自己变成了金钱的恶魔。

在小说的开篇,少女阿宫倾国倾城,是所有男人关注的焦点,即便富二代富山手上有颗价值连城的钻戒,也依旧和贯一在一起。

谁会想到,这样一对缠绵的情侣,竟然因金钱而分手,二人在伊豆半岛的热海温泉边诀别,催人泪下。因为这部小说,热海温泉竟成了日本著名的旅游胜地,而泉水边至今仍矗立着男女主角的雕像,可见尾崎红叶的影响力。

在写《金色夜叉》之前,尾崎红叶已经组建了文学社团"砚友社",他用七年的时间发展壮大该社,社团鼎盛时期人数达到了两百多人,成为当时最大的文学流派。

尾崎红叶还广收弟子,他与唯美派作家泉镜花的师徒情被传为美谈。

泉镜花十九岁时,去东京拜访尾崎红叶,家境贫寒的他随后成为尾崎家的门丁。

镜花喜欢写作,却得不到指导,因而非常苦恼。此时的尾崎红叶二十五岁,已发表了《两个比丘尼的色情忏悔》、《香枕》、《三个妻子》等作品,在文坛享有一定的声望。

尾崎红叶很快就知晓了镜花的心思,于是收对方为徒,悉心指导。镜花因父亲去世,丧失经济来源,差点选择自杀,要不是在恩师的指引下出版了自己的第一部小说《冠弥左卫门》,一颗文坛新星或许将从此在世间消失。

有意思的是,在《金色夜叉》里教导人们"若爱,请深爱,不要因为金钱的诱惑而误入歧途"的尾崎红叶,居然反对徒弟的自由恋爱。

镜花在二十六岁时邂逅了艺伎阿铃,旋即坠入爱河中。可是尾崎觉得阿铃身份太卑微,坚决反对这场恋爱。

那时,《金色夜叉》已经在报纸上连载,每天都有万千读者翘首以待。镜花读着恩师的小说,心中五味陈杂,他虽深爱阿铃,却不能忘记恩师的知遇之恩,于是婚事就这样拖了下来。

写《金色夜叉》时,尾崎的胃病一天天地严重了,到故事的结尾,他竟然咳出了血。尽管他努力想将小说收尾,可是老天并没有那么慈悲,在三十四岁时,尾崎终于撒手人寰,留下未竟的绝笔《金色夜叉》,不由得让人感慨万千。

镜花得知恩师的死讯后,悲痛欲绝。尽管他已无阻力且顺利和阿铃成婚,但他仍牢记恩师的教诲,努力写作,为后人留下了一系列充满浪漫色彩和唯美倾向的著作。

【说文解惑】

才高命短的尾崎红叶

尾崎红叶虽然生命短暂,却因《金色夜叉》和砚友社而成为重要的作家。早在读大学时,他就和小说家山田美妙等人创立了砚友社。他早期的创作风格受古典主义的影响,注重文字游戏,但后来的作品风格变成了风俗化写实,开始关注情节和趣味性。经过尾崎红叶的努力,砚友社文学在明治时期具备了一定影响,使很多读者对文学产生了兴趣,因而尾崎在世时,砚友社时代又被称为"红叶时代"。

尾崎红叶的著作偏好浪漫主义,多是悲剧,《金色夜叉》是他最重要的作品。在他离世后,读者仍期待着《金色夜叉》的完结,甚至有一名贵妇立下遗嘱:希望有朝一日能将小说的最终版放一册在自己的灵位前。

【朝花夕拾】

世界两大"爱情教科书"

《金色夜叉》和加西亚·马奎斯的小说《霍乱时期的爱情》被并称为"两大爱情教科书"。《霍乱时期的爱情》是根据马奎斯父母的故事改编而成,作者将一段长达半个多世纪的爱情置于霍乱横行的大背景下,展现出真爱超越时空和困境的无穷魅力,因而又被西方媒体誉为"我们时代的爱情大全"。

91 是逃犯也是天才
"欧·亨利"的由来

　　三百六十行，行行出状元，就算是逃犯，也会发光。

　　19世纪末，一个叫西德尼·波特的年轻人心烦意乱地踏上火车，准备前往奥斯汀。原来，在五个月前，他被得克萨斯州的陪审团控告侵吞银行公款，结果在被传讯的前一天，他惊慌失措地出逃，当下又因良心不安，想回城自首。

　　可是，波特确实是个天才，他擅长写作，能在脑海中轻易勾绘出扣人心弦或是惊心动魄的场面。现在，他不由自主就开始幻想被捕后的情景，甚至想到以后自己将被终身囚禁然后被恶人陷害，在一个暴风骤雨之夜猝死。

　　他越想越害怕，恐惧瞬间攥住了他那颗脆弱的心，他差点瘫在列车上，眼看着还有两站就要到达终点，他匆忙在下一个站台下车，又买了一张车票，逃往新奥尔良。

　　接着，他又去了洪都拉斯。在那里，他终于可以免除被引渡的危险。然而，文人犹豫不决的弱点使他变得极度思念故乡，最终，他重新回到新奥尔良。

　　波特仍是在迟疑，一方面想回奥斯汀，另一方面又害怕接受法律的制裁，于是他在新奥尔良止步不前。

　　城内有一家"烟厂酒吧"，老板叫亨利，最喜欢给记者们提供一些独家消息。因此，各家报纸的记者们时常在酒吧内聚会，分享各种新闻，烟厂酒吧也就有了另一个名号——报业俱乐部。

　　对文学十分感兴趣的波特自然受到吸引，也经常光顾烟厂酒吧。

　　有一天，他发现艺术家斯特斯·海普纳和记者比利·包尔在吧台边喝酒，就走过去搭讪。

　　波特对着老相识亨利打招呼道："欧，亨利，我要一杯和他们一样的酒！"然后，他掏出自己的一篇文章，对海普纳和包尔说："来看看我的大作，只是我还缺一个笔名，你们能帮我想想吗？"

　　海普纳听完，戏谑道："你不是经常说：欧，亨利！我看你用这个名字正合适。"

　　波特和包尔哈哈大笑。

　　第二年，他接到妻子病危的消息，就马不停蹄赶往奥斯汀，可惜刚回去就被逮捕，五个月后，妻子也不幸离世。

　　第三年，他被判处五年有期徒刑。波特的女儿还在上学，波特感到了前所未有的经济压迫感,为了维持生计,他在狱中开始写短篇小说。

当监狱里的第一篇小说完成后,波特再度遇到取笔名的难题。他不想用真名,因为这代表了被囚禁的耻辱。

突然之间,他回想起曾经在烟厂酒吧的那个笑话,那些温暖的玩笑激荡着他的心田,他会心一笑,署上了"欧·亨利"的名字。从此,"欧·亨利"开始创作出一系列短篇小说,成为著名的世界短篇小说大师。

举着竹伞的威廉·波特

【说文解惑】

欧·亨利属于"逼上梁山"的作家,经济原因迫使他不得不在监狱里写作。而他之所以选择短篇小说,就是因为篇幅短小的作品能快速写好,且能在很多地方发表。

不过,欧·亨利对写作是发自心底的热爱,他曾立志当个画家,二十九岁时,他被生计问题所逼当上了银行的出纳员,却不止一个顾客反映,这位心不在焉的出纳员在闷头画画。

后来,欧·亨利决定改变自己的志向,他创办了《滚石杂志》,后又当上专栏作家,但是随着他的入狱,人生被改写,转而向短篇小说进军。

十年后,欧·亨利名利双收,却染上了酗酒的恶习,过度的身体透支让他的健康急剧恶化,不过他仍创作出了举世瞩目的佳作《最后一片叶子》,让世人领略到他所要表达出来的细腻柔情。

【朝花夕拾】

欧·亨利式结尾

在欧·亨利的作品中,主角的命运或心理总会陡然发生变化,虽在情理之中,却有人觉得读多了没有意思。于是,欧·亨利在逝世那年开始写作《梦》,期待能藉这部小说转型,可惜还未等他完成作品,就溘然长逝了。

92 爱情总在轻易说再见
印度诗人泰戈尔

人生最痛苦的，莫过于情感上的得不到和已失去，而这两样却偏偏让印度大诗人泰戈尔占全了。

上帝是公平的，爱情虽然不幸，泰戈尔的家境却十分阔绰，这让他不必为了生计而烦恼，可以投入全部身心进行文艺创作。

十八岁那年，泰戈尔遵从父命去英国学习英文，谁知他在动身去欧洲前，陷入了一场热烈的爱恋中。

对方是个与泰戈尔年龄相当的活泼少女，连名字都那么可爱——安娜。安娜是泰戈尔的英语老师，她对这个异国少年非常好奇，两人刚接触的时候，她常常会被泰戈尔的印度口语逗得捧腹大笑。

可是时间一长，安娜就发现泰戈尔是个天才少年，她旋即被对方的才情所倾倒，不禁动了少女的芳心，绞尽脑汁想对泰戈尔表白自己的心意。

有一天，安娜正教到英国人的礼仪习惯，她灵机一动，告诉泰戈尔，如果能偷到正在熟睡的女人的手套就可以无条件地吻她。她说这些时眼里充满着期待，可惜泰戈尔竟然没有任何表示。

当安娜说完这些话，她真的在安乐椅上"睡着"了。可是泰戈尔明明看见少女偷偷睁开眼，对着挂在晾衣架上的长手套飞快地瞥了一眼。那一刻，安娜的表情是失望的，那双手套一直都在，从来不曾丢失。

其实，泰戈尔不是不明白安娜的心思，只是他深知时间会带来可怕的变量，而他们都太年轻，无法预料未来会怎样，也许他只是没有勇气去接受将来的变化，与其长痛，不如立刻放手。

两个月后，泰戈尔告别安娜，踏上了前往英国的邮轮。

临行前，他才敢透露出一点自己的爱恋，他为安娜取了个充满诗意的孟加拉国名字——纳莉尼，并给心爱的少女写了一首诗，在诗中他小心翼翼地写道："我望着她的脸，晶莹的眼泪颤动着，直到不能说话的痛苦，烧得我的睡眼，如同一个水泡……"

泰戈尔走后，安娜被迫嫁给了一个大她二十岁的男人。她过得一点也不幸福，且仍在思念泰戈尔，结果只用了一年，就在无尽的忧伤中香消玉殒。

临死前，她还给泰戈尔的哥哥写信，提及曾与泰戈尔相处的那些快乐。

两年后，当泰戈尔回国，接到的是安娜死去的噩耗，他悲痛欲绝，痛恨自己没有早点告诉安娜他的心意。

此时,泰戈尔的家人正忙着帮他找结婚对象。泰戈尔的父亲认为儿子过分专注文学创作是在玩物丧志,为了让泰戈尔恢复责任心,父亲竟挑了一位比泰戈尔小十一岁的姑娘做儿媳妇。

这位名叫帕兹达列妮的姑娘在与泰戈尔成婚时只有十一岁,且几乎是个文盲。但泰戈尔并未反对这门婚事,爱情在他心中已经死去,他要的不过是个婚姻的形式而已。

他给妻子改名为穆里纳莉妮,将情人的名字安在了这位陌生的小姑娘身上。妻子并不知其意,反而觉得这名字是丈夫给予自己的一个期待,因而很高兴。

婚后,穆里纳莉妮努力地做着一个妻子应尽的职责,她生了五个孩子,全力照顾着丈夫的生活。为了对泰戈尔的创作有帮助,她学会了孟加拉语、梵语和英语,甚至还能把用梵文书写的印度史诗《罗摩衍那》翻译成孟加拉国语。她还参与演出了丈夫的戏剧《国王与王后》,她在与泰戈尔相伴的二十年时光里任劳任怨,尽到了一个妻子的本分。

可是泰戈尔仍在想念心中的纳莉尼,并未意识到妻子的重要性。直到他四十二岁那年,妻子积劳成疾,一病不起,他才心慌起来。

他突然发现自己对妻子的依赖,在妻子去世前的最后两个月里,他日夜守护在她身旁,为她读书,给她送水递饭,然而诗人的一腔深情却没能获得死神的恩赐,最终穆里纳莉妮在无限遗憾中去了天堂。

泰戈尔感觉自己的精神世界都崩溃了,他成天在阳台上踱来踱去,不和任何人接触。从此,他再未娶妻,在他的心中,妻子只有一个,就是穆里纳莉妮。

【说文解惑】

印度诗人泰戈尔在全世界享有盛名,他一生共写了两千多首诗,包括为中国人所熟悉的诗集《新月集》、《飞鸟集》,其中《吉檀迦利》获得了诺贝尔文学奖。而他也成为亚洲首位获得诺贝尔文学奖的作家。

此外,他的艺术成就还表现在戏剧和小说创作上。他共写了四十多部剧本、十二部中长篇小说和一百余部短篇小说。令人惊奇的是,他还创作了两千五百多首歌曲,连印度国歌都是他的杰作。他还在晚年学起了绘画,并以六十九岁高龄在巴黎举办了自己的首届画展,获得巨大的成功。

93 赚小费的大文豪
《战争与和平》作者托尔斯泰

完美主义者追求完美,却未想到"完美"也是对他们的惩罚。

写下鸿篇巨著《战争与和平》的作家托尔斯泰,就是一位被自己的思想所连累的人。他在晚年经常外出走动,以排解内心的忧郁情绪。

他住在亚斯纳亚·波利亚,离俄国首都莫斯科有两百公里。他逐渐喜欢上了徒步,背上一个虽然陈旧但很干净的大布口袋,跟流浪汉们一起旅行。

一般五天后,他就可以到达莫斯科,中途如果要吃饭休息的话,托尔斯泰就会在马路边的小旅馆里解决。当然,如果运气不好,他也不会计较,随便找个地方歇息,丝毫没有大文豪的架子。

谁也不认识这位白发苍苍的老人,托尔斯泰反而很享受这种状态。他觉得透过行走,能更好地了解俄国人民的生活,这样就能让他更好地修正自己的思想,累积创作素材。

有一回,他来到火车站,本来又困又饿,想在三等车厢的候车室休息,可是火车来来回回的穿梭声和汽笛声吸引了他,他忽然起了兴致,决定去站台上走走。

一辆列车停靠在站台旁,即将启动。正当托尔斯泰慢慢地往前走时,一个尖锐而焦急的声音响起:"老头,等一下!"

托尔斯泰闻声望去,只见一个打扮时髦的贵妇人将脑袋探出车窗,呼喊着:"你去盥洗室把我的手提包拿来,快点!"

尽管妇人的口气很冲,托尔斯泰却并没有不悦,他见对方很着急,就三步并作两步地取回手提包,交还到妇人手里。

"太好了!"贵妇人眉开眼笑,打开手提包,取出一枚五戈比的铜钱,递给托尔斯泰,说道,"这是给你的赏钱!"

托尔斯泰没有拒绝,平静地将铜钱收下。

这时,坐在贵妇人身边的乘客认出了托尔斯泰,不由得大吃一惊,对妇人说:"你知道你在和谁对话吗?"

妇人斜睨一眼朴素得跟农民一样的托尔斯泰,从鼻子里发出一声冷哼:"我怎么知道!"

"哎呀,你怎么这样孤陋寡闻!"乘客摇头叹息,告诉对方,"他就是大名鼎鼎的列夫·尼古拉耶维奇·托尔斯泰呀!"

贵妇人张大了嘴巴,她目瞪口呆了两秒,忽然从喉咙里爆发出一阵尖叫:"天哪!居然是大文豪!天哪,我都做了些什么呀!"

她慌忙对托尔斯泰请求道:"原谅我吧,先生!我真的很抱歉,请把铜钱还给我,我不是有意的!"

托尔斯泰笑着摇摇头,回应道:"这五戈比是我的报酬,我应当收下。"

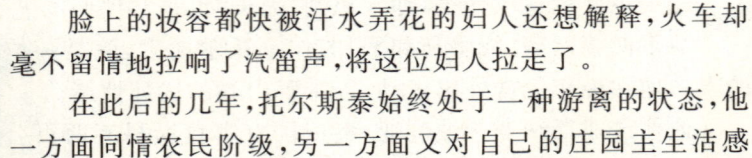

脸上的妆容都快被汗水弄花的妇人还想解释,火车却毫不留情地拉响了汽笛声,将这位妇人拉走了。

在此后的几年,托尔斯泰始终处于一种游离的状态,他一方面同情农民阶级,另一方面又对自己的庄园主生活感到不安。终于在几年之后,不顾妻子的苦苦挽留,他再度踏上出走之路。

可是这一次,他再也没有回来。就在路上,他患上了肺炎,数日内病情就迅速恶化,最后在阿斯塔波沃车站病逝。

【说文解惑】

正如托尔斯泰苦恼的那样,他虽致力于为人民争取利益,但他自己却是一位不折不扣的中产阶层。

他一生中的大部分时光在亚斯纳亚·波利亚的庄园中度过,在那里,他创作出了《战争与和平》《安娜·卡列尼娜》等不朽著作,其中《战争与和平》他写了六年,修改了无数次,其中他因为一名不堪军官虐待的士兵辩护,开始反对法庭和死刑,并形成了自己的看法。

托尔斯泰是19世纪中叶俄国伟大的批判现实主义作家、思想家,除了创作出大量小说、剧本外,他还写下了很多童话。此外,他还提出了"托尔斯泰主义",亦是一位卓越的政治运动家。

托尔斯泰身着农民服装,列宾画于公元1901年。

【朝花夕拾】

托尔斯泰主义

托尔斯泰追求完美,于是托尔斯泰主义宣扬了一种理想状态:在道德上需自我完善,不以暴力解决问题,对整个世界充满爱。虽然该主义太偏激,但也是特定时间的产物,因此仍具有一定的合理意义。

94 决裂十七年后的重逢
屠格涅夫的阴差阳错

19世纪的俄国出现了很多文学巨匠,他们之中的一些人成为朋友,并关系融洽,只是当时的俄国正处于社会剧烈动荡时期,各种思想激烈争锋,导致文人们常出现友谊破裂的情况。

最漫长的决裂当属屠格涅夫与托尔斯泰长达十七年的绝交。

事情源自两人的一次闲谈。

当时,屠格涅夫称赞自己的女儿将她不穿的干净旧衣物送给穷人的行为是一种善举,坐在一旁的托尔斯泰听不下去了,当场反驳道:"您觉得这样做合适吗?"

"当然合适!"屠格涅夫听出了托尔斯泰话里的讽刺之意,不悦地大声说。

托尔斯泰不肯罢休,继续说:"把自己不要的东西送人,根本就不是慈善之举,只有把心爱的东西给别人,才能真正展现善良的心!"

如此一来,屠格涅夫在朋友们面前很没面子,他气得暴跳如雷,面红耳赤地嚷道:"你要继续说下去,我就扇你一巴掌!"

托尔斯泰也气坏了,他立刻出门找来一把手枪,准备和屠格涅夫决斗。

可是二人毕竟还是朋友,托尔斯泰并不想彻底毁掉这份友谊,于是他给屠格涅夫写了一封信,希望对方能向自己道歉。

其实,当托尔斯泰气冲冲地出去后,屠格涅夫也很快意识到自己的言行欠妥,当收到托尔斯泰的信后,他马上回了一封信,表达了自己真挚的歉意。

谁知,阴差阳错,屠格涅夫的这封信送到了托尔斯泰的庄园里,而此时托尔斯泰还没有回家,送信人只好将信带回。

屠格涅夫不得不又书写了一封信,正要吩咐仆人送过去,却接到了托尔斯泰的一封言辞激烈的挑战信。

原来,托尔斯泰迟迟没有收到屠格涅夫的信,以为对方毫无悔过之意,顿时气得七窍生烟,正式要求决斗。

屠格涅夫没有办法,只得一边道歉,一边同意接受挑战。朋友们得悉此事,连忙进行劝慰,终于息事宁人,然而决裂已无可避免,而这份仇恨竟深埋了十七年。

有句话讲得好,恨即是爱的另类表现。虽然二人不愿提及对方名字,但他们仍在默默地关注对方。

十四年后,屠格涅夫欲将托尔斯泰的几部作品翻译成法文,并准备翻译托尔斯泰的《哥萨克》。他让好友去问托尔斯泰是否同意,托尔斯泰闻讯愕然,往昔的情分在他心中激荡,他颇有感慨地默许了屠格涅夫的做法。

随后,托尔斯泰名扬欧洲,屠格涅夫功不可没,而两位文豪已经感觉到了深深的遗憾,却碍于面子,一直没有开口和解。

又过去了三年,托尔斯泰在五十岁时终于觉悟,他主动给远在巴黎的屠格涅夫写信,请求对方能原谅自己。

屠格涅夫终于等到了托尔斯泰的道歉,他激动得哭了出来。三个月后,屠格涅夫回国,终于和托尔斯泰见面,二人回忆起十七年的冷漠,不由得唏嘘错过了那么多的光阴,从此以后,他们再也没有过分歧。

【说文解惑】

一直以来,屠格涅夫给予了托尔斯泰很大帮助,托尔斯泰的巨著《战争与和平》就是经屠格涅夫的翻译而风靡欧洲。

屠格涅夫是俄国的现实主义作家,他擅长批判风格,因写下揭露残酷农奴制的《猎人笔记》而惨遭俄国政府放逐。在被拘留期间,他又写成了著名的反农奴制短篇小说《木木》。

屠格涅夫是第一个现实主义精神最充分、现实主义手法最纯熟的俄国小说家。

随后,屠格涅夫又陆续发表了《父与子》、《烟》等代表作。他的小说以中长篇为主,主题围绕着爱国主义、民主展开,富含哲理,但又充斥着悲观情绪。

【朝花夕拾】

绝交前的裂痕

托尔斯泰在还未成名时,写了一部名为《童年》的小说,得到了屠格涅夫的极大赞扬,二人还因此成了朋友。不过,二人在年轻时常因观点的分歧而发生矛盾。托尔斯泰对贵族风格不屑一顾,而屠格涅夫又恰巧是在托尔斯泰讨厌的阶级里的,于是两人在绝交前就十分痛苦,渴望接近对方却又无能为力。

95 当精神病患者在清醒时
普鲁斯特和《追忆似水年华》

这世界像一艘沉闷的方舟,被黑暗的羽翼所包围。

密不透风的暗色系窗帘,紧闭的铁门和窗,门外的鸟语花香仿佛是几个世纪以前的往事,那满大街行走的风情女郎和温柔绅士已去了遥远的神秘世界。

"咳咳咳……"房间中那个暗黑的年轻人咳嗽起来。现在已是白天,他的身旁却摆放着两座烛台,高大的蜡烛不断滴落下白色的眼泪,冒出的黑烟薰得年轻人咳嗽不止。

"孩子,开窗透透气吧!你这样可不行!"肥胖的母亲絮絮叨叨地走进来,不由分说就去拉窗帘。

"不要!"虚弱的年轻人大叫一声,猛地跳起来,却又被排山倒海的咳嗽压垮,"呼"的一声摔在地上。

母亲吓了一跳,顾不得拉窗帘,赶紧过来扶自己的儿子。

哪知,年轻人忽然泪流满面地抬起头,大吼道:"我恨你们!"

母亲只能无奈地摇摇头,嘟囔着:"这孩子,又发神经了!"

昨天,她的儿子说自己做了一个梦,梦见一个金发碧眼的美丽姑娘只喜欢同性,然后他与姑娘结婚,最终让姑娘喜欢上了自己。

母亲皱着眉头,认为儿子是个妄想症患者,就把儿子骂了一顿,结果儿子认为母亲不理解他,哭了很久,这让做母亲的又大为不忍。

儿子十岁就患上了严重的哮喘,从此只能闷坐在家中,连基本的社交生活都没有,她又怎能打击自己那脆弱如风雨中的花骨朵般的儿子呢!

"我昨晚又做梦了。"儿子擦干眼泪,对母亲讲。

"是什么呢?"母亲用鼓励的眼神看着他。

"我梦见一个端着'小玛德莲的点心'的姑娘款款向我走来。姑娘微笑着,递给我一杯茶,那茶水无意间碰到了我的下颚,我能清楚地看到茶水上沾着的黑色点心渣,那带着涩味的清新茶香让我想起暴风雨前的苦丁花,我觉得我要把这些写下来!"

"那就写下来吧!"尽管不知道儿子在说什么,母亲还是给予了一个肯定的目光。

年轻人兴奋起来,他铺开稿纸,继续完成自己未完成的小说,他的作品,就是日后鼎鼎有名的《追忆似水年华》，而他本人，就是法国著名的意识流小说家马赛尔·普鲁斯特。

普鲁斯特从三十六岁起，在幽闭的房间中独自创作这本带有自传性质的小说，直到去世前夕，他才完成这本传世佳作。

当时，法国正被第一次世界大战的腥风血雨所裹挟其中，可是普鲁斯特毫不关注，他只固守在他的"方舟"里，不时"发神经"做白日梦，而当自己清醒后就把自己的想象写成文字。他的执拗收到了成效，直到今天，《追忆似水年华》依旧是意识流小说的代表作，被誉为"法国传统小说的最后一颗硕果"。

在公元1984年6月，法国《读书》杂志公布的读者评选欧洲十名"最伟大作家"中，普鲁斯特名列第六。

【说文解惑】

在19世纪末，法国诞生了一个新的文学流派，即意识流派，而马赛尔·普鲁斯特便是先驱者。他是一位体弱多病的贵公子，因长年哮喘而不得不待在斗室里。无聊的生活让他拿起了笔，而丰富的想象力又使他的小说充满了跳跃性的意识。

比如，普鲁斯特看到墙根的丁香花，就会联想起一位头发上系着紫色发带的金发姑娘，又因姑娘的金发，他会联想到夏日的汗滴、秋日的风；又比如，看着铜器上的铜绿，他会想到孔雀羽毛上的蓝绿圆圈，然后由孔雀又想到馨香多彩的兰花。这种不断跟着思绪走的写作手法有别于普鲁斯特之前的所有文学写法，因而是开一代先河的文艺类别。

【朝花夕拾】

小玛德莲的点心

在《追忆似水年华》中，小玛德莲的点心是一种类似贝壳形状的小糕点，可以放在茶水中，泡软后食用。普鲁斯特称食用这种点心使自己超凡脱俗，有了恋爱的感觉，给予其至高的评价。把一样毫不起眼的东西描绘得宛如出自人间仙境，大概也只有文人才有这能力吧！

96 差点消失的传世之作
表现主义作家卡夫卡

在世界近代史上，有这样一位作家，他的作品不多，且风格还被很多人批评为"阴暗"，可是这一切并不妨碍他成为一位伟大的文学家。

这个人的名字叫卡夫卡，他是一位表现主义大师，在短暂的一生中，创作出了大量的中短篇小说和三部未完结的长篇小说。

然而，有着自我厌恶倾向的卡夫卡对自己的作品十分挑剔，他甚至在临终前要求至交好友马克斯·布洛德烧掉他所有还没发表的稿子。

幸好，马克斯·布洛德违背了卡夫卡的意愿，不仅没有将卡夫卡的作品销毁，反而劳心劳力地整理卡夫卡的作品，并委托出版社出版。

可惜，卡夫卡的女友按照嘱托烧毁了很多作品，这成了布洛德心中永远的遗憾。

卡夫卡从小就喜欢文学，可是他骨子里的阴郁成分又令他对荣誉十分厌恶，他甚至认为写作是上天对他的惩罚。他虽然充满着对创作的热情，可是每当一部作品完成后，他却从不看，因为他会觉得那些小说实在是烂透了！

他的愿望很简单，就是找一个没有人的地方，安安静静地写书。为此，他拒绝结婚，原因很简单，就是害怕婚姻会破坏他写作的环境。

以卡夫卡这种性格，他本该与时光一起消逝，不会在历史长河中留下一点印记，但也许是老天可怜卡夫卡，为他安排了生命中的贵人布洛德，这才让卡夫卡的毕生心血不至于白费。

1902年，十九岁的卡夫卡在卡尔·费迪南特大学结识了布洛德，志趣相投的两人很快成为挚友，卡夫卡因布洛德还结识了自己的第一任未婚妻菲利丝。

和卡夫卡不同的是，布洛德性格外向，热衷名利，享受写作带来的荣誉，他在二十四岁时就出版了第一本小说《奈比吉城堡》，从此在德国打响了名气。他一生共出版了二十多部作品，还获得了为表彰希伯来文学优秀作品而设立的表列可奖。

布洛德觉得卡夫卡是个天才，就此埋没十分可惜，于是他并没有遵照卡夫卡的嘱托去焚毁对方的作品，而是让卡夫卡那些"很烂"的中短篇小说先后问世，并在公元1925年至1927年的两年时间内出版了卡夫卡的三部长篇小说——《审判》、《城堡》和《美国》。

公元1937年，布洛德又为卡夫卡作传，出版了《卡夫卡传》。他用深情的笔触为好友写序,号召后人一起来纪念这位生命短暂却异常杰出的表现主义大师。

【说文解惑】

在捷克语中,"卡夫卡"是"寒鸦"的意思,这也颇似卡夫卡的性格。卡夫卡的影响力在他生前并未展现,直到他去世后,他的创作风格才开始流行起来。20世纪的世界各大文学流派纷纷认为卡夫卡是其创作先驱,并对这位大师致以热烈的崇拜。

卡夫卡是一位用德语写作的文人,他的作品往往主题晦涩,且情节跳跃性很大,语言中还暗含对现实的讽刺,因此粗浅的阅读是不能领会卡夫卡所要表达的深刻含意的。

卡夫卡一直在为底层小人物鸣不平,他致力于反映弱势群体在饱受压迫的世界中如何惶恐与卑微。比如在《变形记》中,主角第二天醒来,发现自己变成了一只甲虫,最后连亲人也背弃他,他只好悲凉地死去。这些作品令人震惊,展现出作者强烈的悲悯心和忧虑感。

布拉格的卡夫卡铜像

【朝花夕拾】

什么是表现主义?

表现主义始于20世纪初的欧洲,最初是美术用语,以区分印象派而命名,后发展到其他文艺领域。表现主义着重表现作家的内心世界,往往缺少对事物的具体描写,其主体大多沉重和阴暗,对现实进行扭曲和抽象化的描写,以展现出一种恐惧的情感。

97 拒绝诺贝尔文学奖的大师
存在主义作家萨特

1964年10月的一个清晨,法国存在主义作家让·保罗·萨特接到了一通电话,在电话线的那头,对方用兴奋的语气跟他说:"萨特先生,恭喜你!你获得了今年的诺贝尔文学奖!"

出乎对方意料的是,这个戴着黑框眼镜,满脸桀骜之色的老人静默了几秒钟,然后非常平静地说:"我暂时不能回复你,谢谢!"

在结束了这通电话后,萨特深吸一口气,开始给瑞典文学院写信。在信中,他感谢评审会对自己的肯定,却又表示自己一贯不接受任何奖项,这次也不会例外。

当这封奇特的信送到瑞典文学院里时,所有人都震惊了,他们觉得萨特在开玩笑,毕竟诺贝尔奖是全世界最重要的奖项,又有谁能拒绝它的诱惑呢?

于是,评委员经过商议,仍旧决定给萨特颁奖,而且评委会一致认为:萨特那些描述自由精神和对真理的探求的作品具有划时代意义,没有人能取代他得到诺贝尔文学奖。

很快,获奖名单公之于世,萨特惊讶地发现自己仍在获奖名单之列。他无可奈何,又起草了一份声明,名称为"作家应该拒绝被转变成机构",请瑞典的出版商在瑞典首都斯德哥尔摩发布。

在声明中,萨特这样写道:"我的拒绝并非是一个仓促的行动,我一向谢绝来自官方的荣誉。这种态度来自我对作家的工作所抱的看法。一个对政治、社会、文学表明其态度的作家,只有运用他的手法,即写下来的文字来行动。他所能够获得的一切荣誉都会使其读者产生一种压力,我认为这种压力是不可取的。"

他再次强调自己具有独立性和自由性,不依附于任何机构而生存,所以这辈子都不会领取任何奖项。

尽管如此,瑞典文学院还是发表声明称,就算萨特不接受诺贝尔奖,也无法改变他是诺贝尔奖得主的事实,他们只能宣布颁奖仪式无法举行。

萨特以其鲜明的态度在世界文学史上留下了奇特的一笔,他信奉民主和自由,这一点还能从他与同居女友波伏娃的关系上看出来。

波伏娃是法国著名的女权主义作家,她在十九岁时即发表个人的"独立宣言",声称"绝不让自己的生命屈从于他人的意志"。她是一位惊世骇俗的女子,也是女权运动的倡导者,她的著作《第二性》被誉为"西方女性的圣经"。

然而，两性的地位在波伏娃所处的时代并没有那么平等，随着《第二性》的出版，波伏娃遭遇到前所未有的恶毒攻击，人们对她的叫骂声不绝于耳。

萨特却并未因人们的嫌恶而对波伏娃的情感产生动摇，两人虽然从未结婚，却是终身伴侣。都具有独立精神的二人声称，爱情需要建立在知性而非婚姻基础上，他们是知己、朋友和同事，是无法被外力拆散的恋人。

【说文解惑】

法国存在主义创始人萨特全名为让·保罗·萨特，他原本是一名中学教师，后来前往德国学习哲学。20世纪20年代，他以第一名的成绩获取哲学教师资格，并结识了波伏娃。30年代起，他开始创作，并于公元1938年出版了长篇成名作《恶心》。

萨特与波伏娃在巴尔扎克纪念碑前合影

在作品中，萨特表达了存在主义思想，即认为人是先于物质而存在的，一切情景与过程不过是由人的行为而演化生成的，人是因，命运是果。他的写作风格松散，常以意识流手法打乱叙事结构。他的存在主义思想对全世界造成了深远影响，整整塑造了两代人的价值观。

【朝花夕拾】

主动拒绝诺贝尔的女作家

世界上共有两位作家主动拒绝了诺贝尔文学奖，除了萨特，另一位便是奥地利女作家艾尔弗雷德·耶利内克。公元2004年，瑞典文学院认为耶利内克的作品揭露了社会现实，要授予她诺贝尔奖，她却以自己的著作意义并不深刻为由予以拒绝。此外，还有一批人是因政治问题被迫拒绝诺贝尔奖的，比如苏联的帕斯捷尔纳克、索尔仁尼琴，越南的黎德寿，德国的库恩、布迪南特、多马克等，但这些人对诺贝尔奖是向往的，并非像萨特和耶利内克一样淡漠名誉。

98 存在绝非只为了叛逆
新小说作家罗伯-格里耶

"我们这个时代再也不能像巴尔扎克那样写作了！"

这句惊天动地的话语一出，所有人都为之侧目。

可是看看吧！说出这句话的"新小说"派作家阿兰·罗伯-格里耶是怎么做的：他先是比巴尔扎克更事无巨细地描述橱柜的阴影、栏杆的花纹，然后又转而详尽描绘人在死亡前的那一刻血腥场面。

对此，罗伯-格里耶的解释是，这个世界就是叛逆的、变化的，让他无法理解，所以他需要用文字去开创另一个世界。

不过，人们始终对罗伯-格里耶开创的世界持怀疑态度。

1951年，罗伯-格里耶完成了自己的第一部小说《橡皮》，并于两年后将该作品出版。从此，他辞掉了工作，正式成为一名职业作家。

《橡皮》看起来是一部侦探小说，却有个出人意料的结局：本该调查真凶的侦探最后却杀死了被害者。

可能因为罗伯-格里耶还是个新人，法国评论界并没有把这个青年人放在眼里，不过倒是有一位评论家用大量笔墨赞扬了罗伯-格里耶的奇特风格，此人就是罗兰·巴特。

巴特称赞罗伯-格里耶是"小说界的哥白尼"，还专门为对方订制文学术语，如"不在现场"、"视觉的升晋"。岂料，罗伯-格里耶并不领情，还讽刺巴特长有"一个狗鼻子"，令后者气得咬牙切齿。

1955年，罗伯-格里耶出版了自己的第二部小说《窥视者》。这一次，他终于成功了。小说因对杀戮场面的详尽描述而引发了社会上的热议，甚至连罗伯-格里耶的母亲都无法读完那些露骨的文字。

也许是因为《窥视者》的关注度过高，小说居然获得了巴黎批评家奖，这个结果遭到了一些评审的激烈反对。评审们有的以辞职抗议，有的声称此书该被送去法院。

罗伯-格里耶却依然如故，继续沉溺于谋杀、性、暴力中，于是桀骜的他理所当然成为社会主流的眼中钉，一生受尽法国文艺界的轻慢和攻击。

直到他八十一岁那年，法兰西学院才给他递来了橄榄枝，邀请他成为学院四十位终生院士中的一员。可是他拒绝进入学院，拒绝被人们称呼为院士，用他的原话说:"我痛恨他们发给我的那套绿色制服!"

好在随着时代变迁,人们对罗伯-格里耶的看法逐渐在改变,并冠以他"新小说"鼻祖的殊荣。其实罗伯-格里耶一直觉得委屈,他埋怨道:"在过去,大家都认为外界是人的外界,可是我觉得外界就只是外界,和人无关呀!我不过是描写人性,却被大家骂为'反人类'。"

公元2005年,八十二岁高龄的罗伯-格里耶来到中国云南旅行,他始终满怀着新鲜感去走访那些已经过度商业化的景点,甚至对着路边的野花都要端详上好半天,让人们疑惑不已:这就是那个对世界充满憎恶,始终带有灰色情绪的叛逆作家吗?

也许,人们看到的,只是他叛逆的外衣而已。

【说文解惑】

罗伯-格里耶在20世纪20年代生于法国布雷斯特。他最初的职业是农艺师,他经常一边工作一边写作,还在一幅荷兰公牛的系谱树示意图背面完成了长篇小说《弑君者》,直到他开始成为职业小说家,他再也没做过其他任何工作。

罗伯-格里耶认为,这个世界没有意义,但也不荒谬,它只是存在着,这导致他使用大量文笔去描述零碎的事物,试图将人与物进行分离,结果使小说的情节极不显眼,这是他小说的特点。1998年,罗伯-格里耶获得法国最高文学奖"龚古尔奖",同时也收获了很多带赞誉色彩的外号,如"新小说教皇"、"午夜魔王"等。

【朝花夕拾】

电影大师罗伯·格里耶

虽然罗伯·格里耶以写小说成名,但阅读他小说的人并不多,真正令他蜚声海外的是他的电影。1962年,他凭《去年在马里昂巴德》一片获得威尼斯电影节金狮奖。随后,他的电影《不朽的女人》、《撒谎的男人》也摘得奖项。2005年,他还得到了伊斯坦布尔电影节的最高殊荣——终生成就奖。

99 战争就是一个黑色幽默
约瑟夫·海勒的《第二十二条军规》

一个秋日的下午,随着一串清脆的铃声敲响,在宾夕法尼亚大学的一个教室里,年轻的教员宣布下课,学生们纷纷起立向门口走去。

有一位女学生却没有走,她反而面带崇拜地一路小跑着,飞快地跳到男教员面前,笑嘻嘻地说:"约瑟夫先生,听说您是一位英雄!能讲讲您在第二次世界大战时期的奇遇吗?"

教员约瑟夫·海勒有些惊讶,他看着面前那双热情洋溢的眼睛,脑海中瞬间又响起飞机的呼啸和炮弹的爆炸声,虽然已离开战场七年,但他竟然又嗅到了令人作呕的硝烟气息。

他皱皱鼻子,摆了摆手,仿佛要甩掉那些不快的记忆,他苦笑了一下,对学生说:"没什么奇遇,最多就是在飞机上,伸手抓住了一颗飞来的子弹。"

"天哪!真厉害!"有着浅蓝色瞳孔和淡黄色卷发的女学生倒吸一口气,嘴巴张得大大的,眼里闪着激动的光芒,又羡慕地说,"请问约瑟夫先生,第二次世界大战是不是您至今最美好的回忆?您在那里挥洒了青春和汗水,您一定觉得此生充满了意义吧?"

"意义?"约瑟夫·海勒的嘴角勾起一丝嘲讽的微笑,揶揄道,"我对战争确实印象深刻,因为那里是我青春的坟墓。"

女学生不解其意,好奇地看着神情阴晴不定的老师。

约瑟夫叹了一口气,重新恢复了笑容,对学生说:"战争本身就是一个笑话,等你再大一点,就明白了。"

说完,他礼貌地点一点头,告别离去。

女学生以为约瑟夫教员在开玩笑,因为这位教员平时就以语言幽默著称,他经常在课堂上逗得学生们乐不可支,谁能想到他今日所说的话却是发自肺腑的呢?

三年后,一本名为《第二十二条军规》的小说悄然出世,作者的署名正是说"战争是个笑话"的约瑟夫·海勒。

此书立刻引起轰动,因为小说用荒诞不经的语言狠狠讽刺了第二次世界大战,将战争描述成一场各路野心家为争夺资源而进行的不义之战,而且小说架构松散、内容诡异,一点都不符合当时人们的阅读习惯。

作家伊夫林·沃甚至不客气地给出版商写信讽刺道:"《二十二条军规》能算小

说吗？它根本就没有结构，而且总在不断地重复！"

但是大学生们很快就喜欢上了小说的主角"尤萨林"，一时之间，抗议泯灭人性的官僚主义的风潮在年轻人中兴起，"第二十二条军规"成为家喻户晓的话题，约瑟夫的反战目的达到了。

"知道我为什么如此痛恨战争吗？"约瑟夫在采访中冷笑，"我在1944年的5月到10月间共执行了六十次空投任务，每一次都是死里逃生，当时我都快崩溃了。我长期失眠，在睡梦中大吼大叫，如果战争持续下去，我想我会真的变成一个疯子！"

长期的战争磨灭了约瑟夫的热情，使他逐渐理智起来。他看清了战争的实质不过是各有所图，而上级为争取功名不顾士兵们的死活更是令他心寒。在小说中，他化身为尤萨林，尖锐地批判道："我不想继续飞行，可是只有疯子才能不飞。疯子必须上报自己的病情才能不继续战斗，可是如果他这样做，他就被认为是正常人，正常人是不能不战斗的，这就是第二十二条军规。"

海勒是黑色幽默文学的代表人物，其作品在黑色幽默文学中影响最大，成为这一流派的支柱。

【说文解惑】

《第二十二条军规》写的虽然是美国军队中的故事，却已经影射到整个美国社会。作家看清了社会腐败堕落的本质，对为欲望皆可牺牲一切的官僚们给予了极大讽刺。它不同于同为反战小说的《西线无战事》，它的风格是荒诞幽默的，充满了激进的抗议。

这本小说被誉为黑色幽默文学的鼻祖，而约瑟夫·海勒也被称为黑色幽默派创始人。战争将约瑟夫塑造得神经质、古怪、刻薄，却也赐给他独特的创作风格。他用冷漠讥讽的手法为众人表现出痛苦诡异的现实，于是便有了书中基德·桑普森肖然不动，但上半身已被飞机的螺旋桨搅成了肉酱的平淡场景。他的一生著作不多，除了《第二十二条军规》外，尚有一本长篇小说《出事了》较为有名，但无损于他在文学史上的地位。

100 临终前的忏悔
魔幻主义文豪马奎斯

人之将死,其言也善,曾有过的矛盾与干戈,在此时已化作云烟,渴望和解的甘霖就会降临人间。

一位名叫路易斯·亚历杭德罗·贝拉斯科此刻正虚弱地躺在病榻上,他回忆起与作家贾西亚·马奎斯的法律纠纷,泪水不禁沾湿了枕头。医生告诉他,他只有几个月的寿命了,在弥留之际,贝拉斯科越是想得到马奎斯的宽恕。

事情的缘起究竟是什么呢?

原来,在1955年,一艘哥伦比亚驱逐舰在加勒比海遭遇飓风,舰上的八名海军失踪,人们原以为这些士兵已无生还希望。谁知一星期后,一名水兵在哥伦比亚北部的沙滩上被人救起,他就是贝拉斯科。

马奎斯闻讯,想写一部关于哥伦比亚海军走私电器的书籍,便去拜访贝拉斯科。当时的贝拉斯科心思单纯,把海军的秘密和盘托出,于是马奎斯根据自己的想象和高超语言的能力写出了一部长篇通讯簿——《落难海员的故事》。

在这部作品中,贝拉斯科成为主角的原型,以第一人称的口吻,自述了在舰船上的所见所闻。

这篇报导开始在《观察家报》上连载,结果引起哥伦比亚政府的强烈不满,甚至使马奎斯遭遇了生命危险,而贝拉斯科则从一个英雄变成背叛国家的罪人。

好在,《落难海员的故事》依然如期写完。马奎斯为此在《观察家报》上还写了一段长长的序:"当他好不容易生还后,全国都称赞他是英雄,这个国家的皇后还不吝惜地亲吻了他,广告商也找上他,他变得十分富有。可是噩梦来临,他受到了政府的嫌弃,于是那些鲜花和掌声瞬间销声匿迹了……"

十五年过去了,马奎斯获得了诺贝尔文学奖。他决定将《落难海员的故事》集结成书,作为对贝拉斯科的补偿,于是将小说的版权给了对方。

在此后长达十三年的时间里,贝拉斯科凭此书每年能获得两千美元的收入。贪心不足蛇吞象,一九八三年,贝拉斯科给马奎斯写了一封信,索取该书的解释权。

这一回,马奎斯没有答应。贝拉斯科很生气,向法庭提起诉讼。诉讼的结果是马奎斯赢得了这场官司,而贝拉斯科则永久失去了小说的版权费。

贝拉斯科一直为此事生气,但如今到生命的最后关头,他才良心发现,为自己的贪婪真心忏悔。他亲切地称呼马奎斯为"卡博",并真诚地说:"我希望他能原谅我当年的错误,忘记1983年所发生的不悦,其实我一直都惦念着他……"

两个月后,贝拉斯科病逝。

马奎斯听说此事后,也不禁热泪盈眶,在情感丰富的文人心中,金钱并不能代表一切,唯有真情才是人生最终的意义。

【说文解惑】

贾西亚·马奎斯是拉美魔幻现实主义作家,是现代最具影响力的文豪之一。他擅长描绘鬼怪、巫术等超自然现象,为现实抹上一层荒诞的色彩。

他的代表作为《百年孤寂》,该部小说一经问世即蜚声海外,马奎斯也因此从一个默默无闻的小说家跻身为世界一流名作家之列,并凭此书获得了诺贝尔文学奖。

马奎斯的笔触带有悲观色彩,在《百年孤寂》的结尾,一场飓风过后,百年辉煌的布恩迪亚家族从地球上彻底消失,然而马奎斯本人却有着积极乐观的性格,他认为纵然衰亡,曾经的辉煌依然会获得重生的机会。

"孤独"思想一直贯穿于马奎斯的整个创作过程中,他用自己的文字刻画了人类心灵中最深刻、最本质的"孤独"。

【朝花夕拾】

魔幻现实主义

20世纪50年代左右,拉丁美洲开始兴起一种新的文学流派,它展现出拉美人民反对殖民独裁的思想觉悟,多以描写神鬼、巫术及神奇的人物和现实为主,揭露黑暗社会的疮疤,呈现出一种诡异的真实。它将拉美文学带上了繁荣的时代,使后者奇迹般地名列世界领先水平。